新编高职高专旅游管理类专业规划教材
谢彦君　总主编

LÜYOU GONGGONG GUANXI

旅游公共关系

彭 萍　张素芳　主 编

北京·旅游教育出版社

新编高职高专旅游管理类专业规划教材编委会

主　任　谢彦君

委　员　（按音序排列）

狄保荣　　韩玉灵　　计金标

姜文宏　　罗兹柏　　王昆欣

张广海　　张新南　　朱承强

总序

经过将近三年的策划与组织，旅游教育出版社的"新编高职高专旅游管理类专业规划教材"终于要整体付梓印行了。本套丛书不管是在编写宗旨的确立还是在撰著者的遴选方面，都经历了一个较为严谨而细致的过程，这也为保证丛书的质量奠定了一个良好的基础。

中国的高等旅游教育和旅游产业发展，已经度过了三十多个春秋。从 20 世纪 70 年代末的筚路蓝缕到今天已蔚为大观的局面，这当中包含了几代学人和业者共同努力、共同创业的艰辛。在今天看来，尽管在这个知识和行业共同体中曾经并依然存在着观点、思想和认识上的碰撞和摩擦，但一路前行的步伐却始终没有停止过。这也是中国旅游教育界、旅游产业界呈现于世人的最令人鼓舞的风貌和景观。

在整个高等旅游教育体系中，职业教育的发展，只是在最近的十几年中才真正被政府纳入到大力发展的战略框架当中，并在今天形成了占据旅游高等教育半壁江山的势头。如果站在整个旅游高等教育的视野来审视旅游职业教育和普通教育在整个旅游高等教育中的局面，大家会有一个基本的共识：旅游高等职业教育在人才培养方面，无疑更加体现了专业细分、供需对接、学为所用的人才培养效率和效果，并不像旅游本科教育那样，每年的毕业生有 70% 以上流入其他行业或领域，从而造成社会教育资源的极大浪费。这个问题学界多有认识、阐述和呼吁，并一致认为，其根源在一定程度上是由本科专业目录管理过于僵化的行政机制所造成。值得欣慰的是，最新的本科专业目录调整方案中，已经增设了饭店管理专业，这一举措借鉴了旅游专业高等职业教育按照旅游大类进行专业细化的成功方面，昭示了旅游大类下设专业（二级学科）进一步有限度地细化的趋势。

不过，尽管旅游专业的高等职业教育有其成功的地方，但也不是没有问题。在专业格局有了科学规划的前提下，人才培养的质量就取决于具体的人才培养方案了。在这当中，各个学校所拥有的教学资源、师资队伍、教材、教学法等方面的准备，就成为关键的教育因素。如果仔细盘点目前我国旅游专业高等职业教育在这一方面的家底，其实还很不容乐观。在我看来，由于我们对职业教育在认识上还不够成熟，准备上还不够充分，操作上还有待完善，加之旅游职业教育向来多以接待服务为教育的主体内容，缺乏硬技术、高门槛，因此，中国的旅游职业教育，依然显得离岗位培训距离不远、差异不大。在知识体系和职业技能的衔接方面，始终没有找到最好的途径和策略。因此，旅游职业教育在培养人的职业深度发展空间方面，始终有浅薄无力的缺欠。这是一个需要警觉，同时也是一个需要时间才能加以解决的问题。

旅游教育出版社在策划本套丛书的初期，就曾意识到这个问题，并有努力解决这一问题的想法。在本套丛书的书目确定、作者遴选、写作宗旨的厘定等方面，都试图对上述问题作出回应。从各位作者所作的努力来看，本套丛书还是在一定程度上解决了这个问题。整套丛书中，不乏在这方面做得很好的，也有在其他方面展现了充分特色的著作。因此，希望本套丛书的面世能够给旅游职业教育提供一套比较适用的教材资源。

本套丛书的作者都来自职业教育工作的教学与科研第一线，他们在各自所长的学科领域也都多有建树。作为本丛书的主编，我十分感谢他们在编写过程中所作出的巨大努力以及展现出来的合作与奉献精神。

由于水平所限，加之本人对旅游职业教育的理解缺乏深度，因此，本套丛书还是会存在总体架构、基本思想和具体编写工作方面的诸多不足甚至错谬。希望广大读者和其他人士对本书的缺欠不吝赐教，以图再版时予以修正，避免贻误学生。

是为序。

谢彦君
2011 年 7 月 22 日于灵水湖畔

前言

据世界旅游组织和公共关系学专家预测,2020年以后,中国将成为世界第一旅游大国,将吸引1.73亿外国游客到中国参观、访问、游览。旅游业是一种特色经济,是现代社会经济发展中具有多功能全方位影响的动力产业,需要知识创新体系来指导。旅游公共关系学作为这一体系的重要组成部分,将发挥越来越大的作用。

公共关系学是当代管理学研究领域最活跃的实践性学科之一,公共关系"内求团结,外求发展"的指导精神,对于竞争日益激烈的旅游业有深远的意义。旅游产业跨越式发展的需要和当代公共关系理论实践的结合,是旅游公共关系理论和实践研究发展的必然。

旅游公共关系是高职高专旅游类专业的一门课程,本书作为专业教材,针对学生特点,注重实践需要和理论知识的培养。在内容选取上,力求深入浅出,以实用、应用为原则;在编排形式上,力求简洁新颖,通俗易懂。同时,附有大量案例分析、拓展知识,帮助学生更好掌握知识技能。

本书由湖北大学职业技术学院彭萍、张素芳担任主编。具体编写分工:第一章由彭萍编写,第二章由唐从举编写,第三章由陈立峰编写,第四章由邢兰编写,第五章由黄玉华编写,第六章由段守芬编写,第七章由尤欣编写,第八章由张素芳编写,第九章由尤欣编写。

本书的编写得到了湖北大学职业技术学院李启金校长、彭萍副校长的大力支持,编写过程中我们还参阅、引用大量相关教材和专著,在此对所有作者一并致以诚挚的谢意!

目　录

第一章　绪　论 ………………………………………………………… 1
　第一节　旅游公共关系 ………………………………………………… 1
　第二节　公共关系的界定 ……………………………………………… 2
　第三节　旅游公共关系的特征及构成要素 …………………………… 4
　第四节　公共关系与旅游业 …………………………………………… 6

第二章　旅游公共关系的职能与原则 ………………………………… 18
　第一节　旅游公共关系的职能 ………………………………………… 18
　第二节　旅游公共关系的基本原则 …………………………………… 24

第三章　旅游公共关系的主体 ………………………………………… 28
　第一节　旅游组织概述 ………………………………………………… 28
　第二节　旅游组织的公共关系机构 …………………………………… 33
　第三节　旅游公共关系从业人员 ……………………………………… 41

第四章　旅游组织内部公共关系 ……………………………………… 48
　第一节　旅游组织内部公共关系概述 ………………………………… 49
　第二节　员工关系 ……………………………………………………… 52
　第三节　股东关系的处理 ……………………………………………… 58
　第四节　部门之间的关系 ……………………………………………… 61

第五章　旅游组织外部公共关系 ……………………………………… 66
　第一节　旅游组织外部公共关系概述 ………………………………… 66
　第二节　顾客关系 ……………………………………………………… 70
　第三节　媒介关系 ……………………………………………………… 79

第四节　社区关系 ··· 84
   第五节　政府关系 ··· 86
   第六节　竞争者关系 ··· 89

第六章　旅游公共关系传播 ·· 93
   第一节　旅游公共关系传播理论 ································· 93
   第二节　旅游公共关系传播媒介 ································ 106
   第三节　旅游公共关系活动中的人际沟通 ························ 111

第七章　公共关系工作程序 ······································· 125
   第一节　公共关系调查 ·· 126
   第二节　公共关系策划 ·· 136
   第三节　旅游公共关系方案实施 ································ 149
   第四节　旅游公共关系效果评估 ································ 153

第八章　旅游公共关系专题活动 ··································· 159
   第一节　公共关系专题活动概述 ································ 159
   第二节　旅游新闻发布会 ······································ 166
   第三节　旅游赞助活动 ·· 171
   第四节　旅游会展活动 ·· 176
   第五节　旅游庆典活动 ·· 182

第九章　旅游公关危机 ··· 188
   第一节　公关危机的概念和种类 ································ 188
   第二节　旅游公共关系危机管理的程序与技巧 ···················· 206
   第三节　旅游公共关系危机预警与演习 ·························· 213

参考文献 ·· 218

第一章 绪 论

引 言

本章从旅游公共关系的含义入手,通过描述旅游公共关系的性质与特征、相关的要素以及特征;对旅游公共关系的缘起以及发展状况的追溯与探究,揭示旅游公共关系的内在规律,从而更好地学习有关公共关系的知识。

学习目标

1. 了解旅游公共关系的发展与前景;
2. 学习和掌握旅游公共关系的特征与要素。

第一节 旅游公共关系

一、公共关系的含义

"公共关系"一词是舶来品,其英文为"Public Relations",缩写为"PR",简称为公关。"Public Relations"也曾译为"公众关系",但这种"公众关系"既可理解为"与公众的关系",也可理解为"公众间的关系"。对一个社会组织来说,前者具有单向性,后者则具有无关性,因此,译为"公共关系"显然更准确贴切些。"公共关系"一词含义宽泛,20 世纪 70 年代中期,美国著名的公共关系学者哈罗德(Rex Harlow)博士收集了 472 种不同的解释。比如美国著名公共关系学者卡特·李普(Scott M. Cutlip)和森特(Allen H. Centre)认为:公共关系是这样一种管理功能,它能建立和维护组织与公众之间的互利、互惠关系,而一个组织的成败取决于公众。在市场营销学体系中,公共关系是企业机构唯一一项用来建立公众信任度的工具。世界各国对公共关系含义的理解和定义的表述是多层面的。人们普遍认为,它既可以是一种状态,又可以是一种活动,还可以是一种学说,更可以是一种观念和职业。

(1)任何组织都处在一定的公共关系状态中,这是一种客观存在的形态。

(2)组织的公共关系活动是一个组织长期进行社会交往、沟通信息、广结良缘、树立自身良好形象的过程,它表现为日常公共关系活动和专项公共关系活动两大类。

(3)公共关系观念,它影响和指导着个人或组织决策与行为的价值取向,从而反作用于人们的公共关系活动,并间接影响实际的公共关系状态。1978年8月,世界公共关系学会在墨西哥城召开大会,经过协商,大会对"公共关系"一词的含义达成共识,认为公共关系是分析趋势,预测后果,向组织领导人提供意见,履行一连串有计划的行动,以服务于本组织和公共利益的一种行为艺术与社会科学。

二、旅游公共关系的含义

旅游公共关系是公共关系的原理与观念在旅游组织及其活动中的运用。具体含义是指旅游组织为了塑造良好的组织形象,增强组织实力,开拓旅游市场,获得良好的社会效益、经济效益而利用各种传播沟通手段来影响公众心理和行为的一种科学与艺术。

第二节 公共关系的界定

一、公共关系与庸俗关系

庸俗关系,即人们通常所说的"拉关系"、"走后门"、"美女+送礼"、"请客送礼",公共关系与这些庸俗关系是截然不同的。

(一)两者产生的社会条件不同

公共关系产生于商品经济高度发达、信息传播量迅速膨胀、经济活动空前复杂的现代社会,它是社会组织从卖方市场向买方市场转变后,在社会化大生产和专业化分工的推动下所产生的一种迫切需要;而庸俗关系是在社会生产力水平低下、商品和服务不发达、信息闭塞的条件下产生的。在后者的这种社会中,商品供不应求,社会组织根本不需要开展树立形象、讲信誉、沟通公众的公共关系工作。

(二)两者采取的手段不同

公共关系工作是用公开的、合法的、符合职业道德准则的人际传播、大众传播等手段,与公众进行真情沟通,以争取公众了解、认识组织,进而支持、配合组织的政策和行动,一切都是光明正大、公开地进行;而庸俗关系的主要手段是各种物质利益以及封官许愿、吹牛拍马、色情勾引等不透明、不公开甚至违法的行为,目的是谋取私利。

（三）两者的出发点和目的不同

公共关系是在追求社会整体利益最大化的基础上，谋求组织效益最大限度的提高，其实际效果是优化了组织环境，提高了组织的知名度、美誉度，树立组织的良好的社会形象，组织、公众、社会共同获益，共同发展。因此，公共关系工作必然促进公众对组织的信任和支持，推动经济发展和社会进步；而庸俗关系的出发点和目的是通过以权谋私、损人利己等方式，谋求个人或小集团利益，其结果是少数人中饱私囊，而国家、社会、组织、公众的利益受到损害，污染社会风气，社会文明程度下降，影响社会稳定和经济发展等。

二、公共关系与广告

广告即广而告之。它是指为了传播某一产品或事物而进行的宣传说服活动。公共关系和广告既有联系，又有区别，不可把二者等同起来。

（一）公共关系与广告的联系

（1）公共关系常常借助广告的形式传播信息，通过产品或形象广告，可以间接起到树立组织形象的目的，而活泼清新、艺术性强的公关广告，更容易为公众所接受。

（2）公共关系工作能对广告起指导作用，它可以确定广告的宣传主题、宣传对象、传播对象、传播方式和传播周期。因此，公共关系和广告之间实际上可以互为补充、互相促进。

（3）都源于传播学，都以传播为主要工作手段。

（二）公共关系和广告的区别

（1）目标和原则不同。公共关系的目标是要树立整个组织的良好形象，从而使组织事业获得成功；广告的目标则是推销某种产品或服务。公共关系工作要以公众利益为原则，讲求的是真实可信，向公众提供全面的事实真相而非片面的局部消息；广告的首要原则是引人注目，追求独特的轰动效应。

（2）从主体上看，公共关系范围大，广告范围小。公共关系的主体可以是任何组织，既可以是营利性组织，也可以是非营利性组织；可以是政府，也可以是企业。广告范围窄一些，在绝大多数情况下是为营利性组织服务的。

（3）传播的手段和周期不同。广告传播手段种类少，公共关系多。公共关系可以利用人类信息传播的一切手段，如人际传播、组织传播、大众传播等，由于重点在树立组织形象，因此需要进行长期的努力，其传播周期较长；而广告为了引人注目，可以借助新闻、文学、艺术、虚构等形式，采用广播、电视、报纸、杂志、路牌、灯箱等手段，其作为产品或服务的促销手段往往要求快速有效，因而常有明显的季节性、阶段性或短暂性。

（4）从传播形式和效果看，广告倾向于短期、具体、易于界定，重具体效果；公共关系则倾向于长期、整体、宏观、不易界定，重整体效果。

三、公共关系和宣传

公共关系和宣传工作都要依靠传播媒介，使信息为更多的人共享。宣传工作必须树立公关意识，创造良好的环境和人际关系以提高效果；公关也需要利用宣传的效果，提高组织的知名度和美誉度。但两者之间有显著的区别，主要表现在传播方式上。公共关系旨在通过双向沟通，说服公众；而宣传意在通过单向灌输，引导公众。

第三节 旅游公共关系的特征及构成要素

一、旅游公共关系的特征

旅游公共关系是社会关系的一种表现形态，有其独特的性质，了解这些特征有助于加深对旅游公共关系概念的理解。

（一）以赢得美誉、塑造良好形象为目标

旅游公共关系评价尺度是美誉度，在公众中塑造、建立和维护组织的良好形象是旅游公共关系活动的根本目的。良好的形象是组织最大的财富，是组织生存和发展的出发点与归宿，企业的各项工作都是为顾客而展开的，失去了社会公众的支持和理解，组织也就没有存在的必要了。这就要求组织必须有合理的经营决策机制、正确的经营理念和创新精神，并根据公众、社会的需要及其变化，及时调整和修正自己的行为，不断地改进产品和服务，以便在公众面前树立良好的形象，赢得组织的良好声誉。

（二）传播的双向性

旅游公共关系，是以真实为基础的双向沟通，而不是单向的公众传达或对公众舆论进行调查、监控，同时，它是主体与公众之间的双向信息系统。组织一方面要吸取人情民意以调整决策，改善自身；另一方面又要对外传播，使公众认识和了解组织，达成有效的双向意见沟通。正是通过这种双向交流和信息共享过程，才形成了组织与公众之间的共同利益和互动关系。组织和公众之间可以进行平等自愿的、充分的信息交流和反馈，没有任何强制力量，双方都可畅所欲言，因而能最大程度地降低副作用。

（三）全员公关

全员公关，是指社会组织中所有工作人员都参与公共关系活动，简称"全员

PR"。其意义在于增强组织全体员工的公关意识,上下齐心合力,合理搞好公关工作。旅游公共关系作为组织的一项重要信誉投资,已经得到社会的普遍认同。但是有些组织在进行各类公关活动时没少花钱,公关投资的效果并不明显,一个重要的原因就在于,其组织内部没有树立全员公关的意识,公关活动成了公关部门的孤立行为,没有得到组织全体员工的配合。因此,搞好公关工作的又一个重要原则是必须坚持组织内部的全员公关。

(四)旅游公关意识的服务性

旅游业作为第三产业的结构特性决定了旅游行业的服务特性。旅游公关要确立以顾客满意的服务为其行动的指南,努力提升服务功能和增强服务意识,从而实现旅游组织的目的:提升组织形象,实现组织的社会效益和经济效益。

二、旅游公共关系的构成要素

构成要素指某一事物的主要结构成分。旅游公共关系的构成要素有四:旅游公共关系的主体、客体、途径和目的。

(一)旅游公共关系的主体

旅游公共关系的主体,是从事社会竞争活动的主体。社会活动的主体有两层含义:其一,活动的主体可以是一个组织,也可以是单个的人;其二,必须是在社会竞争环境中的活动。也就是说各种旅游组织和旅游活动的从业人员都是旅游公关的主体。

(二)旅游公共关系的客体

旅游公共关系的客体,是指与旅游公关主体有某种关系的组织和个人,即"公众"。社会学中的"公众"与公共关系中的"公众"有区别。前者是指社会环境中的一切组织和个人;后者是指与主体有关系的组织和个人。当然,公关学中的公众是动态的,不是一成不变的。根据公众的动态性,公众可以分为四个类型:非公众、潜在公众、知晓公众和行为公众。

(三)旅游公共关系的途径

传播是旅游公共关系活动的唯一途径。何为传播?广义而言,传播就是信息交流。一切信息交流活动(无论是有意还是无意的交流)都是传播。但是公关传播又不同于一般意义上的传播,它具有自己的特点。

(1)双向性。传播有单向和双向之分。单向传播只是单边进行活动,如广播中的宣传等,这种传播不追求信息反馈。双向传播指不但要把信息发布出去,而且要收集反馈的信息。只有双向性,才能达到组织与公众的沟通,建立互信和互动的目的。

(2)真实性。旅游公共关系传播的目标是使组织在外部公众中树立广泛的知名度和良好的美誉度,而虚假的信息传播最终将损害组织的信誉度。因此,信息的真实性是公关传播的特点之一。

(3)长期性与系统性。公关传播是与主体的存在成长始终相伴的。长远的组织发展目标决定了公关传播的长期性特点。主体的成长有阶段性,各个阶段有不同的需要和特点,这就要求主体的发展与公关传播相匹配。所以,公关传播是一个系统工程,必须要有整体的计划和统一的安排。

(4)技巧性。所谓技巧性,是指公关传播必须讲究方式、方法。无论是产品宣传,还是公关危机处理,在传媒的利用和选择上都应遵循其内在规律,把握好宣传的力度和尺度,充分利用舆论的力量,最大化地争取组织的利益和公众的利益,双赢是公关的最高境界。

第四节 公共关系与旅游业

一、公共关系的渊源

(一)古代公共关系的起源

公共关系作为一门独立学科出现于20世纪初的美国。但是,公共关系作为一种客观存在的社会关系和一种思想与活动方式却源远流长。早在古代文明时期,那时的人类为了协调各个利益主体之间的关系,便有了不自觉的、类似于公共关系的活动。

在国外,考古学家在伊拉克发现了公元前1800年巴比伦王国的一份农场公告,告诉农民如何播种,如何灌溉,如何对付病鼠害,如何收获庄稼,很像现代的农业组织发布的宣传材料。这一发现被称为人类历史上最早的公关活动痕迹。古代的埃及、索马利亚、巴比伦、亚述和波斯的统治者虽更多的是用武力、恫吓等手段来控制社会,但舆论手段的运用在处理与民众的关系上还是占有重要的地位。这些古代的帝王、政府都曾动用大量金钱和人力去营造雕像、寺院、方尖碑、金字塔、陵墓等,用精湛的艺术描述他们东征西讨的英雄勋绩,树立自身的声誉和伟大神圣的身份。今天,我们从这些遗留下来的东西中仍可见当年君王们制造舆论、控制舆论的意图。

古罗马时代,人们非常重视民意,提出"公众的声音就是上帝的声音"。整个社会都推崇沟通技术,一些沟通技术高超的演说家往往因此而被推选为首领。罗马贵族还雇用游说者为自己唱赞歌,利用寺院、雕像和油画来粉饰贵族统治,宣扬罗马帝国。同时,统治者还利用马戏表演、角斗表演等手段,来麻醉人民,掩饰社会的腐败与不公道,使人民忘记自己的贫困,以达到维护其统治的目的。

古代基督教在全世界卓有成效的传播,不能不被认为是古代公众传播活动的又一典范。

中国古代自发的公关活动也是广泛存在的。传说在尧、舜时代,政府在宫廷外竖立"诽谤木",鼓励世人向政府进谏。《后汉书·杨震传》载:"臣闻尧舜之时,谏鼓谤木,立之于朝",这可能是古代政府征求民意的最初设施。春秋战国时期,秦国宰相商鞅推行变法,为了取信于民,特地在城门口放了一根树干,并贴出告示说:谁能将此树干从这个门口扛到另一个门口,就可以赏其十金。开始人们都不相信,但有一个人完成了此事,真的得了赏金。第二天,许多希望这样轻松得到赏金的人又聚集到城门口,但这时没有了木头,而贴出了政府变法的公告。变法因商鞅"行必信,言必果",从此在民众心目中树立了威信,这可以视为一次成功的公关策划,史称为"徙木立信"。

中国古代也十分强调争取"民心"在事业成功上的重要性。所谓"得民心者得天下,失民心者失天下"说的就是这个道理。取信于民是中国古代争取民心的一种常用方法。古代中国在收集民意、利用民意的技术方面也有相当的发展。早在周朝时,宫廷就有"采诗"制度。中国最早的诗歌总集《诗经》,既是先秦诗歌艺术的总结,同时也是这种制度的反映。《诗经》中的《风》,大都是当时宫廷派出的"行人"、"遒人"从民间收集来的诗歌。其目的之一,就是以此来体察民情、民意。而《雅》和《颂》主要是对统治者的歌功颂德,宣扬君王承天受命的宗法思想,其用意在于影响民意。

通观古代中外自发的公共关系,可以发现一些共同特点:

(1) 盲目性。当时人们所开展的各种沟通、协调活动带有明显的自发性和盲目性;并没有真正认识公关的意义,他们的活动也概出于一时之需,缺乏系统理论的指导,人们只是根据常识或直觉去做。

(2) 层次、范围很小。由于当时社会生产力相对低下,经济很落后,缺乏先进的传播手段,人际关系还比较简单,人类早期的公共关系活动主要发生在政治领域,且带有强烈的政治色彩和伦理色彩。古代的"公共关系"只能算是一种"准公关"、"类公关"。

(3) 由于受到当时社会经济基础的限制和社会结构的影响,古代的这些"公关"活动最常使用的媒介是各种艺术表现形式,一般以诗歌、雕塑、建筑、戏曲及人际口头传播等为主要手段。

(二) 现代公共关系的产生

现代公共关系起源于美国,而美国的公共关系则起源于美国的独立战争。美国的独立战争与其说是殖民地人民反对专制、争取民主的自发斗争,不如说是长期进行公共关系活动的结果。另一方面,20世纪初,美国国内的阶级矛盾日益激化,现代公共关系就是在这一时期统治阶级对于反抗情绪的缓解与平抚过程中出现的。

1. 现代公共关系发展的历史阶段

(1) 愚弄公众时期。19世纪中叶后美国兴起报刊宣传活动,当时的报刊为宣传而宣传,为追求宣传效果,不择手段,愚弄公众。其中以巴纳姆为代表,"凡宣传皆好事",人为地挑起舆论。他的观念在当时广为流传,这是"公众受愚弄"时期,也是现代公共关系的发端时期。当时许多企业雇用的报刊宣传员,编造了大量离奇新闻,以便引起公众对自己及他们所代表的组织的关注。而最具代表性的宣传员即是受雇于纽约一家马戏团的菲尼斯·泰勒·巴纳姆。他一改常规的方式,不是直接去宣传马戏团的演出如何精彩,而是说马戏团有一名黑人女仆海斯已经160多岁,曾经养育过美国第一任总统华盛顿。在报纸发表了这一耸人听闻的"新闻"以后,巴纳姆又借用不同的笔名向其他报刊寄去许多"读者来信",有的说人不能活160岁,巴纳姆是个骗子;有的说巴纳姆发现了海斯是一大功劳。人为地炒热了这一"新闻"的结果,就是引起了公众的好奇心,纷纷要求到马戏团一睹海斯的风采,为马戏团引来了大量的顾客。但是很巧,不久海斯就去世了,人们对她进行了尸体解剖,确定她最多不超过80岁。一时舆论哗然,人们纷纷谴责巴纳姆是个骗子,可是他竟厚颜无耻地说:"凡宣传皆是好事",只要别把他的名字拼错了。

从巴纳姆事件可以看出,在报刊宣传运动时代,每个报刊宣传员在争取顾客的关注时,都是不择手段地制造神话,甚至不惜愚弄公众。这些报刊宣传员只顾为企业赚钱,完全不顾公众的利益,甚至公开嘲笑、谩骂公众。美国铁路大王范比尔德一次在接见记者时竟说,"让公众见鬼去吧!"此话在很大程度上代表了那个时代资产者及其代理人的心态。所以,报刊宣传运动还算不上真正意义上的公共关系,因为它并没有认识到公众的作用,更没有以公众利益为出发点。从思想实质来看,这一时期实际上是一个反公众、反公关的时期。不过,当时巴纳姆等人运用报刊等大众传媒为组织进行宣传,已具有现代公关活动的端倪。

这种报刊宣传活动有两个致命的弱点:

首先,这种宣传不顾公众利益,靠制造新闻来愚弄公众;其次,不择手段地为自己制造神话,欺骗公众。

报刊宣传活动,在促进公关发展成为一种有组织的活动方面具有积极意义。巴纳姆是这一时期最有代表性的报刊代理人。但他搞的欺骗性宣传,从根本上说与公共关系的宗旨背道而驰。因此,这个时期在公关史上成为一个不光彩的时期。后来,人们以此为鉴,明确了在公关活动中必须奉行诚实、公正和维护公众利益的原则与精神。

(2) 单向灌输观念时期。单向传播式公共关系是职业公共关系开创的时期,其主导思想是:组织对公众必须坦率和公开。特点:组织为自身利益单向性地向社会公众传输信息。艾维·李(1877—1934)是这一时期的代表人物。艾维·李是美国佐治亚州一个牧师的儿子,毕业于普林斯顿大学,曾就学于哈佛大学法学院。他曾经是《纽约时报》和《纽约世界报》记者,1903年,艾维·李辞去了《纽约世界报》记者之职,开始投身于公共关系方面的工作。1904年,他与资深记者乔治·帕克一起,创立了美国第三家宣传事务顾问所,为一些企业家和政治家进行形象宣传。

艾维·李针对巴纳姆式宣传活动的局限性,提出了"说真话"的宣传思想,艾维·李认为,一个企业,一个组织要获得良好声誉,不是靠向公众封锁消息、或者以欺骗来愚弄公众,而是必须把真实情况披露于世,把与公众利益相关的所有情况都告诉公众,争取公众对组织的信任。一旦披露真实情况对组织不利的话,那就应调整组织的行为,而不是去极力遮盖实情。他从事公关工作的原则是"公众必须迅速被告知"和"向公众说真话",使公共关系走上了一条正确道路。不过在艾维·李时代,公共关系尚处于开端时期,它仅仅是一种艺术,尚未成为一门科学。艾维·李本人以及他的同事们,大多是从新闻记者改行过来的,他们都还是运用新闻记者的经验或直觉去开展工作。

(3)"投公众所好"时期。艾维·李是现代公关的创始人,但他的公关实践却被认为"只有艺术,但无科学"。他虽然有丰富的公关实践经验,但没有提出系统而科学的公关理论。真正为公关奠定理论基础,使现代公关科学化的代表人物,则是现代公关的先驱——美国著名公关学者爱德华·伯内斯。伯内斯更注重公关的理论研究,并努力使之形成一个独立的科学体系。1923年,他出版了论述公关理论的著作《舆论明鉴》,这是第一部研究公共关系理论的专著,因而被视为公关发展史上的一个里程碑。在这本书中,他对公共关系的实践进行了系统研究,使之形成一整套理论。他提出了"投公众所好"的根本原则,主张一个企业或组织在决策之前,就应首先了解公众喜好什么,需要什么,在确定公众的价值取向后,再有目的地从事宣传工作,以便迎合公众的需要。伯内斯的思想比艾维·李前进了一步,不仅是在事情发生后去对公众说真话,而且要求企业通过公众的调查,根据公众的态度开展公关工作。同时,他将艾维·李的活动与1897年美国《铁路文献年鉴》中出现的"公共关系"一词结合起来,使这一词语具有了科学含义,并在社会上流行开来。从此,公共关系正式从新闻领域分离出来,成为一门独立而又系统的管理科学。同年,他在纽约大学首次讲授公共关系课程。1925年,他写了教科书《公共关系学》,1928年写了《舆论》,从而使公共关系的基本理论和方法形式成为一个较完整的体系。

伯内斯公关思想的核心是"投公众所好"。他认为,以公众为中心,了解公众的喜好,掌握公众对组织的期待与要求,确定公众的价值观念应该是公关的基础工作,然后按照公众的意愿进行宣传工作,才能做好公关工作。伯内斯对现代公关的重要贡献主要表现在:公关活动职业化;公关摆脱了对新闻的从属,初步建立了现代公关的理论体系。

（4）"双向对称"时期。双向对称式公共关系是当代公共关系发展的高级阶段,它强调"双向沟通、双向平衡、公众参与"。该时期的代表人物是斯科特·卡特里普和爱伦·森特。

1952年,美国著名学者斯科特·卡特里普和爱伦·森特,合作出版了一部关于公共关系学方面的权威著作——《有效的公共关系》。在这本书中,他们提出了"双向对称"的公关模式。这种公关理论比伯内斯又进了一步,因为它把公共关系看成组织与公众之间的一个互动过程,这才是现代公共关系的真正本质。《有效的公共关系》一书提出的"四步工作法",成为公共关系工作中最重要的工作流程。至此,现代公共关系学的理论框架基本构成,进入了它的成熟阶段。此后,公共关系的技巧虽然不断发展,但体系基本稳定下来。特别难能可贵的是,卡特里普和他的学生们,根据全世界公共关系的发展,不断对自己的著作进行修订。2000年,格伦·布鲁姆也加入此项工作,该书已修订8版,成为公共关系领域最具权威性的教科书。

双向对称模式提出的理论前提有二:一是把公共关系看做封闭系统还是开放系统;二是把公共关系视为一种"工作"还是一种"职能"。所谓"开放系统",即不停地对外界环境变化作出反应,通过与外界环境的交换而得到生存与发展。该系统的公共关系模式,被格鲁尼格和亨特称为"双向对称"模式。此模式表明沟通是双向的,而且信息交流改变着组织和公众双方的关系。开放系统的"双向对称"公共关系模式的基本思想:一方面是把组织的想法和信息向公众进行传播和解释;另一方面又要把公众的想法和信息向组织进行传播和解释,目的是使组织与公众结成一种双向沟通和对称和谐的关系。

"双向对称"模式的提出,把公关实践活动的本质予以理论抽象,并将公关理论的知识体系发展到战略性高度,使公关在很大程度上达到了专业水平。20世纪50年代以来,公共关系的实践和理论研究已进入一个全新发展时期。1955年5月,国际公共关系协会在伦敦成立,1992年,已发展到五大洲62个国家919名会员,这标志着公共关系已作为一门世界性的行业而独立存在。

在这一时期,以萨姆布莱克(Sam Bkack),卡特里普(Scottm Cutlip),爱伦·森特(Auen Center),杰夫金斯(Jefkins)和格鲁尼克(Gruning)等为代表的一大批公关大师,在理论和实践上把公共关系推向一个新的历史发展阶段。特别是卡特里普与森特等合著的《有效的公共关系》(*Effective Public Relations*)一书,被美国公关协会定为美国高校公共关系课程的标准基础教材,被誉为公共关系的圣经。

2. 旅游公共关系产生的原因和条件

近代公共关系的兴起,是社会经济、人类社会制度和科学技术发展到一定水平的产物,有其深刻的历史原因和社会条件。

(1)从社会经济的发展来看,公共关系事业是近代商品经济和社会化大生产的产物。社会化大生产带来了社会各组织间的分工与合作,随着企业专业化程度的提高,企业与各社会组织间的相互依存关系也进一步发展。在现代社会里,任何社会组织机构都成了社会生活有机的一部分。任何企业的危机、罢工、停产或减产都将对整个社会机能产生或多或少的影响,都有可能触及社会其他组织的利益。如何解决好各组织间的摩擦,协调其关系已是直接关系到整个社会发展的大事。大量生产,导致大量销售,商品交换的数量越大,范围越广,社会整体性作用也就越强。

商品经济的高度发达。当人类完成了从自然经济向市场经济过渡,并逐渐进入了商品经济的发达阶段,人际关系发生了根本性的变化,传统社会中那种具有强烈人身依附色彩的人际关系逐渐让位于开放的、可变的、广泛的人际关系。在市场经济社会里,除了传统意义上的家庭关系、地域关系,人与人之间更多的则是由于商品交换而形成的利益关系,公共关系的思想与实践也随之发展起来。

可以肯定地说:公共关系是一种适应社会化大生产的现代文明经营观念。当商品经济发展到一定程度,就必然把它应用于生产实践中。

(2)从社会制度的发展来看,公共关系的产生是社会民主化发展进程的一个重要组成部分。首先,民众的社会地位提高,公众队伍形成,老百姓有了维护自身合法权利的可能。其次,民主制度的建立提高了民众的参与意识,而民主政治的每一步都需要公共关系活动的配合。最后,言论自由、出版自由是民主制度的重要支柱,也是公共关系运行的重要保证。

(3)现代管理理论的发展。公共关系是组织的一项重要管理职能,其发展与管理学的发展密切相关。20世纪以来,西方管理学领域中的两种思潮对公共关系的发展影响极大,一是科学管理理论,二是人际关系理论。

1911年,泰勒系统总结了他的管理学说,出版了《科学管理原理》一书。泰勒在书中虽然强调要在管理人员和广大工人之间建立一种和谐关系,但由于时代的局限,其理论的核心仍然是如何控制机器的附属品——工人,以便最大限度地提高劳动生产率。在这种理论指导下,当然无内部公关工作可言。所以在公共关系发展的早期,公关活动都是面对外部公众的。

影响公共关系发展的第二种管理理论是人际关系理论。20世纪20年代,哈佛大学教授梅奥在著名的"霍桑实验"中提出了如何激励人的积极性从而提高工作效率的问题。人际关系理论的出发点是:工人是"社会人",劳动对于人来说恰如娱乐和休息一样自然;在为既定目标奋斗的过程中,人有自我引导和控制的能力;

对目标的执著追求而取得的成功本身就是一种报酬;在一般情况下人们不仅接受而且谋求责任;为解决组织的问题而激发出想象力、聪明才智和创造力是一种普遍现象。以后,美国管理学家麦格雷戈把泰勒的理论称为 X 理论,把人际关系理论称为 Y 理论。人际关系理论注意到了工人的人格尊严以及个人价值,注意到了生产过程中要发挥工人的积极性。在这种理论的指导下,组织内部公关的问题提了出来,并得到迅速发展。

(4)大众传播事业的发达。20 世纪以来,大众传播事业获得了长足发展,为公共关系的发展提供了必要技术手段。进入工业社会后,生产的社会化使人们之间有了进行交往的迫切需求。只有占有充分的信息资源,一个企业才能在激烈的市场竞争中永远立于不败之地。近代有了公路、邮政、报纸,才有了报刊宣传运动,有了公关的萌芽。进入 20 世纪,由于电报、电话、广播、电视、电传、电脑互联网络等电子媒体的发展,使信息可以迅速地传送到每个人手中,公共关系从而也获得了飞速发展。社会组织可以运用各种传播工具与公众进行沟通,从公众中采集信息,又把组织的信息传达到公众中去,最终达到为组织树立形象的目的。特别是电脑互联网络的发展,已引起人们的普遍关注,在互联网络中传播信息,具有更迅速,更广泛、更自由的特点。

二、现代公共关系的兴起与发展

(一)公共关系在国外的发展状况

1. 美国公共关系的新发展

美国是现代公共关系的诞生地,也是公共关系发展的中心。自 1960 年起,美国公共关系的从业人员已达 10 万,职业公关公司 1350 家,75% 的企业设立了公共关系部。1985 年,公共关系从业人员达 15 万,公关公司超过 2000 家,85% 的企业设有公共关系部或者长期外聘公关顾问。美国最大的公关公司之一的伟达公司,已有 50 多年的历史,雇用 2000 多名员工,在全世界设有 52 个办事处和 67 家联营公司,1986 年的收入已达 1.2 亿美元。可以说在现代的美国,任何一个组织离开了公共关系都寸步难行。具体表现在以下方面:

(1)美国公共关系教育逐渐普及。"二战"后,美国的公共关系教育已逐渐普及起来。1947 年,波士顿大学开办公共关系学院(后改名为公众传播学院),并设立公共关系硕士和博士学位,公共关系学作为一门正式学科登上大学讲坛。1956 年,全美公共关系教育委员会设立了公共关系教育与研究基金。一年后,美国公共关系协会继而成立教育咨询委员会。这些都成为推动建立学术团体、支持公关教育与学术研究、促进公共关系领域朝着专业化发展的重要力量。到 20 世纪 70 年代,全美国已有 300 多所高等院校设立公关专业或开设公关课程。有 170 多所高级中学也开设有公共关系选修课。有7所大学有公共关系学学士授予点,7所大学有公关硕士授予点。全美国有3家正式出版的公关杂志,数百家专业通讯,出版了5000多种公共关系著作。

(2)美国的各种公关协会纷纷成立。1948年,由美国公共关系理事会与国家公共关系顾问协会合并成立了美国公共关系协会(Public Relations Society of America,"PRSA")。哈罗博士任第一届主席,它是全美国最大的公关人员的组织。截至1984年年底,该会已拥有1.14万名会员、91个地方分支机构。该会的目的是促进美国公关事业的发展。

(3)公共关系职业化程度越来越高。由于美国的公共关系已经在各行各业中显示出神奇功效,因而从行业中、管理与行政职能中逐步分化出来,成为一种独立而热门的职业。全美国1937年才有5000多名公关人员,到1985年已有15万人之众。公共关系公司也从1937年的250家发展到1980年的2000多家。企业设立公关部的数量同样大增。1937年,全美国最大的企业中只有20%设立公关部或外聘公关顾问。1960年提高到75%。1967年的调查显示,有资产在500万美元以上的公司已有85%设立公关部或外聘公共关系顾问,其年度公关总预算已达20亿美元。1980年全美国前500家企业中,有436家(占86.4%)设立公关部。公共关系活动深入到了美国绝大部分领域。美国不仅是公关的发源地,也是世界上公关事业最发达的国家。

2. 欧洲公共关系的发展

20世纪20年代后,公共关系传入欧洲,起初,公共关系在欧洲被接受得很慢。1946年,公共关系在法国崭露头角。第二次世界大战后,法国人在建设中认识到,企业对社会和公众开放,既能收到良好的经济效果,又能在社会中提高知名度和树立良好的形象。为适应企业与社会之间的新变化,许多企业积极开展多方面的公共关系工作。1955年,法国公共关系协会成立后,现代公共关系在法国得到迅速的发展。

20世纪四五十年代,欧洲的几个主要资本主义国家都先后组织了全国性的公共关系组织,其中最大的是1948年在伦敦成立的英国公共关系协会(IPR)。首任会长是泰伦兹爵士。现该组织已拥有50个国家和地区(以英联邦国家和地区为主)的2500名会员。到70年代中期,各种公共关系机构在英国已约有5400个、法国约有2000个、前联邦德国约有1000个、意大利约有850个。英、法、意等国也都先后设置公共关系的高等教育课程或专业。1959年,在比利时成立了由比利时、英国、希腊、荷兰、前联邦德国等国参加的欧洲公共关系联盟(CEPR),它是目前欧洲公关组织的中心,现已拥有142个以上的集体会员和数百名个人会员。

3. 亚洲公共关系的发展

日本国内正式推行公关管理,是在第二次世界大战之后,在驻日美军总部的建议下,日本政府军中开始设立"广报科"。20世纪50年代后,公共关系作为一种独立的行业在日本发展起来。目前,日本有公共关系专业机构近40家,其中营业额达7亿日元的有10家。日本的公共关系活动后来者居上,在日本产品占领国际市场的竞争中发挥了重要作用。1964年,日本成立了公共关系协会。许多专家认为,战后美国导入日本的公共关系,是促使日本经济快速发展的一个重要因素。50年代初,香港当局设立了公关部。50年代末60年代初,中国台湾省全面推行公关管理。

(二)公共关系在中国的传播和发展

现代公共关系思想和公共关系实践进入中国,应以20世纪60年代公共关系登陆香港、台湾地区为发端,而内地则到20世纪80年代初才开始引进,因为它适应了市场经济的需要,所以获得了迅速的发展。80年代初,随着改革开放的进行,中国在引进资金、技术的同时也引进了先进的管理经验。公共关系作为一种理论和职业,开始引起了人们的广泛关注。在深圳、广州等改革开放的桥头堡,一些中外合资企业和外商独资企业开始按照西方资本主义国家的管理模式,设立了公共关系部。1980年,深圳蛇口华森建筑设计顾问公司率先成立我国第一个公共关系性质的专业公司。1982年,深圳竹园宾馆成立公共关系部,开展以招徕顾客为目标的、扩大影响的服务性公共关系活动。1983年,中外合资的北京长城饭店成立公共关系部,并因成功策划接待美国总统里根访华而名扬海内外。1984年,广州中国大酒店设立公共关系部。后来,广东电视台以宾馆、酒楼的公共关系活动为题材,拍摄了中国第一部反映公共关系理论与实践的电视连续剧《公关小姐》。1984年9月,我国国有企业的第一家公共关系部——广州白云山制药厂公共关系部正式成立。该厂每年拨出总产值1%的资金作为"信誉资金",用于社会,服务于体育赞助,在开展公共关系实务方面进行了大胆、有效的尝试。1984年10月,世界第二大公关公司"希尔—诺顿公司"在中国设立办事处。1985年8月,世界第一大公关公司博雅公司与中国新闻发展公司达成协议,共同开展公关业务,并成立了中国首家独立的公共关系公司——环球公共关系公司。

继而,深圳大学率先开设了全国第一个"公共关系"专业,广州中山大学等一些高等院校也相继举办了一系列讲习班,普及公关知识。1987年中国公共关系协会成立,此后各省相继成立公共关系协会。1991年4月,中国国际公共关系协会在北京成立,标志着中国的公关事业已经逐步普及全国,走向世界。

1997年11月15日,国家劳动和社会保障部成立了中国公共关系职业审定委员会。还正式确定中国公关职业命名为"公关员",并于1999年5月将公共关系职业列入《国家职业分类大典》,标志着经过近20年的发展,公共关系职业终于获得了社会的认可。

2000年,我国在全国范围内开始推广公共关系人员上岗资格考试,公关员与律师、会计师、医师一样,走上了职业化和专业化的道路。

(三)未来旅游公共关系的发展趋势

1. 公关市场国际化

中国公关市场经历了一个从无到有、从分散发展到逐步规范、从纯国内化到国际化的过程。公关市场目前在中国终于成为一个被政府认可并拥有广阔服务领域的崭新职业,公关从业者已达10万人,这是一个巨大飞跃。中国加入世界贸易组织,不仅对中国和世界经济的发展,而且对中国和世界公关业的发展必将产生重大影响。这种影响表现在中国公关市场国际化趋势会更加明显。公关公司的国际化和国内公关业务的国际化将促进中国公关市场的国际化,最终走向公关市场的不断成熟壮大。其间表现出来的国际化和本土化相融合的趋势愈加明显。

2. 公关实务专业化

经过近二十年的磨炼,随着中外公关市场的逐步接轨,市场运作的游戏规则更加健全和规范。中国公关业将彻底摆脱20世纪80年代初以来公关业的阴影,真正走出公关就是所谓"笑脸相迎"的低层次的旋涡,而大踏步地迈入公关实务专业化的轨道。

3. 公关手段高科技化

随着因特网(Internet)多媒体时代的到来,公关组织已越来越深刻地认识到信息网络、现代传媒新技术对公关传播的重要意义。这些新技术将完成对公关传播沟通管理的方法和手段的调整与更新。实际上,网络传播已经实实在在地成为一种主流媒体支持着公关传播的开展,例如电子邮件(E-mail)、组织形象介绍的网址、主页、网上新闻发布、网上展览、网上市场调查、网上新品推广等,使公关传播的那种平等性、双向性、反馈性得到更大程度的提升,信息传播双方已成为真正意义上的平等交流伙伴,实现了更深层次含义上的双向互动。随着高科技的发展,人类传播史上的革命还将继续,未来的公关手段将是一种进一步数字化的手段,人们会在高科技的服务支撑下,实现真正意义上的人际互动,这时的高科技不会成为人与人之间的异物,它将是人类亲密无间的朋友。

4. 公关地位战略化

全球一体化经济的蓬勃发展,使得组织的传播活动将日益多元化。一方面,组织的形象竞争呈白热化状态,公共关系作为一种重要的传播手段和传播战略,将为公关组织塑造一种"全球形象"而纳入组织的战略管理层面,其战略性地位日益得到加强。另一方面,全人类面临的一些全球性问题,比如环境保护、人口膨胀、战争与和平、人权与主权等问题的存在与解决,已非一个国家和一个民族所能承受,而必须通过国际层面的沟通和对话,通过全球性、跨文化的传播沟通去达成共识的基础上,制定国际化的标准,靠全人类通力合作来加以解决。而公共关系在解决这样的问题过程中,是最有发言权和成效的。公共关系在未来发展中的这种战略地位日趋明显,随着这种战略地位的确立,公关产业化也将随之形成。

5. 公关人才竞争白热化,行业自律更趋完善

随着中国公关市场的成熟,公共关系教育的规范化,公共关系市场的国际化,公共关系人才的竞争将更为激烈。一方面,公共关系作为一项智力产业,专业化智力劳动的价值将得到前所未有的尊重;另一方面,由于市场经济体制的发展,各类组织均已改变了以往那种大而全的组织管理架构,并接受了资源稀缺这一市场新观念,这势必促使公关组织在开展公共关系活动的时候,考虑吸纳最优秀的公共关系的人才加盟,让公关组织有限的传播资源取得最大的效益。同时公共关系市场的发展与不断成熟,会激活公共关系的人才市场。当然,发展中同样会存在行业不正当竞争的现象,但公平、公开、公正的基本规则同样会在激烈竞争中得到确立和维护,公关从业人员恪守职业道德,加强行业自律,这是公关业自身形象和信誉的保证。

总之,随着改革开放的不断深入,我国的公共关系事业无论在实践活动方面、理论研究方面或者培训教育方面,都取得了重大进展,公共关系在我国社会生活中发挥着越来越大的作用,成为推动我国现代化发展的动力。

案例分享

艾维·李处理交通事故危机

1906年,美国无烟煤矿业正处于工人罢工的严峻时刻,由于矿主对罢工工人采取暴力手段,正受到新闻界的猛烈批评。直接对抗,相互指责,推卸责任,使无烟煤矿业陷入深深的危机之中。在这种情况下,艾维·李受聘来解决这一危机。在开展工作前,艾维·李提出了两个条件,并得到同意。

①他必须能直接同企业最高领导层接触与合作。②要得到授权在必要时可以向外界公开所有事实真相。

在处理罢工的过程中,艾维·李还代表矿方向新闻机构发布了《原则宣言》。这宣言现已成了研究公共关系思想的最早文献。艾维·李在《原则宣言》中阐述了他的公关工作原则,他指出,本处并非秘密的情报机构,也不是广告事务所,我们所有的工作都是公开办理的,目的只是提供新闻。如果认为本处的任何新闻该更正的话,那就不必采用。我们的每一条消息必然正确,如果需要任何进一步详细的资料,我们必定随时奉告。我们将乐于竭诚为任何出版人查证事实。总之,我们坦白而公开地说:"我们的计划是代表企业单位及各公共组织,对公众所需、对公众有影响的并为公众所乐闻的课题,向美国报界及公众提供迅速而又准确、坦白而公开的消息。"

艾维·李的这一系列思想和决策在今天看来已极为普通,但在当时却是惊人的大胆创举,是对旧观念的挑战。一个坦诚的声明驱散了笼罩于企业主与公众之间的神秘和冷漠的气氛。在整个事件的处理过程中,艾维·李把这种新思想付诸实践,取得令各界瞩目的成效。社会舆论开始缓和,劳资双方开始相互了解,同时作出让步,最后工潮得以平息。

(资料来源:陶应虎,顾小燕.公共关系原理与实务.北京:清华大学出版社,2006)

 思考与练习

1. 公共关系产生的历史原因与条件是什么?
2. 旅游公共关系的含义是什么?
3. 谈谈旅游公共关系的发展趋势。

第二章 旅游公共关系的职能与原则

引言

本章主要阐释旅游公共关系的职能与原则。通过对本章的学习，了解旅游公共关系作为组织实现其目标的重要手段，如何在"双赢"的前提下，争取组织利益的最大化。这是旅游公关组织必须遵守的原则，同时也是争取实现的目标。

学习目标

1. 了解旅游公共关系的职能；
2. 学习掌握旅游公共关系的原则及其应用。

第一节 旅游公共关系的职能

本节从狭义上叙述公共关系的职能。

一、采集信息，监测环境

（一）采集信息，作为公共关系的职能，是公共关系在组织中所应发挥的作用和应承担的职责

对公关职能的概括长期以来有不同的表述。我们认为，公关的职能从广义上讲，就是调动一切可以调动的力量，运用各种手段，塑造良好的组织形象，营造良好的生存环境，促进组织的生存与发展，使组织在激烈的竞争中取胜。

公共关系首先要发挥收集信息、监测环境的作用，即作为组织的预警系统，通过各种调查研究的方法，收集信息、监视环境、反馈舆论、预测趋势、评估效果，以帮助组织对复杂、多变的公众环境保持高度的敏感性，维持组织与整个社会环境之间的动态平衡。

采集信息是公关工作的必要前提,在信息社会中,信息已成为公认的巨大资源。公共关系是信息产业。不采集信息,公共关系就成了无米之炊。因此,无论是内部公关,还是外部公关,任何策划都应从采集信息开始,这样才能做到知彼知己、百战不殆。采集信息的职能要求公关人员具备信息意识,注意随时采集有关组织的信息。

所谓监测环境,是指观察和预测影响组织目标实现的公众情况和各种社会环境的情况,使组织对环境的发展变化保持清醒的头脑和敏锐的感觉,以及灵敏的反应,从而保证科学地塑造组织形象,实现组织的目标。

制约、影响组织生存和发展的公众环境包括内部公众和外部公众两个方面,因此,公共关系工作所需要的信息就包括内源信息和外源信息两个部分。

(1)内源信息。主要指来自组织内部各方面的信息和动态。一个组织的发展首先受到其内部公众对象的制约和影响,包括组织各部门的管理人员、技术人员、全体职员,他们处在组织日常运转的第一线,对组织内部的人、财、事、物的状况和动态的了解与评价,是重要的内源信息。

(2)外源信息。指组织所处的外部环境的信息动态。组织的外部公众对象非常广泛和复杂,公共关系需要建立广泛的社会信息网络,密切注视外部公众的各种信息和动态,既要关注已经发生联系的公众对象的信息,也要预测可能发生关系的潜在公众对象的动向;既要重视具有直接利害关系的公众对象,也不能忽略那些只有间接关系的公众对象。如客户的需求,合作者的看法,投资者的意向,竞争者的动态,政府官员的看法,新闻界的评价,意见领袖的观点,等等。公共关系需要大量汇集外部公众的信息资料。

(二)公众信息的内容

公共关系作为组织的信息中心,所面对的信息不局限于跟组织专门业务直接相关的业务信息,而且包括社会的政治、经济、文化、科技、军事、民情等全方位的社会信息资料。

(1)与组织形象有关的信息。公共关系首先要注意与本组织的形象评价有关的各种信息。这些信息涉及公众对组织的政策、产品、行为、人员等方面的印象、看法、意见和态度。

产品形象信息。产品形象是组织形象的客观基础,只有产品被接受、受欢迎,企业存在的价值才能得到社会的认可。公众对产品的意见和评价是多方面的,如质量、性能、功能、价格、款式、包装、售后服务,等等。

组织形象信息。组织的整体形象,还反映在公众对组织其他要素的评价方面。如公众对于组织的方针政策;办事制度、程序和效率;经营管理水平;技术、财政、人才方面的实力;服务质量和水准;市场宣传形象;组织文化和精神文明等方面的反映和评价。组织机构需要根据这些评价来调整和完善自身。

(2)组织环境中的各种社会信息。公共关系需要为组织监测社会变化与趋势,注意社会的政治、经济、文化、科技、军事、时尚潮流、民俗民情、舆论热点等多方面的信息动态,分析其对组织的各种直接或潜在的影响,充分利用环境中的有利因素,避免不利因素,使组织与社会环境的变化保持动态平衡。

公共关系的信息功能具有宏观性和社会性,这是组织的其他职能部门无法取代的。

二、咨询建议,参与决策

这是公共关系最有价值的职能,因此,公共关系也称"咨询业"、"智业"。1978年,在墨西哥召开的世界公共关系大会上提出的公共关系定义,着重强调公共关系的咨询建议、参与决策职能。

(一)咨询建议的含义

公共关系的咨询建议,是指组织公关人员向决策层和各管理部门提供公共关系方面的意见和建议,使决策更加科学化、系统化,并照顾到社会公众的利益。

公共关系的咨询建议与采集信息密切相连。获取信息是咨询建议的前提,没有足够的信息,一切咨询和建议只能是空谈。采集的信息只有通过向组织提供咨询和建议,才能充分发挥其功能,实现其价值。

(二)组织公共关系咨询建议的主要内容

(1)对本组织内部方针、政策和行动提供咨询意见,发挥公共关系对组织的五个导向作用,参与决策,制定出合乎组织发展的目标。

(2)对本组织公共关系战略、营销战略和广告宣传战略、CIS战略、组织文化战略提供咨询意见,使原来分由几个部门负责的工作发展成为一个系统,并制订出科学的实施方案供决策者参考。

(3)对组织生存环境的有关发展变化进行预测和咨询,使组织决策者拥有一套乃至数套可以选择的方案,以适应这些变化。

(三)咨询建议的形式

(1)成立咨询服务部。咨询服务部是组织的智囊团,其主要任务是向组织提供各种咨询建议,为领导科学决策发挥参谋作用。

(2)帮助组织选择决策方案和活动的时机。公关的咨询作用表现在运用公关手段,为决策者评价、选择和实施有关的决策方案,特别应关注其在经济效益和社会效益方面的统一与协调,敦促决策者重视决策行为的社会影响和社会效果。同时,调动公关手段,广泛征询各类公众对象的意见,促进决策过程的民主化和科学化。

组织要提高知名度,就必须多参加和举办各种各样的公关活动,如举办记者招待会、商品展销会、博览会、策划新闻稿件等。公关人员可根据自己的实践经验,为组织选择恰当的时间、地点和方式参与这些活动。通过活动,使组织广结良缘,提高声誉。

(3)参与决策。公关人员不仅要向组织提出一般的咨询建议,而且要尽可能参与决策,为领导决策提供必要的信息建议,直接影响决策过程,这才是公关咨询建议的最高形式。公关人员要努力开展工作,在决策之前,要广泛征询内外公众的意见,获取全面的信息,以供决策者参考,使决策方案具有较强的社会适应性和应变弹性。

三、传播推广,塑造形象

这是公共关系传播与其他传播在目的与技巧方面不同的特有职能。

公共关系的传播、沟通职能主要体现在两个方面:一是组织运用传播、沟通的手段同公众进行双向交流,与公众交心,赢得公众的信任和支持;二是顺时造势,实现舆论导向,通过策划新闻、公关广告、专题活动等手段,制造声势,提高组织的知名度与美誉度,为组织创造良好的舆论环境。从某种意义上说,丧失了传播、沟通的职能,公共关系就将一事无成。

四、协调沟通,平衡利益

(一)协调的含义

公共关系中的协调是在沟通的基础上,经过调整,达到组织与公众互惠互利的和谐发展。协调的重要作用在于保持组织管理系统的整体平衡,使各个局部能步调一致,以利于发挥总体优势,确保计划的落实和目标的实现。协调关系分为广义协调和狭义协调。广义协调,不仅包括组织内部的协调,而且包括组织对外的协调,如组织与政府、社区、消费者等的协调活动。狭义协调,主要是指组织内部的协调,如组织内部上下级之间的协调,组织内部同一层次中的各部门、各单位之间的关系协调。内求团结,外求和谐,是公关协调工作的宗旨。

马克思说过,人们奋斗的一切都同他们的利益有关。公共关系也是以利益为基础的。社会进入市场经济以后,许多过去用武力、由行政手段调节的关系,现在需要按经济规律来调节。组织作为一个开放系统,面对各类公众和各类公众各自的利益要求,组织公关要想为组织创造一个良好的内外部环境、协调各种关系,就必须本着真诚、互惠的原则,首先承认这些利益,然后按公共关系双向对称原则来尽量满足这些利益;当各种利益发生矛盾时,应本着公平对等的原则加以协调、平衡,既不能无视正当要求,也不能厚此薄彼。

(二) 协调关系的内容

协调既是目的,又是手段,具有两重性。作为目的,是指一种关系的良好状态;作为手段,是指一种调整工作,通过协调使关系达到良好状态。公共关系能够发挥平衡、协调关系职能的三个主要方面如下:

(1)协调组织内部领导和职工之间的利益与关系。组织内部领导和职工关系的好坏,直接关系到职工积极性、主动性、创造性的发挥和领导者职责的实现,也关系到组织全体职工能否形成良好的团结奋斗精神和产生有效的协调作用。因此,组织的公关部门和人员要努力协调好领导与职工的关系。具体言之,一方面,公关人员要运用科学方法,经常向职工宣传本组织的方针、政策,传达领导层的经营战略,并尽可能充分地对组织的方针、政策、战略意图作出相应解释和说明,使职工了解、理解,并自觉执行。另一方面,公关人员还要不断广泛地从职工中搜集对组织的意见和看法,及时将这些情况转达给领导,以改进和促进组织的工作,保证领导与职工的关系和谐发展。

(2)协调组织内各部门、各环节之间的利益与关系。在组织内部,由于分工的缘故,组织内部各部门之间往往缺乏全局观念,各自为政,产生一些矛盾,给组织带来不必要的麻烦和损失。部门之间的协调工作,虽然主要由领导去做,但公共关系部门也要积极配合。通过沟通,增进部门之间的联系与了解,使之相互支持,相互信任,相互谅解,协同努力,提高组织绩效,实现组织的目标。

(3)协调组织和外部公众之间的利益与关系。任何一个组织,在其发展过程中,会由于各种原因而与外部公众发生矛盾和冲突。一旦出现这些现象,公关部门就要及时了解情况,进行协调,妥善处理各种矛盾和冲突。否则,组织的发展会受到影响。

(三) 协调关系的方法

(1)反馈调节法。反馈调节法,即根据信息的反馈情况来适当调整组织的行动,以协调关系。在反馈调节过程中,公关人员要把组织的政策、计划情况以及其他信息告之内外公众,同时还要把执行情况,以及内外公众的看法及时反馈给组织的决策层,以填补漏洞或进一步修正计划。

(2)自律法。组织与公众之间有时因关系处理不当而引起的种种矛盾,如组织内的干群矛盾、部门之间的矛盾,组织外部的社区矛盾、与消费者的矛盾、与政府有关部门的矛盾等。这时,组织要善于自律,实行自我检查,自我监督,严于律己,发现问题主动纠正。

(3)感情疏通法。人是有感情的,组织与公众之间有情感关系。如果双方感情好,任何事情都好办;感情不和,就会造成阻力。因此,公关人员要重视心理情感的协调,善于运用感情疏通法,拉近公众与组织的心理距离。例如,美国著名的推销汽车的能手乔·吉拉德成功的一个重要原因,是与顾客之间建立起一种"唇齿相依"的特殊关系。他说,"当顾客把车开回来要求给予修理或提供服务时,我尽一切努力为他们争取到最好的东西,这时,你必须像一位医生,顾客的车出了毛病,你应该替他感到心痛。"乔·吉拉德还向从他手里买车的顾客每月赠寄一张大小不同、形式精美的明信片。小小明信片紧紧系着乔·吉拉德与顾客的心,使他与顾客保持着密切的关系。周到的服务,情感的协调,是建立组织与公众良好关系的好办法。

(4)信息分享法。这种方法,即通过建立和完善组织内部的各种传播、沟通渠道和协调机制,促进组织内部的信息交流,上情下达,下情上达,横向联络,分享信息,使全体成员相互在思想上认同和行为上一致,提高组织的向心力、凝聚力。如某厂在厂门口宣传栏办了一个《每日新闻》专栏,早上8点半之前贴出,除了厂休日和节假日之外从不中断,职工每天上班一进厂,先花上几分钟看看这份《每日新闻》,就能及时了解全厂主要的动态和信息,既有最新的决策和意见、重要的人事变动、生产经营的最新动态,也有关于干部职工福利的消息和文化娱乐消息,还有各部门、各车间的情况通报,以及本厂职工的批评、建议等。大家感到这个新闻墙报比开大会更有用,比看报纸更解渴,一天不看就感缺憾。由于职工们的喜爱和信任,大家都积极地为编辑部提供信息,大大加强了组织内部的沟通和横向联系,理顺了人际关系,有效地将全体职工凝聚在一起。可见,内部关系的协调有赖于良好的内部信息沟通,信息的分享度越高,关系就越和谐。

(5)协商法。它是通过协商的方式来避免或减轻组织与员工之间、组织与组织之间的矛盾和冲突,以及由此造成的损失。这也是常用的一种方法。

五、教育引导,培育市场

组织公共关系的教育引导职能主要表现在对内、对外两个方面。

对内,公共关系的主要职能是传播公关意识,传播公共关系的思想和技巧,进行知识更新,不仅要对每个员工进行教育引导,也要说服组织领导接受公共关系思想。

对外,组织公共关系主要是对公众进行教育引导。人们常说"公众永远是对的",这是从服务的角度将"正确"让给对方。但客观地讲,公众不可能永远正确,而是需要给予引导。

另外,随着科技的突飞猛进、产品的极大丰富,需要公共关系来培育市场。公众不可能了解那么多的新产品,需要不断对其进行商品知识、消费知识、安全保险等方面的教育和引导,使消费群体与组织的沟通保持顺畅。

六、科学预警,危机管理

危机使组织处于困难的局面,是组织生存发展的大敌,处理不当往往给组织造成重大损失,甚至断送组织的"生命",因而组织公共关系将危机处理作为公共关系的主要职能和工作重点之一。随着公关理论和实践的发展,事前预测管理危机已成为公共关系对待危机的主流方法,这是组织公共关系的新发展。

第二节 旅游公共关系的基本原则

公共关系工作复杂而烦琐,在这些具体工作中要想取得事半功倍的效果,就必须掌握一些搞好公关的基本原则。这些原则可以说是进行公关活动的指南,可以使我们避免一些常见的公关误区。同时,我们的社会生活中还存在着相当多的假公关和庸俗公关活动,这些原则也是我们区分真假公关活动的锐利武器。

一、互惠、互利原则

社会组织生存发展必须要得到公众的支持,而要想得到公众的支持,就必须让公众得到利益。对于一个社会组织而言,当然应该追求自身利益的最大化,但一些组织在这一过程中却发生了迷失。造成这种现象的根本原因在于:利益从来都是相互的,从来没有一厢情愿的利益。只有在互惠、互利的情况下,才能真正达到自身利益的最大化。组织的公共关系工作之所以有成效、之所以必要,恰恰在于它能协调双方的利益,通过公共关系,可以实现双方利益的最大化,这也是具备公关意识的组织和缺失公关意识的组织的显著区别。

二、真实、真诚原则

互惠、互利只有靠真诚才能做到,唯有真诚,才能长久赢得公众给予的合作与社会馈送的美誉。追求真实是现代公共关系工作的基本原则。尤其是现代社会,信息及传媒手段空前发达,这使得任何组织都无法长期封锁消息、控制消息,以隐瞒真相,欺骗公众。正如美国前总统林肯所说,你可以在某一时刻欺骗所有人,也可以在所有时刻欺骗某些人,但你绝对不能在所有时刻欺骗所有人。真相总会被人知道。因此,公共关系强调真实原则,要求公关人员实事求是地向公众提供真实信息,以取得公众的信任和理解。

真实、真诚原则的内容非常丰富,主要包括下列诸方面:

(1)向公众说真话。这一点是公关活动首先必须遵守的原则。一个组织说一次谎话可能不会被公众抓住,一个虚假的广告宣传也可能会为组织带来暂时的巨大经济效益。但我们须知：公众的眼睛是雪亮的，在公众社会地位不断提高，社会对新闻媒介的监督作用日益加强的今天，欲长久隐瞒事件真相是不可能的。

(2) 用行动证明。在对公共关系的特征进行描述时，有人认为："公共关系就是少说多做"，还有人认为："公共关系是90%靠自己做得对，10%靠宣传。"这些说法都是在说明一个道理，即公共关系的好坏，主要通过事实，而不是单纯靠宣传来证明。

公关活动应从事实出发，公关人员须树立先有事实，后有公关活动的思想。在每一次公关活动之前，公关人员要进行实事求是的调查研究，掌握组织与公众各方面的状况，才能设计出优秀的公关方案，并且在实际运行中取得预期效果。所以任何形式的公关活动，都必须以调查研究为出发点，把真实、真诚的原则贯彻到调查工作的始终，公关人员要努力做到：客观、真实、全面、公正。

三、不断创新的原则

公关人员既要尊重公关实务的一般科学方法，更应依据不同公关活动项目的具体条件，创造性地发挥自己的主观能动性。一味重复教科书上的经典战略，或者长期运用一种公关方法，必然会引起公众的感觉疲劳，事倍功半，甚至会引起公众反感，产生负效果。唯有不断创新，才能保证公关工作的持续成功。为了使策划富有新意，以下思路可供参考：①大胆设计，敢于开创前人没有发现的新形式；②移植与再造相结合；③角度转换，逆向思维，寻求突破；④排列组合，以旧翻新。

案例分享

1. 项目背景

广州大厦的前身是广州市人民政府的接待基地——榕园大厦。1993年按四星级标准建造，并于1997年9月28日开业。起初，按商务酒店的经营管理模式打开市场。但由于大的市场环境和经营不善，1997年9月28日至1998年9月30日，利润只有4.3万元。经营陷入困境，原管理公司撤离。经市场调查与分析，新组建的领导班子决定通过确立酒店定位、树立品牌形象来争取社会和顾客支持的战略思路。

2. 项目调查

通过市场调查分析，广州商务酒店星罗棋布，招待所也很多。要脱颖而出，只有全新的市场定位，整合现有资源才行。

(1) 公务酒店可以打开一个独特的细分市场——公务酒店市场。

(2) 公务酒店依靠政府与其职能部门密切的关系，可以为客人提供更多的政治、经济方面的咨询与服务。

(3)公务酒店承担政府对外联络的职能,它所发挥的"窗口"和"桥梁"作用是商务酒店无法替代的。

(4)酒店有一整套适应政务接待、政务活动和其他商务活动的设施、设备、人员与程序。

3. 项目策划

广州大厦确立以全国首家公务酒店为自己的品牌形象。这一形象释义为:以公务客户、公务活动为主要目标市场,以规范化的酒店服务为基础,以鲜明的公务接待为特色的酒店。

4. 公关策略

(1)密切联系目标公众,创造良好的人际传播渠道。

(2)全面强化面向政府的公共关系,拓展公务市场。

(3)在服务中传播,在传播中营销。

5. 项目实施

(1)发挥自身优势,重塑品牌形象

①强化自身品质,提升品牌形象。全面实施大厦由商务型向公务型酒店转型的策略,调整管理机制。

②强化员工培训。

(2)利用多元渠道,传播品牌形象

①选取曾经是广州市市花的红棉花为大厦的形象标志,还选取绿色作为企业形象的识别色彩。

②旨在推进绿色管理,普及环保意识。

③宣传活动从内部做起,强化企业形象。有针对性地选取公众媒体宣传企业形象。在广州地铁沿线投放了以"我在广州有个家"为主题的企业形象广告;还在广九直通车站出口处最醒目的位置设立了大幅灯箱广告。

④在《人民日报》、《接待与交际》杂志上,登载有记者采写的关于大厦新品牌形象策略的系列报道。

⑤创办《广州大厦报》,对内作为企业文化建设的载体之一,积极引导全体员工树立正确的价值观,增强团队意识;对外作为与目标公众沟通交流的渠道,传播企业信息,强化品牌形象。

(3)参与公务活动,提升品牌形象。

(4)像接待市长一样接待每一个人。

大厦推行"顾客完全满意"的经营理念,推行一整套与目标公众联系的措施。

6. 项目评估

(1)首创公务酒店,实现品牌更新。

(2) 在短期内迅速提升企业的知名度。

(3) 获得了良好的经济效益。1999 年企业利润达 2065 万元,与 1998 年相比增长 513%。

(4) 营造了良好的公众关系。

(资料来源:中国广告人网,http://www.chinaadren.com/html/file/2009 - 12 - 26/20091226120825_1.html)

 思考与练习

1. 旅游公共关系的职能是什么?
2. 旅游公共关系的原则有哪些?
3. 如何理解旅游公共关系的服务性?

第三章 旅游公共关系的主体

引言

随着旅游业的不断发展,旅游公共关系工作的必要性和重要性也越来越不容忽视。本章在进一步分析旅游组织的特征、类型的基础上,着重介绍旅游组织内部公共关系部门的设置,以及旅游业从业人员的基本素质和工作内容。

学习目标

1. 熟悉旅游公共关系主体的构成;
2. 掌握旅游组织的基本特征;
3. 根据主体之间"目标一致、多方协作"的关系,对旅游公关活动进行分析与应用。

旅游公共关系的主体一般有三类:一是旅游公共关系的构建者,即旅游组织,被称为行为主体;二是公共关系机构,专事公共关系的组织机构,代理旅游组织的公共关系工作,承担公共关系从策划到实施的工作;三是旅游公共关系从业人员,他们是公共关系工作的具体执行者。公共关系从业人员的自身素质、能力、从业水平,也是决定旅游公共关系活动成败的关键。要策划一个成功的公共关系活动,三者的协调合作非常重要,三者既要遵循公共关系的一般原理,运用公关的基本技巧,又要发挥主观能动性,创造性地开展公关活动,以达到预期的目的。

第一节 旅游组织概述

一、旅游组织的含义及特征

(一)旅游组织的含义

在人类社会生活中,彼此孤立的个人通过一定的社会活动进行交往,由此建立起特定形式的社会联系并组合在一起。这种通过社会活动形成的联系与组合,本质上是社会关系的体现,形式上便表现为社会组织。旅游组织是社会组织的一种类型,它是由社会分工的需要而逐步产生和发展起来的,因此,我们可以将旅游组织定义如下:旅游组织,是指为了加强对旅游行业的引导和管理,适应旅游业的健康、稳定、迅速、持续发展而建立起来的具有行政管理职能或协调发展职能的专门机构。

(二) 旅游组织的特征

作为旅游公共关系行为主体的旅游组织,不仅具有社会组织的一般特征,还具有一些作为旅游组织的特殊特征。从公共关系角度讲,概括为以下几点:

1. 社会性

旅游活动的完成,不仅需要有旅游组织的经营管理,而且需要社会其他行业和部门的支持。例如建筑、电力、石化等行业为满足旅游者的基本需要提供条件,环保、公安、教育、文化等部门则在社会范围内为旅游者创造一个良好的旅游环境,等等。总之,旅游组织与各个社会组织之间相互依存,有密切的技术经济联系。旅游组织只有与相关社会组织积极配合,相互沟通,相互协调,旅游活动才能顺利完成。

2. 目标性

旅游组织的生存和发展都是为了达到某个特定的共同目标。目标对旅游组织的生存与发展具有导向作用,对旅游组织成员具有统一认识、规范行为的作用。目标性是旅游组织最基本的特征之一。

3. 多样性

旅游组织的多样性,或称旅游组织的复杂性,是指不同的旅游组织,其性质、结构形态和职能不一。各种营利性组织在注重经济效益的同时,和非营利性组织一样,也要兼顾社会效益、环境效益和可持续发展。另外,由于旅游需求具有可替代性,同行业的不同类型旅游组织既是合作者,又是竞争者。因而旅游组织的公共关系公众和各种公共关系活动就显示出多样性。

4. 能动性

旅游组织作为国民经济的细胞之一,是一个能动的有机体。旅游组织的能动性,一方面,表现为按照需要组织生产经营活动的能力;另一方面,表现为对外部环境变化的适应能力和承受能力,以及组织内部各成员之间、各部门之间、成员和部门之间的相互适应能力;还表现为具有自我改造、自我发展、自我扩充和自我增值的能力。

旅游组织的能动性表明,旅游公共关系活动必须充分考虑组织自身的能力,发挥组织能动作用,适应外部环境变化,协调内部关系,增强旅游组织活力,达到不断发展的目的。

5. 服务性

旅游业是一个服务性行业,服务是旅游业的核心产品,是旅游业赖以生存的根本。旅游组织的主要功能就是以其提供的旅游设施为载体,通过旅游从业人员,将自己的旅游产品通过服务销售给旅游者。因此,旅游组织在进行公共关系活动时要在确保服务质量、形象塑造和全员公关方面多加注意。

二、旅游组织的类型

对于旅游组织的各种类型,虽然到目前为止仍存在不同的看法,但是基本内容大体相同。英国的维克托·米德尔将旅游业划分为旅行社、交通客运部门、以旅馆为代表的住宿、游览场所经营部门和各级旅游管理组织五类部门。

美国夏威夷大学旅游学院院长朱卓仁等在其编写的《旅游业》一书中提出,旅游业由直接供应者、辅助服务机构和包括政府管理机构在内的开发性组织三部分构成。

不管哪种见解,仅是侧重点不同而已。我们从经济性的角度看,还可以将旅游组织分为以下两大类型:

(一) 营利性旅游组织

营利性旅游组织与政府组织、社团组织、学术组织等非营利性组织的差异在于,其必须有效经营并赢利,只有获取利润,才可能维持支出,扩大经营范围,进而扩大再生产。旅行社、旅游饭店、旅游交通旅游业三大支柱产业,以及旅游景点、商场等旅游组织绝大部分是以营利为目的,它们通过向旅游消费者提供食、住、行、游、购、娱等产品和服务,获得经济效益。较之非营利性旅游组织,这类旅游组织对社会公众的依赖性也是最强的。

(1) 旅行社。我国国务院颁布的《旅行社管理条例》明确指出:旅行社是以营利为目的,从事为旅游者代办出境、入境和签证手续,招徕、接待旅游者,为旅游者安排食宿等有偿服务经营活动的企业。在旅游供求活动中,旅行社担负着双重角色,既是旅游产品的组合者,又是旅游产品的销售者和代销者,它的工作贯穿于整个旅游活动的始终,它的形象既对本企业有巨大影响,又对旅游地有整体影响,它的公共关系工作意义重大。因此,旅行社是旅游公共关系重要的行为主体之一。

(2) 旅游饭店。旅游饭店,又称旅游酒店、宾馆,其主要功能是为餐饮、住宿、娱乐、商务、度假等提供条件。它是为旅游者提供综合服务的重要场所,是一个国家或地区旅游业发展的标志,是随着旅行和旅游活动的不断发展而发展的。由于旅游者在旅游活动中的相当一部分时间是在饭店度过,对饭店的评价就更加深入细致,饭店的形象在很大程度上影响着旅游者对整个旅游活动的评价。这些决定了旅游饭店成为旅游公共关系主要的行为主体之一。

(3) 旅游交通。它是指为满足旅游者实现从一个地点到另一个地点的空间移动而提供的运输和交通线路服务。旅游交通包括常住地到目的地之间、一个目的地到另一个目的地之间，以及各旅游点之间的空间移动，是旅行和游览的必备条件。从事旅游交通的旅游组织较多，有航空、铁路、轮船、汽车等行业组织。旅游者对交通的普遍要求是安全、便利、快捷、经济、舒适，旅游交通部门应根据人们在外出旅行时对不同旅行方式的选择，做好相应的公共关系工作。因此，旅游交通也是旅游公共关系的行为主体之一。

（4）旅游风景区（点）。旅游者参观游览的主要对象就是旅游风景区。其公共关系活动的开展情况以及自身形象的塑造，直接决定了旅游者对旅游风景区的评价，对于旅游者在整个旅游活动中的满意度有决定性影响。因此，旅游风景区也是旅游公共关系的行为主体之一。

（二）非营利性旅游组织

所谓非营利性旅游组织，是指不以营利为目的，但是对于营利性旅游组织的促进和扩大赢利方面起着重大作用的部门，包括旅游行政管理部门、各种旅游行业协会，以及旅游教育与学术组织。

（1）旅游行政管理部门。此类部门是对旅游活动进行行政管理的官方组织系统。各级旅游行政管理部门在负责管理旅游事务中扮演重要的角色。国家旅游局作为国务院的职能部门，面向全行业，统管全国旅游事业。各省、自治区、直辖市以及省级以下的地方层级，根据自身旅游发展的需要，设置旅游局和旅游管理委员会，管理本地的旅游工作，协调旅游行业与其他行业之间的关系，是旅游公共关系的行为主体之一。

（2）旅游行业协会。为了提高行业产品质量，促进旅游组织之间的相互协调，保护本行业各组织的利益，我国成立了相应的旅游行业协会，如中国旅游协会、中国旅游饭店协会、中国旅游车船协会等全国性的旅游行业协会和一些地方性的旅游行业协会。它们是介于政府和企业组织之间的一种旅游组织，具有很强的公共关系性质，也是旅游公共关系的行为主体之一。

（3）旅游教育与学术组织。目前，我国的旅游教育与学术组织为数很少。全国性的组织主要有高等旅游院校协会和中国旅游未来学会。2003年年底，为了广泛团结和凝聚旅游教育各方面的力量，为全国的旅游教育机构创造一个交流信息和经验、促进学术研究、整合资源、共谋发展的服务平台，国家旅游局上报民政部批准，决定成立中国旅游协会旅游教育分会。经过紧张的筹备工作，于2008年9月25日正式召开了成立大会。

三、旅游组织的工作目标

（一）工作总目标

旅游组织的工作总目标包含协调社会、旅游组织及其内部成员三者之间的利益。首先,旅游组织是社会环境的产物,它的运行是由社会环境决定的,但是旅游组织也反作用于社会环境,即在适应环境的同时改变环境,在改变环境的同时发展组织。因此,社会和旅游组织的根本利益在本质上是一致的。其次,在制定工作目标时,还必须考虑组织内部成员的需求。当组织目标和组织成员个人目标一致时,组织成员的工作就确保了组织目标的实现。最后,组织内部成员也是社会环境的成员,他们同社会环境有直接和间接的联系,组织内部成员的需求得到了满足,增强了社会安定,也就从深层次满足了社会环境的需要。所以说,上述三者利益的有机统一、协调发展是旅游组织工作的总目标。

(二) 公共关系工作目标

旅游公共关系,是旅游组织在完成工作总目标过程中派生出来的目标,它是指旅游组织通过一系列工作树立组织形象。旅游组织的形象,是指该组织的文化特征和行为表现在公众心目中全面反映的评价,它是旅游组织最重要的无形资产,是旅游组织寻求生存与发展的关键因素。包括以下五个方面:产品形象、员工形象、领导形象、文化形象、标志形象。要想树立良好的组织形象,旅游组织的公共关系具体表现为认知度、美誉度、和谐度三大目标。

(1) 扩大认知度。认知度即我们通常所说的知名度,是指旅游组织被公众知晓、了解的程度,通俗地说,就是在公众中的名气大小。它侧重于"量"的评价,是衡量旅游组织在公众中影响力的重要指标。旅游组织对市场的依赖性比其他行业更强,要想争取到足够的市场份额,旅游公共关系的首要目标是扩大旅游组织的认知度。扩大认知度的主要方法是宣传,即通过人际传播、媒体传播、召开主题会议等方法,使尽可能多的人认知旅游组织。

(2) 提高美誉度。美誉度是指公众对旅游组织的信任和赞扬程度。它侧重于"质"的评价,是衡量旅游组织声誉的重要指标。美誉度是由旅游产品和旅游服务的质量所决定的,而旅游产品和旅游服务的质量直接决定了旅游组织能否在市场竞争中求得发展,因此,提高旅游组织的美誉度是旅游公共关系的重要目标。要想提高美誉度,旅游组织必须加强人才培养,提高人员素质,提高服务质量,真正做到以顾客为中心,以市场为导向,以信誉赢得顾客。

(3) 增加和谐度。旅游组织是一个开放系统,它必须和周围环境建立广泛的联系,一方面,要通过对外联络与沟通等各种公共关系活动,创造一个和谐的外部环境;另一方面,组织内部也存在着协调与沟通,从而增强组织的凝聚力,创造和谐的内部环境。

当然,在与总目标一致的前提条件下,依据分类标准的不同,旅游公共关系还可以建成不同的目标体系。比如按目标的性质不同划分为战略目标和战术目标,按目标的时限划分为长远目标、中程目标、短期目标,等等。

第二节　旅游组织的公共关系机构

旅游组织公共关系工作是一项长期的、复杂的、有计划的工作。为此,旅游组织需要专门机构来从事公共关系工作,现有旅游组织内部设立的公共关系机构一般称为公共关系部。在旅游组织中,该部主要设立于旅行社和旅游饭店,旅游行政管理部门、旅游行业协会等一般很少设立。

一、公共关系部在旅游组织中的地位及作用

公共关系部是指组织内部针对一定的目标,为开展公共关系工作而设立的专业职能机构,社会组织不同,其公共关系机构的设置和名称也不同,有的组织公共关系部门也被称为公共事务部、公共信息部、公共广告部或社区关系部等。

公共关系的多种职能,客观上要求有与其相适应的组织机构和人员来承担与执行信息采集,环境监测,决策咨询,联络沟通,协调关系等各项工作。组织内部的公共关系机构是为不断完善、深化组织的管理而出现的,并逐渐演变为组织管理机构的一个必要组成部分。因此,一个组织要想做好公共关系工作,不仅要在机构上设立公共关系部门,更重要的是,正确认识公共关系机构的地位和作用,真正重视公共关系工作。

(一)公共关系部的地位

公共关系部与组织的人事部门、计划部门、业务部门、财务部门一样,首先是旅游组织的重要职能部门。其次,公共关系部处于旅游组织的中枢地位。对外,它代表组织发布信息,储存、收集和处理与组织密切相关的社会信息,参与、组织公共关系活动;对内,代表旅游组织最高决策层来协调员工、部门、领导之间的关系,它的工作是全方位的。最后,公共关系部在组织管理中的地位的重要性,还可以从公共关系负责人在组织管理中的地位反映出来。就目前情况看,大部分公共关系部的负责人是由旅游组织的重要负责人担任的,或者赋予公关部负责人参与最高决策的权利。以上充分说明公共关系部在旅游组织中的重要地位。

(二)公共关系部的作用

(1)为组织搜集信息情报。现代社会是一个信息社会,任何组织和个人都离不开信息。公共关系部就是组织的情报部。它通过收集、整理、加工各种信息来感知外部社会的变化,并做出适当的行为或进行目标调整来适应变化。因此,人们称公共关系部为组织的"耳目"。

公共关系部要发挥好这方面的作用,应该感知敏捷、反应迅速,能够为决策者提供各种及时、准确的情报信息。这就需要不断地了解旅游组织内部公众对本组织的意见和建议;了解社会、政治、经济、文化的现状及变化,并预测其未来的趋势;了解外部公众对本组织的方针、决策和行为的反映与评价等。要使这些作用充分发挥,必须建立一套完善的信息网络系统、数据库和广泛的信息沟通渠道。

(2)参与谋划组织的决策,提供咨询。由于公共关系工作关系到组织的信誉和形象,关系到组织与公众的沟通,关系到组织战略目标的实现,因而它是组织的"智囊团"。公共关系部不是一线指挥和最后的决策部门,而是在采集、整理、分析信息的基础上,协助决策层对其现存的问题制订并选择最有效的解决方案。在现代社会,任何一个组织都要有危机意识,考虑决策可能带来的社会后果。因此,公共关系部就必须综合评价各职能部门的活动已经或可能引起的社会效果,就有关组织环境问题和公众态度倾向提供咨询。公共关系部的具体职能是:协调组织与环境的公共关系,制订可供选择的行动方案;协助决策者分析和权衡各种方案的利弊与得失;预测组织行为将产生的后果及影响;监测环境、判断环境的变化趋势和反馈信息;督促和提醒决策者及时修正会导致不良后果的政策行为;提出使组织的行为、决策与公众利益、社会利益达成一致的措施,维护组织与外部环境的动态平衡。为保证公共关系部这一职能的发挥,不仅要求组织决策的民主化和科学化,而且要求组织的决策者亲自领导这一部门。

(3)社会交际作用,沟通与协调。社会交际作用主要体现在两个方面:一方面,负责与内外公众的沟通;正确传递双方之间的信息;运用各种媒介对外宣传企业的理念和政策,解释组织行为,增加组织透明度,与公众进行交流,获得公众的理解和信任,从而取得公众的支持与合作;充当旅游组织的"喉舌"。另一方面,负责协调组织与公众之间的关系,减少摩擦和纠纷,通过应酬交际、社会服务、赞助等多种交往活动,增进相互间的友谊。

(4)整体形象策划与设计的作用。主要体现在:负责策划和设计旅游组织的整体形象,并通过各种可行的公关活动方式去美化组织形象,提高组织的知名度和美誉度,实现目标。当组织形象受到伤害时,利用正确有效的方法,尽量做出挽救弥补措施,最大程度地减少危机事件对组织形象的伤害。

二、公共关系机构设置的原则

公共关系工作是现代旅游组织日常事务的一个不可缺少的部分,是与组织的利益、组织的发展息息相关的。正是因为越来越多的人意识到这一工作的重要性,很多旅游组织设立了公共关系部。旅游组织设立任何一个部门,都有许多问题要考虑。组建公关部应当根据社会环境和自身需要统筹考虑。

(一) 必要性原则

设置公共关系部必须考虑组织的特点,一般说来,需要顾及下列几个问题:

(1)应考虑旅游组织对公关的需要。比如说,大型旅游组织就比一般的事业组织更需要公众的支持,面对的公众对象一般也较为复杂,尤其在现代社会,人们需求的差异越来越大,市场细分越来越小,社会各组织间来往频繁,因此,就需要建立有一定规模的公共关系机构来处理这些公关问题。具体体现在:首先要考虑服务对象的需要,面对的对象越多,面对的环境问题越多越复杂,设置的机构分工也就越细。如,有的公关部设立了社区关系、股东关系、职工关系、媒介关系等专门的分支机构。其次要根据组织的特殊需要。比如,有些旅游组织不但需要有自己的内部刊物,还要有自己的闭路电视,这就需要在公共关系机构中设置编辑部、美工部、影像部等来承担这些专业技术工作。

(2)要考虑组织的财力。组织机构大,公关工作就比较复杂,公关机构也就要大一些,但这需要组织有足够的财力去配置部门的硬件和软件,应付公关部门的开支。公关部是花钱的部门,广告费、赞助费、活动费、礼品费等费用都需要组织总部的支持,组织只有具备足够财力,才能维持公关工作的正常运转。另外,有财力才会招聘到有才能的专门人才。

(3)要考虑组织内部机构。一个组织的既定结构对将要设置的公关机构有很大的影响。公共关系部的工作职能必须不与组织原有的广告部、宣传部、接待部、政治思想部的工作重叠,而是能合作协调,使公共关系部对外起主动沟通的作用,对内维系组织各方面关系的平衡。

另外,是否设立一个专门机构去处理公共关系问题,还取决于组织对设置这一机构职能和作用的认识。如果一个企业的管理者十分注重公众问题,注重自身形象,他就会支持公共关系工作,机构设置也就会完整一点,大一点。

(二) 专业性原则

公共关系部是旅游组织开展公共关系工作的专业机构,在组织上和工作内容上都要保证其正规性和专业化。首先,人员配备必须专业化。表现在两方面:①公关部领导者一定要由公关专业知识丰富,且具有领导才能的人士担任;②公关部成员必须具备清晰的公共关系理念,受过一定专业训练,勇于开拓进取。其次,工作内容必须专业化。表现在三方面:①要按照公关工作职能开展工作;②要遵照公关工作原则办事;③要按照公关工作程序处理事情,要讲究公关工作的科学性和技巧性。

(三) 责权对等原则

权利与责任相辅相成,公关人员在获得权利的同时,也应承担相应的责任

（例如，公关人员在获取处理公关危机的权利时，也同时负有承担失误的责任）。

公共关系部一成立就有其特定的职责：对组织的公共关系进行管理。因此，在组织上和职能上都必须保证其正规化和明确化。公共关系部接受组织最高领导层的领导，并对其负责，该部不是领导部门，也不是直接的经营管理部门，而是全面的具有管理性质的参与决策的参谋部门，在指导思想上必须明确自身职责。同时公共关系部及其人员享有在规定的范围内从事某项工作的权利。因此，在设置旅游公关部时，其下属机构和人员配置必须明确和落实权利与责任，做到责、权对等。

（四）服务性原则

对内：为决策层服务（做参谋，提供情报）；为生产和职能部门服务，配合他们进行公关活动；为内部员工服务，通过公关教育，提高他们的公关意识。

对外：代表组织为外部公众服务，协调组织与公众的关系，为组织发展提供良好的社会环境。

因此，公关部必须强调服务性原则，树立以服务为根本，以服务求发展的思想。

（五）精简性原则

这项原则，是指在满足工作需要的前提下，公关部应尽量精简组织部门和人员数量，以达到提高效率和节约费用的目的。在人员选聘时，坚持既看学历，又看能力，以能力为主的选择标准；在人员安排上，坚持因事设职，因职设人。消除人浮于事的现象。在组织设置时，推行扁平化结构，在分工明确的前提下，精简组织层次和下属部门数量，以提高工作效率，降低费用。

三、公共关系部的一般模式

在实际公关实践中，根据组织规模的不同，一般采用以下三种主要的公共关系机构设置模式：

（1）大型组织设置公共关系机构采用的模式。

大型组织公关部人员众多，机构复杂，投资很大，一般分为四个层次，即领导层、职能对象层、贯彻层和执行层，其负责人一般由主管公共关系的副总经理或副董事长担任，也有个别企业由总经理或董事长兼任。这种模式符合大型企业分工细致的需要，对一般的公共关系问题公关部都有能力及时地自行解决。组织结构见图3-1：

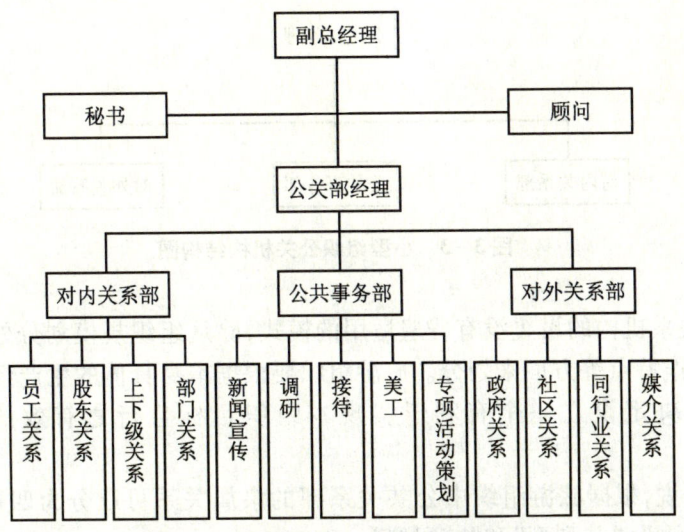

图3-1　大型组织公共关系机构结构图

(2)中型组织设置公关机构的模式。

中型企业的公共关系部一般具有三个层次,也要完成大型公司的公共关系有关的工作内容,只是分工上不如前者具体、细致,有的部门合并在一起了。组织结构见图3-2:

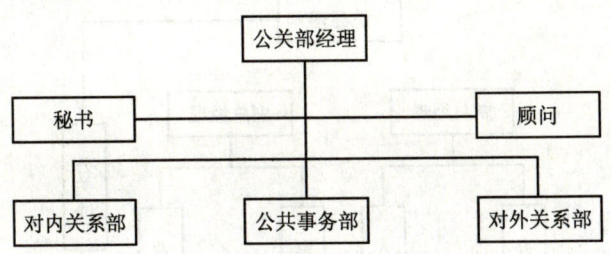

图3-2　中型组织公共关系机构结构图

(3)小型组织设置公关机构的模式。

小型企业公关机构比较简单,一般只有两个层次:领导层和执行层。这种机构对组织大型活动、处理大的公关问题常有困难,一般依靠外聘顾问或代理公司来协助解决。组织结构见图3-3:

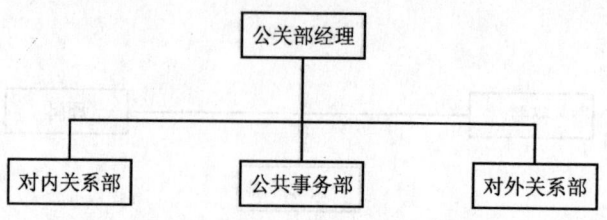

图3-3 小型组织公关机构结构图

公共关系机构的设置没有普遍适用的模式,除从组织规模划分外,还可从隶属关系、工作特点等方面来划分。旅游组织要根据本身具体的生产经营规模、特点、性质来决定设立一个有利于实现本组织目标且行之有效的公关工作系统。

一般来说,根据旅游组织中公共关系部的隶属关系可以分为四种,即"直属型"、"从属型"、"并列型"和"兼职型"。

(1)直属型公关部,适用于大型组织。组织结构见图3-4;

(2)从属型公关部,适用于中小型旅游组织。组织结构见图3-5;

(3)并列型公关部,其特点是能与其他部门保持密切联系。组织结构见图3-6;

(4)兼职型公关部,其特点是组织小巧、灵活、机动。组织结构见图3-7。

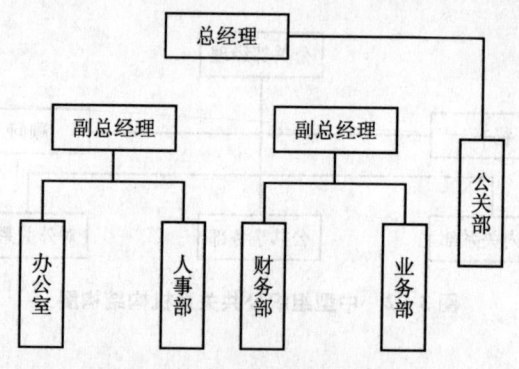

图3-4 直属型公关部结构图

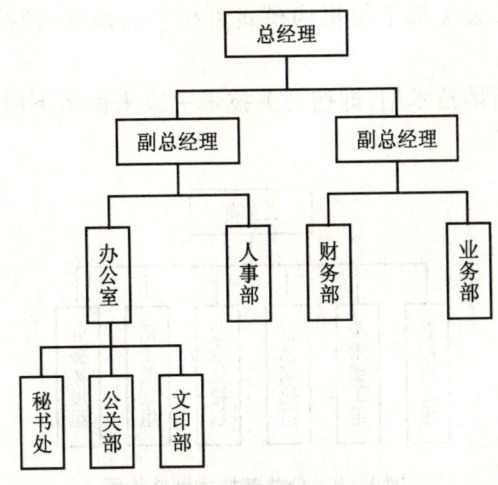

图3-5 从属型公关部结构图

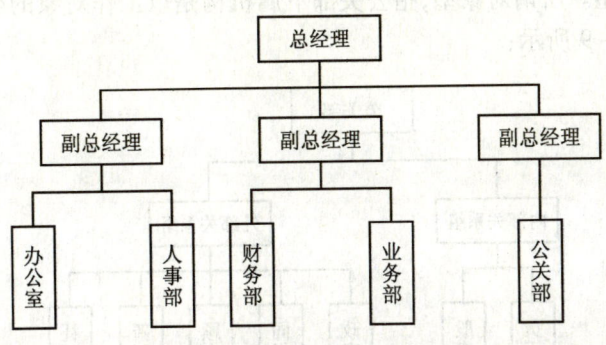

图3-6 并列型公关部结构图

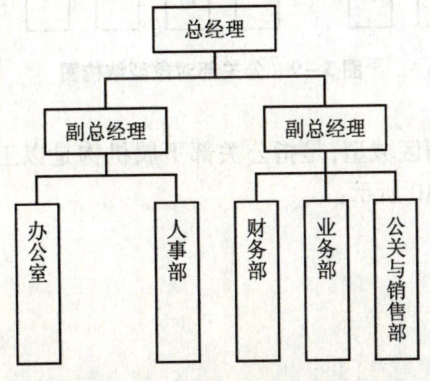

图3-7 兼职型公关部结构图

根据工作特点,公关部下属机构模式可按三类设置,即技术型、对象型和区域型。

(1)技术型。所谓技术型,即按公关技术手段来命名下属机构。组织结构如图3-8所示:

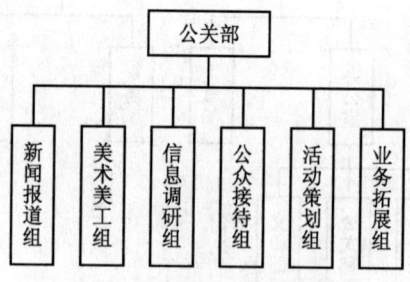

图3-8 公关部技术型结构图

(2)对象型。所谓对象型,指公关部下属机构是以工作对象的名称来命名,组织结构如图3-9所示:

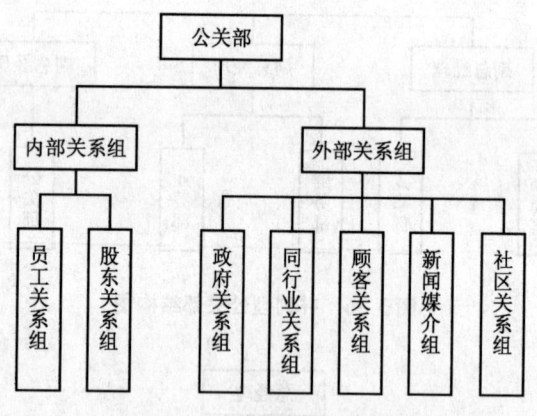

图3-9 公关部对象型结构图

(3)区域型。所谓区域型,是指公关部下属机构是以工作区域的名称来命名的,组织结构如图3-10所示:

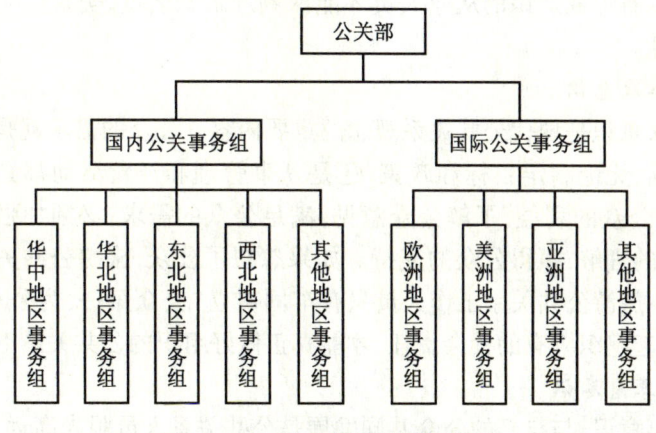

图 3-10 公关部区域型结构图

第三节 旅游公共关系从业人员

公共关系从业人员是公共关系活动的主体,是公共关系活动的决策者、促进者、实施者,公共关系人员的素质直接决定公共关系的专业水准、工作质量和公共关系活动的成败。随着公共关系事业的发展,公共关系愈加职业化,对公共关系人员的意识观念、知识结构和能力素质都有了更高的要求。只有具备较高素质的公共关系人员才能适应新时期公共关系工作的需要,为旅游组织的形象塑造作出贡献。

一、公共关系人员的基本素质

(一) 公关意识

公关意识是公共关系人员最基本的素质,具备公共关系意识是公共关系人员开展工作的前提。只有在这种意识下,公共关系人员才能超前地发现问题,分析问题,解决问题。除了前已述及的公众至上、形象第一、沟通为本以外,还包括下列一些重要意识:

1. 塑造形象意识

形象意识,要求旅游公共关系人员不仅注重塑造旅游组织的形象,珍惜组织信誉,还要注意自身形象,如举止文雅、富有亲和力、得体的外表和谈吐等。因为旅游公共关系人员的形象也是组织形象的一部分,良好的公共关系人员形象对塑造旅游组织形象有重要作用,而组织形象是旅游组织最宝贵的资产和生命线。公共关系的一切工作都是围绕形象目标而建立的。塑造良好形象不容易,保持良好形象更不容易。具有形象意识的从业人员才能深刻理解知名度、美誉度对组织生存与发展的重要性。

2. 服务公众意识

服务公众意识是现代公共关系观念的重要内容。公众的需求就是旅游组织塑造形象的依据,无论制定目标和政策,还是从事管理和经营活动都必须着眼于公众,高度关注公众的利益,了解公众意见,满足公众的需求;必须加强与公众的沟通,争取公众的理解,赢得公众的支持。如果忽视了公众,旅游公共关系工作只能是一句空话。旅游公共关系工作人员只有牢固树立"公众第一,为公众服务"的观念,才能承担起组织应有的社会责任,才能真正做好组织的公共关系工作。

3. 真诚、互惠意识

具有互惠意识,与自己的公众共同发展是公共关系人员眼光高远、胸襟宽广的表现,是社会组织开展公共关系工作的原则。在这种意识支配下,开展公共关系工作能证明组织真诚对待公众,能为组织建立一个良好的发展环境,得到更多公众的信任、理解、支持。

4. 创新审美意识

开展公共关系活动有其自身的规律,相对稳定的操作程序,许多成功的活动为现在的公共关系工作提供了宝贵经验,但是塑造组织形象过程中的每项公共关系活动都不可能是以往或他人已有的活动形式的简单重复,而应根据组织自身的情况有所创新。无论塑造形象,还是维持形象,都离不开创新,创新是旅游公共关系工作的生命力所在,是旅游组织赢得公众信赖、建立自身个性形象的法宝,因为有创新,组织形象才有个性,才能打动公众,赢得公众。创新意识是每一个公共关系人员所应具备的。另外,美感意识也是旅游公共关系工作不可缺少的因素,旅游公共关系人员应具备一定的审美水平,设计出雅俗共赏、充满美感的公关活动思路,才能使旅游组织在激烈竞争中立于不败之地。

5. 沟通交流意识

旅游公共关系人员的工作本质是协调组织与相关公众之间的关系,促使组织与其相关目标公众建立信任与合作关系,调节相互之间对立性因素,使之向合作方面转化。这些都需要真诚的沟通,倾听公众对组织的各种建议和批评,并将自身所作所为宣传出去,以取得公众的支持。沟通交流使社会组织和公众的关系处于协调状态下,各得其所,有利于组织的生存和发展。

6. 立足长远意识

公共关系工作的核心目标是树立形象,这不是立竿见影、一蹴而就之事,需要长时间努力和不断积累,才能取得成功。这就要求公共关系人员要立足长远思考问题,追求长期效益,为以后的发展留有余地。任何急功近利、只顾短期效益的做法,都是与旅游业可持续发展不相符的。

（二）公关人员的品德素质

1. 坚定的政治方向

旅游公共关系人员要有明确的政治方向和高度的政治觉悟,善于分析形势,敏锐地把握社会环境变化发展的趋势。主要表现为坚持四项基本原则,在公共关系工作中能够根据建设有中国特色社会主义市场经济的要求,与国家的路线、方针、政策保持一致,坚持科学发展观,通过公关工作创造和谐的政治环境。此外,还要能够熟练运用旅游组织内部的有关方针、政策,努力使每一项公关活动都能为旅游组织的总目标服务,有利于旅游组织的生存和发展。

2. 遵纪守法,敬业爱岗,实干好学

旅游公共关系人员必须严格遵守国家的法律、法规,遵守旅游业及其他行业的相关规章制度,做到依法办事,按章办事;公关人员应当热爱自己的职业和岗位,具有强烈的事业心,要有献身公关事业的信念和克服困难、勇挑重担的责任感。只有具备强烈事业心和责任感的人,才能在开展公关工作时保持良好的工作状态,做好本职工作;在工作中吃苦耐劳,不断钻研学习专业知识,不断提高自己的工作能力。

3. 诚实守信、清正廉明、大公无私

旅游公共关系人员在公关活动中,要讲实话、办实事,讲信誉,对组织和公众以诚相见,才能取得公众信赖。公共关系人员还必须公正地为组织和公众服务,既不能为组织的利益而损害公众的利益,也不能为了得到好处而损害组织的利益。要清正廉明、大公无私,不受金钱与利益的诱惑,保持清醒头脑,维护组织的良好形象。

4. 公道、正派、谦虚、团结

公共关系人员应注重个人品德修养,为人正直,处事公道,作风正派,在工作中注重合作,互助,团结,遇事善于与人沟通,听取多方意见,以集体利益为重,气度宽容。另外,公关人员还应疾恶如仇,与一切违背公共关系活动原则和道德规范的人与事作斗争,知错必改。

5. 维护职业尊严和职业准则

旅游公共关系人员之间应相互尊重,团结协作;不借用公共关系名义从事任何有损旅游组织公共关系信誉的活动;尊重客户的权益,为客户保守秘密,不得泄露有关组织政策、财务以及公关活动方案等秘密。

（三）文化素质

公共关系人员不能凭经验和感觉做事,必须具备与公共关系较为密切的一些社会学科和自然科学知识与技能。公共关系人员的知识结构包括:

1. 基础学科知识

公共关系从业人员的基础学科知识包括三类:

(1)开阔思维,有利于逻辑思维的知识,主要是哲学和思想史。哲学给公共关系人员提供从世界观和方法论的高度看待公共关系学科与具体实践的方法。思想史使人认识人类社会发展的历程与规律。

(2)有利于指导公共关系活动,具有深刻分析具体问题的学科知识,包括心理学、社会学、民俗学、政治学、经济学、法学、人际关系学、文学等,为公共关系人员提供较为完整的文化知识背景,帮助公共关系人员研究社会中人的心理、态度和行为,明确哪些行为是违法的,熟悉组织所处的政治环境和经济环境,提高理论修养和分析现实问题的能力。

(3)关于地理、天文、物理、化学等方面的自然知识。这些知识可为公共关系人员的知识积累加重砝码。公关界有一句话:"看你是否有较强的沟通能力可通过你同刚认识的人能否谈十五分钟来判断。"也许公共关系人员没有太多时间涉猎这些知识,但关于此类学科的最新动态是需知晓的。另外,公共关系人员最好能通晓一门外语,有助于在公关工作中与人更好地交流。

总之,公共关系人员的基础知识越深厚扎实,思维空间就越开阔,创造性就越强,工作能力也越强。

2. 专业学科知识

包括旅游业相关知识和旅游公共关系知识。

(1)旅游业相关知识,是旅游公共关系人员应该掌握的基本知识。旅游公共关系是为旅游组织服务的,因此,旅游公共关系人员至少应了解旅行社、旅游饭店、旅游交通及旅游景区的基本运营情况,了解各种旅游法规和方针政策。

(2)公共关系基础理论和实务知识。包括公共关系基本概念、公共关系的历史与发展、公共关系三大要素、公共关系的职能、公共关系活动的基本原则,公共关系调研、活动策划、活动实施与评估,以及社交礼仪和企业形象(CI)战略等。

这些知识是公共关系人员在实践中直接运用的,必须牢固掌握,灵活运用,只有这样才能做好公共关系工作。

3. 相关的学科知识

包括与公共关系工作密切相关的管理学、营销学、传播学、广告学、设计学等相关知识,这些相关的操作性学科知识也是公共关系人员在实践工作中要间接用到的,对提高公共关系人员的实际工作能力有很大帮助。比如,做公共关系调研要涉及社会调查学、市场调研学;策划活动要运用广告学、管理学、会计学的知识;组织新闻发布会要有传播学、新闻学、写作学、媒介管理等方面的知识,还包括演讲学、计算机运用等。此外,CI战略中还有设计学、美学等。

以上几个方面的学科知识是专业公共关系人员所必备的。事实上,公共关系人员在实际工作中会不断根据特定需要,了解某一方面的专业知识和有关国家与国际的政治、经济情况,不断充实自己的知识。因此,公共关系人员的知识结构是动态的、开放的,要能随时吸收新知识,不断丰富和发展自己。越是多才多艺、知识丰富的公共关系人员,越是能得到旅游组织的青睐和重视。

(四) 心理素质

1. 自信

自信,是旅游公共关系人员职业心理的最基本的要求。古人云:自知者明,自信者强。一个自信的人,他的才智会取之不尽,用之不竭;一个缺乏自信的人,无论有多大的才能也很难有成功的机会。当组织遇到危机时,缺乏自信的公共关系人员会手足无措,即使有很好的转机也很难把握;而充满自信的公共关系人员会以稳健的姿态,通过自己的努力,使组织转危为安。

2. 热情

热情能使旅游公共关系人员兴趣广泛,对事物发展变化反应敏锐,且充满想象力和创造力。旅游公共关系人员对人、对工作的极大热情,可以让他们毫无怨言地投入辛苦的工作,激发自己的创造性思维,结交更多的朋友,不断拓展工作渠道,从而取得公共关系工作的成功。

3. 开放

开放型的人能宽容各类与自己性格不同、意见不同的人,并能"异中求同",与各类人建立良好关系,这也正是旅游公共关系工作所特需的一种优良品质。旅游公共关系工作是一种开放型的工作,面临的大多是新环境、新挑战,旅游公共关系人员只有具备开放的心态,才能勇于并乐于接受新思想、新事物,才能与公众和谐相处,全身心地投入到旅游公共关系工作中去。

(五) 能力要求

公共关系人员的能力主要是指工作能力,主要有:

1. 组织策划能力

组织能力不光只有领导者才必须具备,任何一个公共关系人员都必须具备较强的组织能力。所谓组织能力,是指人们有计划、有步骤地从事某项活动,并使其达到预期目标的实际操作能力。参与每项公共关系活动都要有条理,公共关系计划、方案的实施工作千头万绪,具体复杂,需要精细的计划才能做好。除了组织能力,还必须具备策划能力,能参与策划和设计公关活动的方案,确定公关活动的主题,制订详细的活动计划等。

2. 社会交际能力

公共关系人员是组织形象的体现者和代言人,从事的是与公众打交道的工作。组织间的关系建立和维护要靠人际交往来完成,社会交往能力将直接影响到公共关系工作局面的开辟,因此,公共关系人员只有具备较强的社会交往能力,才能在各种社交场合施展自己的魅力和才能,树立本人的良好形象,并为树立组织的良好形象作出贡献。社会交往能力包括吸引他人的能力(热情、高昂情绪和进取精神,机智、幽默、懂礼貌、识大体)和良好的交往表现(如,言谈得体,举止大方,仪态自然,表情得当,仪表端庄等)。

3. 表达和传播能力

将要传达的信息或思想清晰地用文字或口头表达出来,能写、会说,是对公共关系人员的一个基本要求。公共关系人员要写新闻稿、讲演稿、活动计划、年度报告、工作总结、调查报告,只有具有扎实的笔墨功夫,较强的文字表达能力才能做到准确表达,保证工作开展,有效宣传企业。公关人员拥有较强的口头表达能力,可清晰、简洁、明了地表达思想,发布信息,吸引人,打动人,说服人,能给对方留下良好的印象。

4. 独立处理问题能力

公共关系工作包括繁重、细琐的日常事务和各种重大事件的处理,工作量很大,常会遭受组织和公众的双重压力。面对突发事件,要求公共关系人员临危不乱,快速应变,能够代表组织独立处理问题。面对日常事务,公关人员也要有活跃的思维,机智的谈吐,以自己的语言或行为独立处理问题。

5. 创新能力

创新才能赋予旅游公共关系强大的生命力,旅游公共关系人员有创新意识,还要培养创新能力,创新来源于平时实践的丰富积累,来源于勤奋的思考,也来源于对他人优秀案例的借鉴。创新就是竞争,每项成功的公共关系活动没有完全一样的。只有不断推出新颖的、符合大众心理的活动方案,才能使组织一鸣惊人,力克群雄,在竞争中保持不败。因此,创新能力是公共关系人员极重要的一项能力要素。平时,公共关系人员要敢于想别人所没想的,做别人所未做的事,不断突破常规,独立思考,不惧权威,不随波逐流;视野开阔,兴趣广泛,善于学习,博览群书,融会贯通,精力专注,作风严谨,且有丰富的想象力。

6. 调查研究能力

旅游公共关系工作是一项实践性很强的工作,需要深入到各类公众中,调查研究其特点和消费趋势并撰写公关调查报告,这就要求旅游公共关系人员具有比较扎实的调查研究能力。具体包括:选择公关调查主题,编制公关调查方案,进行实际调查,整理和分析资料,撰写公关调查报告。

二、旅游公共关系从业人员的工作内容

(一)外部关系的工作配合与沟通

外部关系主要包括与同行业、与政府部门、与新闻媒介、与有关专业人士之间的工作配合,以及与外部公众的沟通。具体体现在:与同行业公共关系人员之间经常通气,彼此交流、沟通信息,互相熟悉,形成默契,以免在合作中,由于某一方缺乏对另一方的了解,而出现合作失误;此外,还可以通过工作合作,相互学习,取长补短,共同提高业务水平;政府部门、新闻媒介、有关专业人士一般拥有较好的信誉度,能为广大社会公众所信任,因此,旅游公共关系人员在开展公共关系活动时,寻求他们的支持和配合,一定程度上借助他们的力量,往往能达到事半功倍的效果;与外部公众,特别是消费者建立起良好的关系,当然一定要注重与他们的沟通,多了解他们的需求,并有针对性地开展公关活动。

(二)内部关系的协调

外部关系的沟通诚然重要,内部关系的协调同样必不可少。内部关系包括员工关系、股东关系、部门关系,以及上下级关系。具体工作包括:利用内部媒介加强与员工的沟通;组织各种娱乐活动,增进员工之间的感情,增强组织凝聚力;负责组织有关公共关系知识的培训和内部员工公关意识的培养,真正做到"全员公关";创建内部沟通渠道,上传下达,协调好各部门之间的关系,在各部门之间起到传达信息的作用;为领导层提供决策参谋意见;为组织培养公共关系人才。

(三)专业技术工作

专业技术工作,是指为开展旅游组织公关活动而必需的专业技术性工作。具体包括:组织安排相关开幕仪式、周年庆典及其他纪念活动;举办新闻发布会,安排组织的相关人士与新闻媒介接触;举办展览会和外部公众对组织的参观;开展广告宣传活动,编辑并印发有关宣传材料以及外部刊物;做好民意测验和社会调查活动,等等。

随着世界经济的发展,社会对公共关系专业人员的需求量呈不断增长趋势。旅游公共关系在我国兴起的时间虽然不长,但发展迅猛,也需要大量公共关系专业人员。目前我国已有一批素质较高的公关从业人员,但也有部分公关从业人员尚未经过专门教育和培训,其素质和能力未能适应旅游公共关系工作的需要,甚至在有些旅游组织还没有专门的公关从业人员,因此,必须把公共关系人员的培养作为旅游组织的一项重要工作来抓,推动公共关系队伍健康成长。

思考与练习

1. 旅游公共关系主体由哪几部分构成?
2. 简述旅游组织的特征。
3. 怎样理解公共关系部在旅游业公共关系中的重要作用?
4. 旅游主体的具体工作目标是什么?
5. 旅游公共关系人员需要具备哪些条件?
6. 如何选拔和培养旅游公共关系人员?

第四章 旅游组织内部公共关系

引言

旅游组织的生存发展、经营管理状况与员工、股东、部门密切相关,搞好旅游组织的内部公共关系,做好员工之间、部门之间、上下级之间的协调工作,减少内耗,降低消极因素对旅游组织的影响,提高员工的士气,增强旅游组织的凝聚力,是旅游组织不断发展壮大的必由之路。

学习目标

1. 了解内部公关的重要性;
2. 掌握针对不同内部关系开展公关的技巧。

案例导入

希尔顿(Conrad N. Hilton 1887—1979),美国旅馆业巨头,人称"旅店帝王",1887年生于美国新墨西哥州,是曾控制美国经济的十大财阀之一。第一次世界大战期间曾服过兵役,并被派往欧洲战场,战后退伍,之后经营旅馆业。希尔顿经营旅馆业的座右铭是:"你今天对客人微笑了吗?"

希尔顿的"旅店帝国"已伸延到全世界,资产发展为数十亿美元。他在1919年创建第一家"希尔顿酒店",在不到90年的时间里,从一家饭店扩展到100多家,遍布世界五大洲的各大城市,成为全球最大规模的饭店之一。80多年来,希尔顿饭店生意如此之好,财富增长如此之快,它成功的秘诀是什么呢?通过研究发现,其成功的秘诀就在于牢牢确立自己的企业理念,并把其上升为品牌文化,贯彻到每个员工的思想和行为中,饭店创造"宾至如归"的文化氛围,注重对企业员工进行礼仪的培养,并通过服务人员的"微笑服务"体现出来。希尔顿总公司的董事长,89岁高龄的唐纳·希尔顿在50多年里,不断到他分设在各国的希尔顿饭店、旅馆视察业务。希尔顿每天从这一洲飞到那一洲,从这一国飞到那一国。专程去看看希尔顿礼仪是否贯彻于员工的行动中。

（资料来源：邓宏斌.服务品牌.业务员网,www.yewuyuan.com）

分析：企业形象是社会公众对某个组织、个人或某种产品的整体印象和评价。企业员工是企业整体中的一分子,顾客对企业员工印象的好坏直接反射到对企业整体形象的评价上。这也就是希尔顿酒店要抓企业员工礼仪的原因。

第一节 旅游组织内部公共关系概述

一、旅游组织内部公众对旅游组织的意义

旅游组织内部公共关系有特定的对象,他们与外部公众相比有不同的地位、作用和特点。旅游组织内部公众是旅游组织生产经营活动的主体,他们在利益、目标等方面与旅游组织同属一方,具有一致性。旅游组织的目标即内部公众的目标,旅游组织的利益即内部公众的利益。旅游组织的利益越大,内部公众获利也越大,反之,企业获利少,内部公众获利则少。二者的利益是捆绑在一起的。但在某些方面也有矛盾的一面,例如在利益、晋升、荣誉等享受方面也有分歧,在这种情况下,就需要进行专门的公关活动来协调解决。

旅游组织内部公共关系是指旅游组织纵横关系的总和。妥善处理内部关系,创造一个好的内部系统环境,要依赖于内部信息的传播与交流,使内外、上下、左右相互沟通融合,消除隔阂,增进相互了解和信任,避免内耗,团结一致。因此正确、及时地处理好员工、股东、领导三者的关系十分重要。

（一）员工关系

旅游组织内部的员工关系是社会组织在管理过程中形成的人事关系,它包括旅游组织机构纵向的上下级关系,横向的各部门、科室、班组之间的关系。协调员工的关系,培养员工的认同感和归属感,增强企业的向心力和凝聚力,是内部公关的主要目标。

员工是旅游组织的主人,是旅游组织形象的设计师和创造者。只有充分调动广大员工的积极性、主动性和创造性,获得员工的真诚理解与合作,才能树立和维护旅游组织的良好形象。正如美国著名公关专家亨得利·拉尔特所指出的："公共关系90%靠自己做,10%才靠宣传。"在欧美各国,专家们曾给公共关系下了这样通俗的定义："PR（公共关系）= do good（自己做好）+ tell them（告诉人们）"。由此可见,现代公关首先是促使组织把自身工作做好,然后才是对外的沟通和传播,那

种把公关视为"对外交际"的说法是不妥的,因为它忽视了内部关系,从而使公关成了无源之水、无本之木。

健全的组织、高效的机构、协调一致的密切合作,是旅游组织具备竞争力的首要条件。只有处理好内部员工的关系,才能建立和维护旅游组织的知名度与美誉度,缩小"形象误差",顺利地由内向外开展公关工作。

美国有一家酒店,它的经营哲学是:"员工第一"。该酒店员工们认为,优质服务和优质产品是酒店成功之要素,而服务和产品是由员工来生产的。只有把员工放在第一位,尊重他们的劳动和尊严,使他们感到价值所在,酒店的荣辱与他们的工作形象和经济效益息息相关,这样的酒店才能成为成功的酒店。于是他们规定,每月固定一天为员工日,每个管理人员下厨房为员工炒几道菜,亲善安慰,征询意见,争取"后院"的了解和支持。员工有成绩,总经理及时嘉奖,对员工提出的建设性意见,最高管理层保证三天之内回答,并给予奖励。

(二)股东关系

股东关系是旅游组织与投资者之间发生的种种关系。在现代旅游组织中,尤其西方经济发达国家,持有股票的人数在急剧增长,同时许多旅游企业鼓励员工购买自己的股票,以此作为增加员工的责任心与合作精神的激励手段。在我国,股份制投资像大潮涌入,股票热、证券热这种新的合作形式,为不少旅游组织增添了活力,开辟了新的财源。由于众多股份制企业的兴办,股东也随之成为股份制企业内部的重要关系。处理好股东与旅游组织的关系的基本目的,是争取股东和潜在投资者相互了解、信任,树立旅游组织在股东心目中的良好形象,创造有利的投资氛围和投资环境,稳定股东队伍,吸引新的投资者,拓宽旅游组织的资金来源。

在我国,股东公众主要有以下四类:

(1)持有可转让、买卖的股票形式的个人股东。他们分散在社会各个阶层,不直接参与经营,但关心组织的决策与发展,关心组织的盈亏变化;

(2)购买本旅游组织股票的员工;

(3)以组织为单位,开展多种经济联合或集资入股而产生的集体股份;

(4)中外合资企业、中外合营企业中的国家股东、集体股东和个人股东。

(三)领导关系

所谓领导,就是影响别人去把事情做好。要领导别人,就要处理各种关系,如上下级关系、同级关系及领导与群众的关系、人际关系等;还要了解他们,组织他们,使他们努力工作,以发挥最大的功效。所以,领导是企业经营管理的关键。领导与员工的关系是鱼水关系,当然,也是领导与被领导的关系。因此,关于领导的定义是:领导是指引和影响个人、群体和组织,在一定条件下,实现既定目标的行为过程。

任何一个群体和组织的兴衰存亡,与其领导者的素质、作风、水平是分不开的。一个有效的领导者能够影响、引导其下属,在现有的知识、技能和物质设备条件下,发挥最效职能,获得最高的工作成效。反之,一个能力低下的领导者对于他所领导的群体和组织毫无影响,结果是员工精神不振,情绪低落,关系紧张,矛盾重重,工作效率低下,经济效益甚微,这都是领导者关系未处理好引起的后果。一般而论,一个旅游组织的领导者有自己独特的地位,发挥着特殊的作用。因此,研究领导关系,提高领导艺术,改进领导方法,增强领导效果,是旅游组织公共关系心理学研究的一个重要内容。

(四)部门之间的关系

在旅游组织的经营活动中,各部门是根据客观需要而设置的,是旅游组织有机整体的组成部分。各部门分工不同,职能不同,但却是互为依存的,目标和利益也是一致的。可是在实际工作中,又经常发生冲突和摩擦,影响组织的整体工作效率。因此,处理好旅游组织部门之间的关系,也是内部公共关系工作的一项重要任务。部门关系包括:上下级关系、平行职能部门关系、公共关系部门与各职能部门关系、行政业务部门与党政工团群体组织的关系等。

二、旅游组织内部公共关系的特征

(一)稳定性

在一定的时间和条件下,旅游组织内部公共关系对象具有相对稳定性。只要组织稳定发展,并在发展中随时尊重关心每一位员工,满足员工的合理需要,内部公众就比较稳定。

(二)全员性

旅游组织的公共关系活动,不是靠旅游组织内部某几个人或某几个部门人员能够完成的,必须靠旅游组织内部每一位员工的努力和与之形成的合力才能完成,每一位员工在公共关系活动中都扮演着双重角色,他们既是旅游组织对外开展公共关系活动的主体,又是接受外部信息、同外部相关部门合作的客体。在各个具体活动中,他们的一言一行都代表着旅游组织在公众中的形象,对社会公众和相关组织都能起到一定的影响作用。为此,每个员工都必须明确自身的责任,树立起全员公共关系的思想,立足自身的岗位,为开展旅游组织公共关系活动积极创造条件。

(三)层次性

由于现代化管理的实施,按工作分工,旅游组织内部人员关系通常可以分为管理岗位员工、生产岗位员工、业务岗位员工、后勤保障岗位员工。在开展工作的过程中,要根据实际需要,有针对性地对不同层次的员工进行管理和激励,创造一个团结向上的内部环境。

第二节 员工关系

员工是旅游组织的"细胞"和根本。没有员工的分工劳动和各司其职,旅游组织的目标便难以实现。员工关系,是指旅游组织与内部员工之间的关系,是旅游组织中最重要的内部关系。员工与旅游组织的关系如何协调,并处理得当,不仅关系到旅游组织的生存,还关系到旅游组织的发展,没有良好的员工关系,要想建立良好的外部环境是不可能的。所以,协调好这种内部关系,是公关工作的重要内容之一。

一般而论,员工与旅游组织的利益是一致的。在生产、管理领域,员工是旅游组织的主人,享有参与管理的权利。然而事情不是那么完美无缺,在管理过程中,由于某些体制上的问题,按劳取酬、多劳多得的原则不能兑现,分配制度还不够合理,管理水平不高,旅游组织在人才配置上、在利益分配上,往往出现一些矛盾和冲突,不能很好地化解和克服。同时,某些旅游组织领导者作风不民主,官僚主义作风严重,他们听不进员工的建议和意见,不发挥员工的积极性,致使员工有怨气,有失落感,有些矛盾比较尖锐和突出。凡此种种,需要用公关手段来协调他们之间的关系,做好疏导和消除。

一、研究员工关系的重要性

(一)员工是旅游组织的重要生产力

员工既然是旅游组织的主人,也必然是生产的主力军,旅游组织生产的第一要素是人,其次是资金、原材料、设备、科学技术等。人,是企业中最活跃、最积极、起主导作用的因素,一切活动要靠人去获取、掌握、运用和发挥作用。其他因素是从属这一主要因素的。但是人作为一种决定性要素,并不是任何人在任何情况下都能最大限度地为旅游组织服务,这里既有主观因素,也有客观因素。主观因素即价值观因素,只有当一个人意识到自己工作的重大意义,即他的价值,他才会努力去完成;客观因素,诸如工作环境,以及环境导致的人对旅游组织的看法、理解、态度和情感等,这些都会影响旅游组织的发展。

良好的旅游组织内部公关有利于激发潜在的生产力。旅游组织的各项方针、政策、计划、措施,都必须得到员工们的理解和支持,并依赖他们付诸实现。员工关系的好坏,直接关系到旅游组织的质量和目标的实现,关系到整个组织的运转。

(二)员工是旅游组织形象的直接塑造者

旅游组织的良好形象来源于全体员工的行为表现。每个员工的言行举止不仅代表其个人形象,在一定程度上常常直接代表了旅游组织的形象。

旅游组织的主要任务是为社会提供好的旅游产品和优质服务。毫无疑问,全体员工和公关人员都应该围绕这一目标而努力。而要实现这个预定目标,就要通过种种渠道传播、沟通,使员工正确理解旅游组织的宗旨、目标、效益,把各项决策、措施转化为实际行动,不打折扣,保质、保量,为旅游组织增光添彩。但现在,不少旅游组织领导口头说要搞民主管理,而实际上还是个人说了算,员工的合理化建议和批评得不到尊重与采纳。事实上,员工处在公关第一线,他们直接或间接地与外部公众接触、打交道,许多事情都是他们自觉不自觉地完成的。如酒店前厅电话总机接线员迅速地接通电话,餐饮部员工热情周到的服务等都会给人留下深刻的印象。所以,员工关系状况是不可忽视的重要方面。在旅游组织中员工对旅游组织的态度也存在两种情况:一种是顺意型;另一种是逆意型。逆意型是他们对旅游组织有不同看法,有时甚至是反对的。只有提高员工的素质,做好协调工作,才能有好的员工形象和企业形象。

二、影响员工关系的因素

影响员工关系的因素是多方面的,但主要是物质利益、精神要求、民主管理三大因素。

(一) 物质利益

1. 工资、奖金

目前,我国旅游组织员工的工资、奖金还较低,与国外员工的差距还较大,与国际薪酬管理制度接轨还有段距离,而且,在工资、奖金待遇上,采用平均主义,苦乐不均。虽然大家都痛恨不劳而获、多劳少获的平均主义的弊端,可是又拿不出一套有效的较合理的分配方案来治理,从而极大地制约了员工的积极性和创造性。

2. 福利

福利待遇也是员工物质利益的重要组成部分。福利待遇好,不仅可免除员工的后顾之忧,还可增进旅游组织的感情和向心力。例如,公关人员得知员工生活困难,如住房问题、子女入学问题及疾病治疗问题等及时向旅游组织领导层反映,帮助解决一些困难。

(二) 精神要求

1. 从我做起

旅游组织的管理者要主动关注员工的精神要求。员工不但应得到合理的报酬和待遇,他们精神上的要求同样应得到满足。如有的人不重金钱而重荣誉,有的人则不重荣誉而重感情,凡此种种,应区别对待,不可千篇一律。每位员工都有自己的个性和人生价值,他们的第一要求是要受到领导的信任和尊重,尤其在现代旅游组织中,青年员工居多,文化程度较高,精力充沛,富于想象力,精神要求尤为强烈,希望自己的人生价值能得到旅游组织和社会的承认。

2. 彼此尊重

人都有被尊重的需要,一旦感觉到被尊重,对自身工作和组织的责任感,就会油然而生。美国一些企业家在周末会亲自站在公司大门口,向员工们表示:"谢谢!辛苦了!"给员工应有的尊重。

尊重员工不但是一种美德,也是一种美感、一种修养。据社会心理学家调查,几乎所有员工都有受到尊重、得到领导承认和赏识、体现个人价值的需要。奖励他们金钱和物质不如给他们一个发挥才能的机会,使他们能实现自我的人生价值,这样对社会、对企业、对个人都有好处。

(三)民主管理

旅游组织与员工的良好关系与民主化管理密切相关。如果旅游组织领导不尊重员工的人格和价值,其关系是不会融洽的。因为员工是人,不是机器,他们有思维、有智慧、有想象力,绝不是推一下动一下的机器人,他们希望旅游组织领导多一点协商式、启发式,少一些家长式、独裁式的领导。现代的领导应该是一种有情感的领导,而情感领导是一种平易近人的领导,这种领导以理服人,以情感人,是一种成功的领导。反之,领导与下级如果关系紧张或者很僵,员工在心理上承受着一种压力,他不会有心思去做好工作,他只会集中精力去应付领导。倘若旅游组织内部民主管理气氛浓,员工向旅游组织反映各种要求意见就比较顺畅,旅游组织的向心力、凝聚力就较强。

三、员工关系的处理方法

旅游组织内部公共关系活动的目的,就是通过旅游组织内部的各种活动增强员工的主人翁意识,培养员工的归属感,增强旅游组织的凝聚力。具体来说,有以下几种方法。

(一)促进旅游组织内部员工之间的相互信任与合作

随着旅游组织规模的扩大,员工人数不断增多,要想顺利地发展并取得成功,就必须用旅游组织的总目标引导和约束每位员工的行为,从而自主地协调和理顺内部不同部门、不同类别人员间的相互关系,自主地结合工作的开展消除相互间的各种矛盾。

旅游组织内部各级成员间的友好交往,感情上的和谐融洽,不仅可以使成员在精神上得到寄托,也能使个人的目标较好地同组织的目标融为一体,自觉地立足于岗位工作,实现旅游组织的目标。为此,旅游组织内部成员相互信任与合作就成为旅游组织自身发展中必须解决的一个重要问题。

通过旅游组织内部公共关系活动,可使每个人都从心里真正把自己归属于旅游组织中,处处为旅游组织的荣誉、利益着想,形成强烈的使命感,增强旅游组织的凝聚力,这不仅是旅游组织建立新制度的迫切需要,也是旅游组织自身生存和发展的根本。

(二)加强旅游组织内部的信息沟通,吸收员工参与管理和监督

要搞好内部公关,旅游组织领导层必须及时、准确地将旅游组织经营管理的宗旨、目标、决策及经营状况告诉全体员工;同时员工的意见、建议、评价等可以及时告知旅游组织领导层,以达到互相的了解与合作。其交流方式有两种。

1. 正式沟通

正式沟通,即通过旅游组织的正式组织机构,有计划、有目的、有系统地进行交流。诸如下情上呈,召开员工大会、座谈会、接待来访等,将员工对旅游组织经营管理的种种意见和建议上传给旅游组织领导层,然后再上情下达,将领导层的各种建议传达到员工中。

2. 非正式沟通

非正式沟通,是建立在旅游组织内部的非正式组织之中的,即与员工自然形成的朋友、师徒、同事之间的往来,形成非正式的信息交流网络。这种信息沟通不受时间、地点限制,带有偶然性和随机性,传播极快,往往能取得正式传播所不及的效果。但对这种非正式交流要加强引导,防止产生负面影响。

沟通的手段有:召开员工大会、演讲会、座谈会、个别接待等;利用内部文件、年报、内部刊物等;还可利用广播、电视、录像、录音、图片、幻灯等视听手段。

(三)提高员工的忠诚度,培养员工的归属感,增强旅游组织的凝聚力

1. 让员工以忠诚为荣

当员工表现优异而获得奖励时,除了称赞他的工作能力、执行能力之外,还应强调他对旅游组织的忠诚与贡献。必要时,还可写信给员工家庭,表扬他的优秀事迹,让他们的家属也引以为荣,进而加深员工以旅游组织为荣的信念。员工的归属感越强,对旅游组织越忠诚,越能增强员工群体的凝聚力,为旅游组织效力的自觉性越强。

2. 逢年过节进行慰问

如旅游组织举办庆典活动和祝贺活动,举办展览会、报告会时,向全体员工展示旅游组织的成就和前景,感谢员工的支持与合作,以鼓舞士气,振奋精神。

3. 要培养新员工对旅游组织的忠诚度

激发新进员工对旅游组织的高度忠诚,最好的方法是告诉他们有美好的未来,使他们认识到自己也会有不可限量的前途。如果员工认为旅游组织本身没有发展前途,忠诚度又从何而来呢?

4. 真诚地与员工沟通

领导要深入员工中间,关心员工的疾苦,帮助他们解决诸如福利、住房、子女就业、健康医疗、食堂就餐等困难,多给他们看得见、摸得着的实惠。同时,经常举办文体活动,如旅游、娱乐、舞会、电影等,丰富员工的文化生活,满足他们的正当需要,以加强员工之间的情感联系。

(四)注重激励,鼓励员工参与竞争

旅游组织领导者通过对员工内在心理特征的把握和认识,在日常管理中应适当运用激励理论,把物质激励和精神激励结合起来,改变过去单靠发放奖金、实物给予的物质刺激的方式,应特别注意发挥理想、信念、情感、竞争等精神激励的作用,其中以鼓励员工参与竞争最为重要。

竞争对旅游组织来说是一种压力,如果用竞争意识激励员工,将压力变为动力,就会产生积极效应。公关人员应因势利导,通过各种手段宣传竞争的观念,使员工有危机感,启发他们坚定信心,勇于参与竞争,在竞争中创造出独具特色的成果。

行为学家认为,需要引起动机,动机支配行为,行为归宿目标。当一种目标需要得到满足后,又会产生新的需要、动机和行为,以实现新的目标。在现实生活中,我们经常看到能力和客观条件相同的人,他们取得的成绩却大不相同,甚至能力差的人比能力强的人工作得更好,其原因就是两者动机激发的程度不同,旅游组织要调动员工的积极性,就应做到以下四条。

1. 满足员工的正当要求

要想调动员工的积极性,必须首先了解员工在想什么,有什么困难和问题需要解决,寻找他的忧喜所在。人的需要是多层次的,既有生理需要,又有安全需要;既有社交需要,又有尊重需要;既有自我实现的需要,又有自我发展的需要,等等。由于年龄、学历、地位和生活背景的不同,其需要也就各异。因此,因人、因时、因地而宜,有针对性地满足员工的合理需求,关注他们的切身利益,在满足他们物质需要的同时,还应注意员工精神方面的需要,创造一个良好的人际和谐的环境,只有这样,才能发挥他们的潜能。

2. 正确评价员工的功过

一个旅游组织的领导者如何评价他的员工、激励他的员工,如何对员工的工作和表现做出客观公正的结论和提出问题,这十分重要。有些时候上司在评价下属时实事求是地说真话有些难。人际关系,千丝万缕,难解难分。这种情面关系,无论是在国外,还是在国内,都是如此。大多数人都怕得罪人,担心他们以后会故意出难题。如下属是上司的密友,要做到真正的客观公正就更难了,因为他一方面要考虑到朋友的友谊,另一方面又要考虑到自己的责任。如果做不到完全的客观公正,至少也应该坚持这样一个观点,即你将坚持客观地评价员工,你的评价与友谊无关,而且不是从个人角度出发而作出的判断。

👉 **案例分享**

在希尔顿的旅店王国之中，许多高级职员都是从基层逐步提拔上来的。由于他们都有丰富的经验，所以经营管理非常出色。希尔顿对于提升的每一个人都十分信任，放手让他们在各自工作中发挥聪明才智，大胆负责地工作。如果他们中有人犯了错误，他常常单独把他们叫到办公室，先鼓励安慰一番，告诉他们："当年我在工作中犯过更大的错误，你这点小错误算不得什么，凡是干工作的人，都难免会出错。"然后，他再帮他们客观地分析错误的原因，并一同研究解决问题的办法。他之所以对下属犯错误采取宽容的态度，是因为他认为，只要企业的高层领导，特别是总经理和董事会的决策是正确的，员工犯些小错误是不会影响大局的。如果一味地指责，反而会打击一部分人的工作积极性，从根本上动摇企业的根基。希尔顿的处事原则，使得他手下的全部管理人员都对他信赖、忠诚，对工作兢兢业业，认真负责。

评析：鼓励是组织领导处理员工关系的一项重要手段，选择哪一种鼓励方式可以结合员工特点和领导者自身情况具体对待。旅馆业之王希尔顿所采用的方式是对企业的高级管理者充分信任，对他们工作中出现的问题、错误采取包容的态度，鼓励他们大胆负责地工作，效果颇佳。

3. 鼓励员工全心奉献

除了生活外，大多数员工还需要从工作中获得成就感和满足感。因此，激励员工发挥所长，全心奉献，是旅游组织领导的首要责任。下列几种方法，可以帮助领导者建立信任感，激励士气，使员工发挥创造力和热情。

(1) 不要发号施令，要让员工自己做规定。好的领导很少发号施令，他们都以劝说、奖励等方式向员工"行销"一项行动，尽量避免直接命令。员工一旦感觉对工作没有支配权，凡事都须等候上司决策，就容易产生无力感。

(2) 倾听员工意见。尽可能每周安排一次与员工的聚会，借此机会员工可以表达他们的想法与意见，而领导应用心记录谈话内容，以便采取行动。当然，作为领导者，你未必同意每位员工的要求，但不妨用心倾听，因为员工会因你的关心、关切而努力工作，表现得更好。

(3) 信守承诺，不要经常中途变卦。好的领导要永远记住自己的诺言，并采取适当的行动。他们不会朝令夕改，如果他们答应为员工做某些事，却又没有办到，那将损害员工对领导的信赖感。因此，作为领导，你不妨经常携带笔记本，与员工谈话、讨论时，将对方的要求或自己的诺言记下来，随时检查自己执行的情况，如果短期内无法完成，最好让员工知道你已着手去做，以及所遇到的困难。

(4) 心平气和的评语。对员工尽可能公平对待，并设立规范，严格执行，这样员工从你的态度中,便可明了是否做得足够好。要避免当众责骂员工,也避免叫员工单独进你的办公室,除非你准备批评他。

(五)重视感情投资,主动解决员工的生活困难

工作与生活的协调是旅游组织内部人与人之间,特别是管理者与员工之间感情协调的主要基础。只关心工作而不关心人的"任务型"管理,必然造成旅游组织内部人际关系紧张,员工士气低落。因此,有效的管理者必须从细微之处关心员工,重视集体福利设施,尽可能地解决员工在工作、学习、生活诸方面的实际困难,如员工的住房、就餐、洗澡、学习、娱乐、子女入托和入学等问题,使员工感到处处受到关心和尊重,这样,不仅有利于克服员工工作的实际障碍,而且有利于克服员工的心理障碍,员工自然会对旅游组织、对管理者产生信任感、亲切感和温暖感。

第三节 股东关系的处理

公共关系中作为公众对象的股票持有者,称为股东公众。股东公众也是旅游组织的内部公众。在西方,股东关系是一种很常见的内在关系。

一、研究股东关系的重要性

改革开放以来,我国股份制发展很快,旅游股份公司也越来越多,如青旅控股、国旅股份、首旅股份,等等。因此,妥善处理股东关系已成为公关工作的一个重要部分。协调股东关系的目的是树立旅游企业在股东中的良好形象,争取股东的了解和信任,创造有利的投资环境和气氛,稳定现有的股东队伍,吸引新的投资者,扩大旅游企业财源,推动旅游组织的发展。要实现这一目的,公关部门必须做好旅游组织与股东的信息交流和融洽感情方面的工作。

当股东购买股票后,股东不仅是旅游企业的主人,而且是理所当然的内部公众,他们对旅游组织的状况非常关心,很需要了解旅游组织各方面的信息和经营情况,如旅游组织的政策、目标、生产、经营、财务、资金流动、股利分配及新产品开发,等等,而旅游组织应把股东视为自己的主人,及时向他们通报信息。要客观如实地汇报,不能报喜不报忧,或隐瞒事实真相,以取得股东对旅游组织的信任。否则,就会失去股东对旅游组织的支持。具体来说,股东关系涉及旅游组织的"权源"和"财源",与旅游组织的生存和发展休戚相关,对旅游组织的重要作用主要体现在以下两点。

(一)沟通作用

股东分散在社会各个阶层,信息比较灵通,他们出于对切身利益的关注,会很快把有关信息传递到旅游企业,使其对市场变化具有敏锐的反应能力。同时,由于股东是旅游组织的投资者和所有者,其收益大小、财产增值大小直接取决于旅游企业经营管理效果。他们十分关心旅游企业的经营管理状况,会用股东大会来影响旅游企业的经营管理决策。因此,公共关系部门应及时收集来自股东的各种信息,尊重他们的意见,促使他们关心旅游企业经营管理,以使旅游企业在市场竞争中处于有利地位。

(二)推销作用

股东是一支不容忽视的推销队伍。股东会从切身利益出发,尽力向消费者推销本旅游企业的各种产品。因此,公共关系部门应尽力发挥股东的这一作用。

二、股东关系的处理方法

股东是旅游企业的财政支持者,他为旅游组织的发展提供经济基础。股东公共关系的基本目的就是稳定已有的股东队伍,吸引潜在的投资者。根据这一目的,在股东关系的处理上,应注意以下几个方面。

(一)尊重股东的主人翁意识

股东作为企业的投资人,与企业休戚相关,自然会萌发出主人翁意识。在涉及股金运用和组织发展的问题上,应让股东享有决策层享有的知情权。平时也应建立经常的信息通报关系,让股东充分了解、关心旅游组织的情况。

(二)吸引和激励股东参与旅游组织的经营活动

旅游组织要鼓励股东献计献策、提供合理化建议;激发股东身体力行,使其既是旅游组织的消费者,又是宣传者、推销者。

(三)加强与股东信息的沟通

旅游组织要重视、加强与股东的密切联系,通过各种有效的信息传播渠道,将组织与股东联系起来,求得股东对旅游组织的了解、理解和合作。

1. 开好年度报告会

年末岁尾,旅游组织应将大股东或股东代表请来听取旅游组织负责人汇报全年的经营管理情况,如生产销售、财务管理、盈利分红、人事劳资和一年来的重大活动等情况,让他们来审核旅游组织的信誉和形象。年度报告会开得是否成功,关系到旅游组织能否得到股东们的支持和投资。所以,开好年度报告会具有重要意义。

2. 编好年终报告

(1)年终报告要有可读性。要把股东感兴趣的新闻编排好,比如旅游组织负责人致股东函、盈亏统计表等应放在首位,而把一些统计图表、说明书等放在后面,中间可穿插一些新闻、新产品、新科技、新成就等图片,错落有致,增强可读性。

(2)年终报告要早做准备。年终报告的统计资料,往往要年末才能拿出,但报告的编写不能等到年末,应及早准备,可以先设计图表,拍好照片,编写好程序,这样写报告就会得心应手,水到渠成。

(3)写好致股东函。大多数年度报告都有一份致股东的信函。这实质上是在向股东报告旅游组织经营、发展状况,写作时应注意简明扼要,避免冗长、夸张,文字要流畅、亲切、具有鼓舞性,防止干巴、枯燥、无诱惑力。

(4)多用图表而少用文字。好的题材图片以一顶十,省时省力,比大段文字更有说服力。印制图表也应做到美观、大方、适当,不可追求豪华而造成浪费。

(5)及时寄发。年终报告具有很强的时效性,不可拖至年后寄发。在寄发时,应同时在当地报纸、广播、电视的栏目里发布,以增强股东的自豪感和影响力。

3. 召开股东年会

一年一度的股东年会是不可缺少的,通过会议,旅游组织负责人应全面地汇报情况,直接与股东交换信息,征求和听取股东的意见、建议,接受股东对旅游组织管理的审核,并对新一年计划进行讨论。除此之外,还可以组织股东参观和进行实地考察,使他们增加对旅游组织的感性认识。

(四)开好股东年会

股东年会开得是否成功,直接关系到旅游组织的生存和发展。因此,要尽力开好年会。要开好这个年会,必须注意做好以下几项工作。

1. 会议通知

会议通知书或邀请书的语言文字必须热情恳切,郑重其事,印刷也要精美。通知书或邀请书至少在会议召开前两星期送到股东手上,以便他们合理安排时间和做好准备。召开会议的信息,最好在核实的传播媒介上发出,以示慎重。

2. 会场选择

会场应选在股东集中的地方,既要考虑交通便利,又要考虑会场的档次。会场应尽可能高雅、舒适,设备完好。有的股东年会设在旅游名胜之地,同时给股东以精神上的享受。

3. 议程安排

会议议程安排要紧凑,内容要充实,切忌摆阔气、走过场。主持人必须掌握好时间,使会议开得紧凑而有效果,使股东认识到,他们是会议的主人,重大问题将由他们决策。这样既能解决问题,又使股东们心情舒畅。

4. 会议设施

会前要做好一切准备,如会标、标语、口号以及展览厅的布置,特别是会标要庄重、准确,会议设施要准备妥当,以免出现故障。

5. 饮食住宿

会议安排应妥善、合理、适度,不可讲排场、摆阔气、挥霍浪费,尽量安排便宴、聚餐、点心,住宿不宜豪华、奢侈,以免招致员工的不满,也不宜过于小气,引起股东们的反感。总之,应使会议热烈、顺畅、心和、卓有成效。

6. 新闻媒介

召开股东年度会议,如有重大内容,可请新闻单位参加。设记者席,一般采用自由入座式,切勿按大小报社的身份、级别入座,应一视同仁,不要厚此薄彼、冷热有别。如向新闻单位赠送礼品,最好也赠给有关新闻负责人、编辑及有关制作人员,这样可使企业的新闻渠道更加通畅,富有人情味。

7. 会后工作

大会议程、股东发言、会议纪要应迅速整理好,争取在股东离开之前,分发到他们手中,对没能来参加会议的股东,必须把简报发至他们手中,使他们分享会议成果。

第四节 部门之间的关系

旅游组织部门关系的协调,主要是解决部门之间的信任、支持、职权界限和互相帮助的问题。

旅游组织部门之间,没有法定的领导关系,它们既是"天然盟友",又是潜在的"竞争对手",它们渴望相互协作、理解、同情、支持,但又怕对方超过自己,常怀警戒之心,这种关系比较复杂而微妙。如何消除部门之间的戒备心理,建立起相互信任支持的合作关系,是处理好部门之间关系的关键。公共关系人员应帮助处理好相互之间的关系。

一、培养部门间的信任感

培养信任感是部门之间相互合作的前提。

(一)消除心理戒备,融洽感情,在工作交往中讲究"诚"、"信"

部门之间各自为了本部门的地位和利益,常会筑起一道自我防卫的心理藩篱,去掉这道藩篱最好的方法就是"诚"与"信"。精诚所至,金石为开。"诚"就是真,就是情,指在部门之间的信息沟通要真实、准确,开诚布公,将真实情况及时准确地传递给其他部门,增加相互了解,把误会和摩擦消灭在萌芽状态。"信"就是正直和守信用,指在工作中光明磊落,恪守诺言,不做有损于其他部门的事。在其他部门遇到困难时应提供大力帮助。

(二)态度要和蔼可亲,礼貌待人

对其他部门同事的态度应像对朋友一样,须亲切、自然,要有"为友分忧,为友解难"的精神。对他人的困难表示真诚的关切,原谅他人无意的过失。

(三)在方式上要待人宽,对己严

工作中难免发生各种不同看法和矛盾,甚至有口舌之争。在处理相互关系时,

不能斤斤计较,而应相互谅解,取人之长,补己之短。可采用以下方法处理:

(1)真心欣赏对方的优点,不吹毛求疵;

(2)当其他部门取得成绩时,要表示真诚的祝贺;

(3)尊重对方的工作习惯,不要多加指责;

(4)原谅对方的过错,宽厚体谅别人,使人有安全感。

二、明确各部门的职权范围

部门间的工作职权界限,有的易分清,有的则不易分清,但应尽量分清界限,防止相互推诿、拖沓,具体行事要掌握分寸。

(一)在职责上要相对划清界限

部门间相处,贵在职责清楚,这既可以避免办事拖拉、相互推诿,又利于部门充分发挥作用。属于本部门职权范围内的事,应尽心尽力负责办好;属于其他部门职责范围的,自己也不应干预。对于交叉的工作事务,应积极主动,协商解决,切忌擅自做主,或推卸责任。对于工作中遇到的矛盾或问题冲突,在不违背原则的前提下,采用灵活的方法,妥善解决。

(二)在关系上要突出重点

对于诸多部门之间的关系,应分清主次,权衡利弊,鉴别优劣,不要事无巨细,陷入事务圈子里不能自拔,应将同自己部门紧密联系的重点交往事项按 ABC 三级排列,这样做可以将有限的工作精力用到解决较大的问题上,收到事半功倍的效果。

(三)在配合上要讲究方法

部门间的工作联系,其中有一部分是有程序的、约定俗成的;另一部分是非程序的,临时发生的。因此,对于需要配合的工作,不能简单地否定对方,应采取折中的方法,或者缓解的方法,或转移的方法(请第三者做工作)等多种方式来灵活处理,既照顾整体利益,又能在部门之间创造互相信任、支持和谐的气氛,维持合作关系。

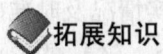拓展知识

关于酒店各部门之间合作情况的调查——调查问卷范例

1.请标注您的性别

A.男性　　　　　B.女性

2.请标注您的学历

A.初中　　　B.高中　　　C.大学　　　D.研究生或以上

3.请标注您现在的职位

A. 服务员　　　　B. 领班　　　　C. 经理　　　　D. 其他管理人员

4. 每个部门之间的合作就是一个团队合作,您认为您的团队具有以下哪种团队合作精神?（可多选）

A. 团队成员间相互依存、同舟共济　　B. 互敬互重、礼貌谦逊
C. 彼此宽容、尊重个性的差异　　　　D. 彼此间是一种信任的关系、待人真诚
E. 遵守承诺、互相关心　　　　　　　G. 利益和成就共享、责任共担

5. 保持部门之间良好的合作关系,您认为应该怎么做?

A. 摆正各部门的位置　　　　　　　　B. 明确岗位职责
C. 树立全局观念

6. 您认为引起部门成员之间冲突的原因有什么?

A. 价值观　　　B. 准备不足　　　C. 职责不清　　　D. 信息资源混乱

7. 当沟通协调的对象无法沟通协调时,如:服务员通知不到、信息阻塞、中断。应向上一级领班沟通协调,领班沟通不到时,再向更上一级主管沟通,以此类推。您认为怎样可以尽量避免这种情况出现?（可多选）

A. 沟通协调前,要尽量掌握对方的职责能力,并提供必要的帮助。
B. 无论任何情况,沟通的态度必须心平气和、有耐心。
C. 遇到沟通协调的事情难以分清责任时,要先尽力解决,后报告上级进行区分,千万不要在有能力处理的情况下不处理或推卸责任。

8. 服务中心与楼层同属客房部管理,相互之间沟通协调更是频繁紧密,日常工作除了自身要提供直接信息给楼层,还要充当其他部门为楼层传递信息的"二传手",它的功能有哪些?（可多选）

A. 要获得楼层实际房态时:发现前厅与服务中心电脑房态有差异时,可呼叫楼层领班或服务员亲临房间进行检查、核实。
B. 客房维修、保养时:客房的工程维修事项、地毯清洗及各类坏房不能开出时,要详细记录,并通知相关人员前往处理。
C. 前厅报入住时:此时要立即记下对方工号、房号、时间,并立即通知该楼层值班人员。

9. 客房、前厅部由哪些部门组成?（可多选）

A. 总台　　　　B. 礼宾　　　　C. 前台总机　　　D. 商务预订
E. 大堂副理　　F. 行政楼层　　G. 客房服务　　　H. 洗衣房
I. 卫生　　　　J. 客房中心

10. 高效的团队质量管理有哪些因素?

A. 改进工作流程　　　　　　　　　B. 鼓励员工加入
C. 回应与协调

11. 培养团队成员的合作精神,是经理人的一大任务,也是创造高绩效团队的基础。培养员工的合作精神,如果您是团队中的经理人,您会从以下哪个方面入手?

  A. 培训或者组织一些团体活动 B. 营造沟通的氛围
  C. 团队的规模

12. 一个部门或者团队的规模大小对该部门或团队的发展至关重要,您认为您的团队是以下哪种情况呢?

  A. 团队规模过大,造成团队的沟通受阻,意见分歧的可能性也会增大
  B. 大规模团队人员之间的接触相应较少,关系也不顺畅,容易人浮于事、互相扯皮、不负责任、办事拖拉
  C. 团队的规模越大,产生小团队的可能性就越大,小山头、小派系出现
  D. 团队规模刚刚好,每个人工作的效率都很高
  E. 团队规模过小,做事人手不够,导致混乱

13. 部门的领导者对一个部门的发展起着举足轻重的作用,请问你所在部门的领导者有以下的优点吗?

  A. 分工明确但不呆板 B. 加强团队成员的日常交流
  C. 说话时多使用"我们",鼓励员工形成集体意识

14. 每个团队成员都是不可或缺的,而且每个团队成员都要具有团队合作的意识。无论您自身能力有多强,团队少了您依然会继续运行,所以不能妄自称大。以下成员的优点,您具备吗?

  A. 做好自己的事情 B. 信任您的伙伴
  C. 为他人着想 D. 愿意多付出

15. 选择与其他部门合作,您所在乎的是

  A. 完成目标任务 B. 减少工作量
  C. 加强部门间的联系 D. 向其他部门学习

16. 您觉得您的部门在合作中还存在哪些不足之处?

  A. 沟通不够 B. 对部门制订方案的支持力度不足
  C. 对部门的意见和建议强度不够 D. 对部门之间的执行力度不足

17. 为使酒店的日常运作逐步纳入到工作有计划、有指导、有跟踪、有总结的管理系统中去,从而让各个部门的合作更加协调,您认为以下哪个因素更加重要?

  A. 有效地将计划性工作和应急性工作密切结合起来
  B. 建立明确的工作目标
  C. 要求部门建立计划性的工作制度,通过每月总结、计划,对各项工作有计划、有落实,按计划步骤予以实施

D. 建立每月工作汇报制度,根据工作的完成情况,对各部门负责人予以考评

 思考与练习

1. 旅游组织内部公共关系的对象有哪些?
2. 旅游组织内部公共关系的特征有哪几项?
3. 影响员工关系的主要因素是什么?
4. 股东关系对旅游组织的重要作用主要体现在哪些方面?
5. 如何明确旅游组织内部各部门之间的职权范围?

第五章　旅游组织外部公共关系

引言

在现代经济社会,旅游组织的生存和发展对外部环境的依赖性越来越大。旅游组织要处理的外部公共关系包括:与顾客的关系、与新闻媒介的关系、与社区的关系、与政府的关系,以及与竞争者的关系。旅游组织外部公共关系具有广泛性、目的性、普遍性、特殊性、复杂性、制约性等特点,而且内容广泛、复杂,因此,需要我们从旅游组织的实际出发,遵循外部公共关系的处理原则,最终实现旅游组织外部公共关系的目的。

学习目标

1. 了解旅游外部公共关系的含义、基本特征和处理原则;
2. 熟悉处理与顾客的关系、新闻媒介的关系、政府的关系和竞争者的关系的方法。

第一节　旅游组织外部公共关系概述

旅游组织外部公共关系的对象是旅游公众,旅游公众是旅游公共关系的客体和工作对象,只有弄清了什么是旅游公众及其类型和特点,才能做好相关工作,协调好旅游组织的外部公共关系。

一、旅游组织外部公众的含义

与内部公众不同,外部公众与旅游组织无归属关系,是指除了内部公众之外与组织有某种利益关系的公众,主要包括顾客公众、媒体公众、社区公众、政府公众和竞争者公众等。

外部公众与组织的关系虽不像内部公众那样密切,但是却对旅游组织的生存和发展具有实际的影响力和约束力。外部公众构成旅游组织生存和发展的外部环境。"组织存在的唯一价值,就是为外界环境服务",没有外部公众,组织就失去了存在的价值和意义。处理与外部公众的关系,是旅游组织公共关系工作的重点。

旅游组织的外部公众,是指与旅游组织无归属关系,但相互之间却存在某种关系的公众群体,它是旅游组织外部公关工作的对象。以外部公众为重要构成的社会环境始终影响并制约着旅游组织的生存与发展。因此,能否正确处理与外部公众的关系,获得他们的理解、信任与支持,是衡量一个旅游组织自身素质的基本标准,也是旅游组织能否取得成功的先决条件。

二、旅游组织外部公众的基本特征

1. 群体性、广泛性

旅游企业所面对的公众对象不是单一的,而是一个涉及比较广泛的公众群体。旅游组织所面对的外部公众涵盖面非常广泛。如在顾客群体中有商人、公务员、白领、学生,等等;在社区公众群体中有兄弟单位、社区居民,等等;在媒体公众群体中有报社、杂志社、电视台,等等;旅游企业不能只注意外部公众的某一类公众,而忽略了其他公众。对于任何一类公众的忽视,都有可能导致整个公众环境的恶化,从而影响旅游企业的生存和发展。

2. 相关性、可导性

旅游组织外部公众总是和旅游组织有这样或者那样的、直接或间接的、现实或潜在的关系或联系。一方面,旅游组织在诸多方面对公众的思想、态度、情绪、行为、生活或工作有不同程度的影响,旅游组织的决策和行为对公众所面临的问题与所处的状况具有控制力、作用力;另一方面,外部公众的意见、态度或行为对旅游组织的目标和发展具有影响力、制约力,甚至成为左右旅游组织决策的力量。

3. 同质性、依存性

旅游组织的外部公众和旅游组织之间存在着不同程度的相互依存关系。旅游组织离不开外部公众,而外部公众在依赖社会的同时,也直接或间接地对旅游组织有一定程度的依赖关系。特别是旅游者,他们要实现旅游需求,离不开各类旅游组织的支持和协作。这种依存性正是公共关系工作在旅游领域发挥作用的根本依托。

4. 可变性、开放性

社会环境是一个动态可变的系统,处于其中的旅游组织外部公众也是不断变化的。一方面,旅游组织由于经营管理、服务产品的变化,公众的性质、形式、数量、范围和存在形式也会随之发生变化;另一方面,由于公众的价值观念、消费行为、思维方式及社会环境的变化(如政府出台的有关增加公众假期的规定,使有条件外出的旅行人数猛增),旅游组织外部公众也会发生变化。旅游组织公关人员必须以动态的、发展的眼光认识自己的公众对象,根据公众环境变化采取相应的对策。

三、旅游组织外部公众关系的处理原则

旅游组织与外部公众是相互依赖,共存共利的关系,能否处理好这种关系,是旅游组织获得成功的先决条件之一。实践证明,要处理好这种关系,必须遵循以下原则:

1. 遵纪守法原则

不同的国度,有不同的法律、规范。旅游组织公关人员应根据各国的国情,遵守当地的国家政策、法令,不能违法乱纪、败坏风气,这是一个基本原则,而且要时刻把握国家有关政策、法律补充调整的最新动向,并以此约束指导自己的行为。切不可因一时疏忽或为了局部私利而违背政策、法律的要求。

近年来,有些旅游组织只顾赚钱,不讲职业道德,弄虚作假,以假乱真,做假广告,推销劣质产品,欺骗公众,坑害顾客,扰乱市场秩序……这是国家法律和职业道德所不允许的,公关人员应该坚决抵制和杜绝。但旅游组织公关人员又不能囿于某些陈规陋俗,束缚自己的行动,公关人员的守则是用关系而不枉法,讲交情而不损公,遵法令而不束己,只要不违背原则就应大胆地开展工作。

2. 平等互利原则

外部公众与旅游组织的利益具有一定的相关性,但在相互接触过程中也可能会发生这样或那样的矛盾。旅游组织如果只考虑自己单方面的利益,则难以消除矛盾。旅游组织公共关系是以旅游组织与外部相关部门、公众互惠互利、平等相待为基础的,只有兼顾公众利益,才会赢得公众的支持,才能获得社会公众的长久合作,得到可观的效益。

旅游组织面对各种各样的外部公众,要根据其不同特点,采取不同的方法和手段,区别对待,但这并不等于公众有高低贵贱之分。旅游组织在处理问题、协调关系时一定要坚持平等对待、一视同仁的原则。如对待大报记者和小报记者一样尊重,对待高消费顾客和低消费顾客一样周到热情;对待不同单位的业界同人一样礼貌、友好。

3. 公开透明原则

旅游组织在经营运作上应有一定的透明度,该公开的就应公开,不应躲躲闪闪,以免引起公众的疑心。对待公众要真诚,真心,不搞虚情假意,也不敷衍搪塞。尊重事实,据实反映问题,既不以主观想象代替客观事实,也不对客观事实遮遮掩掩。比如当组织发生危机时,无论大小都会引起公众的种种猜测和怀疑,有时新闻

媒介也会做失实的报道。因此,组织要想取得公众和新闻界的信任,必须以开放的心态和真诚坦率的态度,实话实说,坦然面对。

4. 求同存异原则

当旅游组织与公众在某些问题上出现分歧时,公共关系人员应分清轻重缓急,本着先易后难,先急后缓的程序予以解决。对于有些矛盾冲突,一时难以达成一致的,本着求同存异的原则,逐步解决,求得双方的和谐相处。

另外,旅游组织在处理外部公众关系的时候,还可以采取维护信誉、请示领导等原则,妥善处理。总之,外部公众关系的处理直接关系到旅游组织的生存与发展。

案例分享

味千拉面"骨汤门"事件

一直以来,味千拉面对外宣称其拉面所用汤底是由猪骨专门熬制而成。熬制的汤底,意味着营养天然,安全放心。味千拉面称,味千拉面胶原蛋白约占蛋白质含量的15%,钙含量是肉类的10倍、牛奶的4倍。一碗汤含钙量高达1600毫克。同时,为进一步招揽消费者的信任,味千拉面又称其产品的营养价值经中国农业大学食品科学与营养工程学院营养与分析研究室认证,并展示由中国农业大学食品学院出具的鉴定报告。

正是基于味千拉面如此"到位"的宣传,才吸引了大批的中国消费者前往就餐。

2011年,有消息称,味千拉面的香味都是用专门的汤粉调制出来的,每碗汤的成本不过几毛钱,根本不是什么所谓的老汤。味千拉面老汤事件旋即成为社会、媒体关注的又一个焦点。消费者对号称用猪骨熬制的味千拉面汤底的质疑接踵而至。

上海相关部门于2011年8月2日公布味千拉面汤料问题的初步调查结果显示,味千拉面汤料浓缩液的主要成分是"猪骨汤精",由山东泰安一家食品企业生产。工商部门已介入调查味千拉面涉嫌虚假宣传事件。

上海食品药品监管部门表示,"猪骨汤精"属于复合调味料,监管部门对相关产品的生产许可证及配料表进行了检查,暂未发现涉及食品安全的潜在风险。

中国农业大学食品科学与营养工程学院亦发布声明称,从未与味千拉面企业方进行任何合作、协作,也从未对其产品进行认证、推荐,也没有给该企业提供过咨询、顾问等服务。声明要求味千拉面立刻停止在宣传中使用中国农业大学食品学院认证,并公开道歉。

面对"戏法"一个个被曝光,味千中国总部投资者关系部负责人不得不承认,味千的汤底确实并非现场熬制,浓缩液是由猪骨熬成的。浓缩液送至门店后,由门店的工作人员通过加水和一些其他作料"还原"成汤。一公斤浓缩液可以"还原"100 碗汤。

而宣称味千拉面一碗汤含钙量高达 1600 毫克,经认证检测,结果是,实际一碗汤内的钙含量应该只有 48.5 毫克。

真相大白,消费者惊呼上当。味千拉面"骨汤门"欺骗了中国的消费者,丢掉了企业的诚信,最终结果是伤人,且伤己。

(资料来源:刘长忠.味千拉面"骨汤门"丢掉诚信伤人伤己.中新社市场观察,2011-08-04)

评析:味千拉面为了一己私利欺骗消费者,做不实宣传,最终丢掉了企业的诚信,丢掉了消费者的信任,实在是得不偿失,所以,在面对外部公众的时候,一定要坚持诚信互利,公开透明等原则,取得消费者的信任和支持,才能在激烈的市场竞争中立于不败之地。

第二节 顾客关系

一、研究顾客关系的重要性

顾客,是指购买、试用或可能购买、试用旅游组织提供的产品或服务的个人、团体或组织。旅行社接待的旅游团,旅游饭店、宾馆的客人,旅游车船公司的乘客,旅游景点的游人,在旅游商店购物的顾客都属于旅游组织的外部公众之一的顾客。良好的顾客关系是旅游组织重点追求的目标。

良好的顾客关系体现出旅游组织拥有一批固定的消费者群体,并且这一群体会随着组织的发展而壮大,旅游组织在满足消费者需求的同时,组织自身的经营目标也能得以实现。

1. 良好的顾客关系,有助于形成良好的销售环境,为旅游组织带来效益

顾客是旅游组织人数最多的外部公众,他们构成了旅游组织的客源市场。而当今的市场环境,由于各企业激烈的竞争,产品的多样化,已经由卖方市场向买方市场转变,也就是说,消费者的需求引导着旅游组织产品的生产。一个旅游组织的经营目标能否实现,在很大程度上取决于其产品被顾客接受和欢迎的程度,而顾客对旅游组织产品的接受程度或消费量,则决定组织的效益。因此,顾客就是"衣食父母",顾客关系就是旅游组织的生命线。旅游组织拥有良好的顾客关系就等于建立了良好的销售环境,拥有了稳定的客源市场,并能以此吸引更多的潜在消费者,这都能为旅游组织带来社会效益和经济效益。

2. 良好的顾客关系,有助于旅游组织树立正确的经营思想,完善改革

良好的顾客关系,其表现之一,即旅游组织拥有一批稳固并可能不断壮大的消费者群体。如上所述,在买方市场已经形成的前提下,旅游组织必须开发符合顾客公众需求的产品,才能拥有固定的消费者群,稳定市场。而要开发符合旅游顾客需求的产品,旅游组织首先就是要树立起顾客至上的经营思想,以顾客的利益和需求为导向来制定组织的政策,从而实现旅游组织和消费者公众的双赢。顾客至上的经营思想同时也决定了旅游组织必须不断改革自身的管理,不断创新,才能适应不断发展变化的顾客需求。

二、影响组织与顾客关系的因素

旅游组织与顾客是"鱼水关系",顾客对于旅游组织的认知度的高低、评价的好坏,决定了组织的生存和发展。然而,在实践运作中存在着许多问题,导致二者之间关系紧张,甚至影响到二者之间的关系协调,使旅游组织最终失去其赖以生存的"衣食父母"的支持与认可。

(一) 旅游组织的外部因素

1. 国家政策落实不到位

国家的有关旅游政策、法规、管理条例在执行过程中的"有章不循,有令不遵",可能会造成管理力度不强,使弱势群体的利益得不到保障,从而放纵了违规者,影响到顾客关系。

2. 顾客消费的习惯性

北京首旅建国酒店管理公司宣布,率先响应北京市旅游局提出的"饭店绿色行动",公司旗下的所有饭店将取消为客人提供一次性"六小件"消耗品。但是此举一出就遭到了许多客人的强烈质疑和反对,甚至引起投诉,造成酒店经营管理上很被动。考虑到顾客的反映,许多宾馆不得不放弃取消一次性客用品的决策,向市场需求低头,又将牙刷、拖鞋等"悄然"请回了客房。所以说顾客消费的习惯性会影响到组织与顾客之间的关系处理。

3. 市场竞争的无序性

旅游业是"朝阳产业",为地方经济的发展和解决劳动就业提供了广大的舞台,所以各地纷纷出现一哄而起搞旅游的"红火场面",结果又出现"僧多粥少"的现象。许多旅游组织不得不以降低服务水平、减少资金投入等手段求得生存,甚至出现旅游组织之间恶意中伤或互相拆台的局面,结果导致顾客利益受损,影响整体旅游服务的认可度。

(二)旅游组织的内部因素

1. 服务意识欠缺、摆不正位置

作为服务行业可能存在两方面的问题,一是唯我独尊,只考虑组织自己的利益,而忽视宾客的要求;二是认为服务行业地位低微,自轻自贱,服务中消极懈怠,影响宾客的消费心情或利益,从而造成与顾客的关系紧张。

2. 信息沟通渠道不畅

市场调研不足,对于宾客的需求、意见、合理化建议不能随时掌握;对于旅游企业的政策调整、产品更新、问题处理没有及时告知公众,造成组织与客户之间信息沟通缺失,乃至双方隔阂的产生甚至扩大。

3. 管理缺失、更新不足

宾客的需求日新月异,"忠诚度"也会有一定的局限性。由于旅游管理者的水平低、观念陈旧,或者管理不到位,忽视市场的变化与要求,不能随时推出适销对路的产品,或者更新完善服务迟滞,致使宾客放弃原来的买卖关系,使旅游组织失去老的消费群体。

4. 服务人员素质低下

服务人员是旅游组织接待服务中的能动因素,他们素质的高低将直接影响到客人的满意程度。据统计,针对服务人员服务态度、服务方法、基本服务技能等方面的投诉,在客人消费投诉中占很大的比例。

☞ **案例分享**

微 笑

微笑一下并不费力,但它却产生无穷的魅力。受惠者富有,施予者并不贫穷。它转瞬即逝,却往往留下永久的回忆。富者虽富,却无人肯抛弃;穷者虽穷,却无人不能施与。它带来家庭之乐,又是友谊的绝妙表示。它可以使疲者解乏,又可给绝望者以勇气。如果偶尔遇到某个人,没有给你应得的微笑,那么请将你的微笑慷慨给予他吧;因为没有任何人比那不能施与别人微笑的人更需要它!

(资料来源:张四成. 现代饭店礼貌礼仪. 广州:广东旅游出版社,1996:99.)

另外,资金紧张、设施设备陈旧、旅游投诉处理不当、服务体系不健全等方面的原因,也会影响到良好顾客关系的建立和保持。所以必须从多方面不断付出努力,积极主动地开展公共关系活动,满足顾客公众的需要,争取他们的理解和支持。

> 案例分享

麦当劳管理体制"休眠"了吗?

尽管低调,但在这段时间麦当劳新闻不断。涨价、关门,如今的"消毒水当红茶卖",更是成为人们关注的热点。但是综观麦当劳在危机来临时的种种做法,的确不敢让人恭维。1999年可口可乐比利时风波后不久,百事可乐欧洲公司总裁给所有的职员发出了一封电子信函:"我想强调的是,我们不应将此次可口可乐事件视为一个可以利用的机会,我们必须引以为鉴,珍视企业与消费者之间的纽带。"遗憾的是,这句话并未给麦当劳足够的警醒,麦当劳正在慢慢亲手剪断"企业与消费者之间的纽带"!

1. 高层反应迟钝,痛失消灭危机于萌芽状态的宝贵时机

"红茶事件"发生后,麦当劳的现场副经理早在7时15分就已通知店长和地区督导赶到现场,结果两人直到9时多才相继出现。而这两个小时恰恰是矛盾激化的关键时刻。

(对比:1999年6月,可口可乐面临了一场前所未有的信任危机。事件起因是:在比利时发生100多名中学生喝了可口可乐而中毒的事件。为此,欧盟就可口可乐产品可能带来的危险向其成员国发出警告,比利时等国家相继宣布禁止销售可口可乐公司生产的所有饮料。眼看灭顶之灾就要倾覆可口可乐。但仅仅十天后,6月23日和24日,比利时、法国先后决定取消对可口可乐的禁销令。为什么可口可乐公司能很快化解这场汹涌而来的危机?就在于其通畅的反馈渠道和快速反应机制。据介绍,一旦危机发生,可口可乐基层可以迅速联络到总裁,不管他正在进行高级谈判,还是在逍遥度假。事后第二天清晨,可口可乐员工的电脑里,公司内部互联网早已传来关于事件所有的消息以及危机处理的原则。)

2. 缺乏专业的危机管理人士,没有正确的危机意识

危机发生后,麦当劳在处理过程中有两大极为严重的错误:一是与消费者多次发生争执,工商局工作人员赶到现场进行调停,近一个小时,最终仍以破裂收场;二是拒绝做出调查方案。这无疑是火上浇油!这说明麦当劳虽是全球快餐大王,但在危机公关方面却极为幼稚。

(对比:可口可乐公司平时都有危机处理小组,成员包括从各部门抽调的人员,如瓶装厂总经理、技术人员、生产人员、销售人员,每年危机处理小组都要接受培训,培训内容有模拟记者采访,模拟处理事件过程等。这样,一旦危机发生,每个人都知道该说什么,不该说什么,该做什么,不该做什么。因此确保了步调一致、声音统一、有条不紊。)

3. 漠视消费者的生理和心理健康,不敢勇敢地承担责任,失去了消费者的信赖

消费者喝下了不明成分的液体,麦当劳的第一个正确反应应该是送消费者到医院检查,而不是去和消费者争执。但令人遗憾的是,麦当劳错误地估计形势,只是承诺愿意向两人各赔偿500元,如两天内当事人身体不适要到医院诊治,医药费可予报销。(言下之意有两层:一是消费者不就是想敲诈一点钱财吗?给500元打发算了!二是两天之后出问题就与我无关了!)

正是由于麦当劳对消费者身心健康的漠视导致了事态的扩大。试想,如果麦当劳当即把消费者送往医院诊治,消费者还会如此怒气冲冲吗?如果麦当劳一直以一种富有人情味的态度来对待消费者,以积极主动的道歉而不是推脱责任的辩解和说明,会导致目前不好收拾的局面吗?

(对比:可口可乐在风波发生后立即宣布,将比利时国内同期上市的可乐全部收回,并承诺尽快宣布调查结果,并向消费者退赔,为所有中毒的顾客报销医疗费用。可口可乐总裁在比利时承认自己对这次事件负有不可推卸的责任,并当场喝掉一瓶可口可乐。不久后,比利时的一些居民陆续收到了可口可乐公司的赠券,上面写着:"我们非常高兴地通知您,可口可乐又回到了市场。")

4. 对权威机构的作用不重视,无法自圆其说

在事件发生后,麦当劳立即停售了红茶,现场管理人员立即开展了调查,并随即解释说,事件可能是由于店员昨天对店里烧开水的大壶进行消毒清洗后,未把残余的消毒水排净所致。好一个可能!如此地轻描淡写!是消毒水的残余物吗?如果是,对消费者身体健康有多大的危害?如果此时管理人员说:"我们将马上通知卫生检疫部门前来检测。"也许事情就是另一个样子了。

5. 对公众不坦诚,拒绝了与消费者沟通的机会

时至今日,也未见麦当劳对媒体和公众作出公开的说明,当媒体对麦当劳进行采访时,麦当劳负责人表示,在事情没有完全调查清楚前,不会发表任何观点。没有一个字的歉意,没有一丝对消费者负责的精神。面对如此的态度,还会让消费者感受到"更多欢乐尽在麦当劳"吗?

(对比:可口可乐公司在比利时危机中不仅与媒体时刻保持密切沟通,并为此特地设立了专线电话,还在因特网上为消费者开设了专门网页,把握住了信息发布的主动权,避免了有关信息的错误扩散,将企业的损失降低到最小的限度。)

6. 纠错机制不健全,两个月内发生两起类似事件

实际上,早在今年五月份,麦当劳某北京分店就已发生过把消毒水当饮料提供给消费者的事情,只不过当时卖的是"白开水",这次卖的是"红茶"!当时消费者向媒体大倒苦水,"没想到他们的态度特别不好,真是让我特失望,店长说,现在是特殊时期,他们受到的压力很大,希望我能体谅她,今后一定加强管理。这是体谅能解决的事吗?"谁知两个月后竟又发生了类似的一幕。

沉默伤害了麦当劳品牌

在信息传播空前快捷的今天,企业危机在很短时间内就会引起公众的极大关注,造成在全国甚至全球范围内的不良影响。如果危机处理稍有不慎,就会对企业形象和品牌信誉造成毁灭性的打击。

要处理好危机,看似纷繁复杂,但只要做到"三诚",即诚意、诚恳、诚实,则一切问题都可迎刃而解。

1. 诚意

在事件发生后的第一时间,公司的高层管理者应向公众说明情况,并致以歉意,从而体现企业勇于承担责任、对消费者负责的企业文化,赢得消费者的同情和理解。

2. 诚恳

一切以消费者的利益为重,不回避问题和错误,及时与媒体和公众沟通,向消费者说明事件的进展情况,重拾消费者的信任和尊重。

3. 诚实

诚实是处理危机时最关键、也最有效的解决办法。我们会原谅一个人的错误,但不会原谅一个人说谎。

敬告麦当劳不要再自以为是地沉默下去了:所有的人都在审视着麦当劳在危机中的所作所为,任何的疏忽,都会在美誉积分榜上加上负一分。

(资料来源:2003 - 07 - 19. http://business.sohu.com/05/75/article211257505.shtml)

三、建立良好顾客关系的方法

旅游组织的市场营销活动必须以顾客为中心,在满足顾客需要的同时获得应有的利润。因此,旅游组织经营目标的实现与否直接取决于组织与顾客的关系,关系越好,顾客越多,旅游组织的经济效益就越有保障;反之,旅游组织的生存将受到严重威胁。密切旅游组织,特别是旅游企业和顾客间的合作关系,建立良好的顾客关系可以通过以下途径实现:

(一)树立"顾客就是上帝"的指导思想

即企业的一切政策和行为都必须是以顾客的利益和要求为导向。顾客是旅游组织生存的基础,与顾客的关系是旅游组织外部公共关系中最重要的关系。没有顾客就没有旅游组织,因此,必须把顾客的利益和要求放在中心位置,用实际行动践行"顾客就是上帝"的信条。

(二)改善服务质量,向顾客提供高质量的产品和服务

服务质量是旅游产品的生命线,优质的旅游产品和服务能够满足客人的多种需求,在提供旅游服务的过程中,通过每一位从业人员良好的服务技能和技巧,建立与顾客良好的关系。

(三)提高旅游组织或旅游企业的信誉,遵守行业规则和职业道德,诚信经营

因为旅游产品生产和消费的同步进行,使顾客不可能像购买实物产品那样货比三家,在购买前就能与产品直接接触。所以更需要我们的旅游组织遵守行业规则和职业道德,使产品宣传和实际体验相符,承诺与履行的服务一致,才能确保顾客的利益。

(四)加强信息沟通,增进旅游组织与顾客之间的相互了解

信息的沟通是双向的,旅游组织在让顾客认识和了解本组织的产品、经营宗旨、组织精神的同时,也要不断认识和了解自己面对的顾客的需求、爱好、对组织及其产品的评价,以及不同条件下顾客态度的变化。双方相互了解是一个动态的过程,方式、方法也多种多样,如利用互联网的互动优势建立顾客资料档案等。只有加强信息沟通,旅游组织才能保持自身的活力,在竞争中立于不败之地。

(五)引导、培养顾客树立文明健康的消费观念

文明健康的消费观念,是指顾客具有能够凭借自觉与合理的消费需求、清醒的消费判断,选购自己所需而且质量好的商品,明确自己作为顾客所享有的权利,并且能够用合法手段有效维护自身权利的能力。具有文明健康消费观的消费者是成熟的消费者。旅游组织面对的成熟消费者越多,说明组织所处的市场环境越有序,越稳定。因此,引导、培养旅游组织产品的顾客树立文明健康的消费观念,可以为旅游组织赢得一个有利于自身发展的市场环境。要引导、培养顾客文明健康的消费观念,旅游组织可以多运用信息传播和情感交流的方法,定期向顾客推介自己的新产品和特色服务,设立消费信息反馈机制。

(六)重视并正确处理顾客投诉

随着消费者消费观念的成熟,维权意识的增强,消费者的投诉不可避免,特别是以对客服务为主要产品的饭店、旅行社等旅游组织更是如此。处理顾客投诉是旅游组织公关工作的主要内容之一。面对顾客投诉,旅游组织首先要重视投诉,认真倾听,诚恳道歉,及时处理,妥善善后,还要记录下相关资料留存。要热情接受顾客投诉;周到地满足顾客的要求;畅通顾客投诉的渠道。

(七)提高从业人员的素质,提供个性化服务

旅游产品是由"硬件设施"和"软件服务"构成的,顾客感受、评价服务质量高低的重要标准主要是以"无形服务"的形式表现出来的。所以旅游组织可以通过

增加投入来改善"硬件"设施、设备不足的状况,而更重要的是,注重对从业人员的素质教育,提高服务技能,开展礼貌服务活动,在遵守服务标准化的前提下,尽量依据客人的兴趣、爱好、个人情况提供个性化服务,从而提高服务产品的综合质量。北京陶然花园酒店一向以"以情服务,用心做事"为经营服务宗旨,在提供个性化、人性化服务方面,走在同行业的前列。如饭店员工在客人用餐时的微笑服务,使客人有如沐春风的感觉;一张小小的写有顾客姓名的欢迎卡,会让客人感受到被重视的感觉;按照客人喜好布置的房间,更让人感觉到"家"的温馨;感冒后的一杯姜糖水,醉酒后的一碗醒酒汤,无不让人心怀感激。

总之,与顾客的关系是旅游组织公共关系的重要组成部分,是旅游组织赖以生存的"衣食保障"。因此,旅游组织必须排除各种干扰因素,提高服务质量,树立组织形象,积极有效地开展各种形式的公共关系工作,协调好与顾客之间的关系。

案例分享

优质服务塑造客户对公司的忠诚度

"不管你是一名修理助理,或是一名发放工资的职员,或者是一个会计,我们能有这份工作,那是因为客户愿意为我们付费,这就是我们的'秘密'"。新航(新加坡航空公司)前总裁约瑟夫·皮莱(Joseph Pillay)在创业伊始就不停地以此告诫员工,塑造和灌输"关注客户"的思想。事实上,正是持之以恒地关注客户的需求,尽可能为客户提供优质服务,新航才有了今天的成就。

在这一点上,约瑟夫·皮莱和劳特朋不谋而合。作为4Cs营销理论的倡导者,劳特朋认为:要了解、研究、分析消费者的需要与欲求,而不是先考虑企业能生产什么产品;要了解消费者满足需要与欲求愿意付出多少钱(成本),而不是先给产品定价;要考虑顾客购物等交易过程如何给顾客方便,而不是先考虑销售渠道的选择和策略;要通过互动、沟通等方式,将企业内外营销不断进行整合,把顾客和企业双方的利益无形地整合在一起。显而易见,4Cs营销理论的4个方面都在强调同一个问题:关注客户。

"只有新生事物才能创造出出其不意的效果。我们要为客户提供他们所意想不到的服务,产品创新部会不断地关注这些新的需求趋势:为什么人们以某种方式去做事,为什么人们去做某种事。然后我们把眼光放在3~5年内,设法去跟踪短期和长期的趋势。了解他们潜在的需求,并提供服务。"新航负责产品和服务的高级副总裁亚普(Yap)先生曾在接受媒体采访时这样透露。

在长达32年的经营中,新航总是果断地增加最好的旅客服务,特别是通过旅客的需求预测来推动自身服务向更高标准前进。早在20世纪70年代,新航就开始为旅客提供可选择餐食、免费饮料和免费耳机服务；80年代末，新航开始第一班新加坡—吉隆坡之间的"无烟班机"；1992年初，所有飞离新加坡的新航客机都可以收看美国有线电视网络的国际新闻；2001年，新航在一架从新加坡飞往洛杉矶的班机上首次推出了空中上网服务——乘客只需将自己的手提电脑接入座位上的网络接口，就可以在飞机上收发电子邮件和进行网上冲浪。在过去3年内，新航花费将近4亿元提升舱内视听娱乐系统，为近七成（所有远程飞机）飞机换上此系统，花费了超过6亿元提升机舱娱乐设施和商务舱座位。

"如果你的客户选择了竞争对手，那将是一件让人沮丧的事情。而避免沮丧的有效办法是获得客户忠诚度"，学者艾贝尔·奇卡（Abel Chica）在MBA教程中写道，"获得顾客忠诚度并不仅仅是让他们感到真正的满意。这只是实现忠诚度的一个必要条件。对于客户，最直接的关于满意的概念是，拿你提供给他的'价值'与竞争对手所提供的加以比较。同时，如果想使客户忠诚，就不能只考虑短期的利益，而必须考虑怎样长期地发展这种关系。"

随着竞争的加剧，客户对服务的要求也像雨后破土的植物一样疯长，"人们不仅仅把新航和别的航空公司做对比，还会把新航和其他行业的公司，从多个不同角度进行比较。"亚普先生清醒地意识到新航遇到的挑战永无止境。事实上，"任何时候都要从整个服务过程出发，去寻找可以改进的地方"，这样的理念在新航已经成为一个清晰的文化和政策。

"即使是一道鸡饭，也要做成本地市场中最好的鸡饭。"为了在竞争中保持优势地位，新航成为了世界上第一家引入国际烹饪顾问团（SIA International Culinary Panel，"ICP"）和品酒师的航空公司，该顾问每年为新航提供4次食谱和酒单。硬件只是基础，软件才是真功夫。当然，服务的一致性与灵活性同时受到关注。比如，怎样让一个有十三四人的团队在每次飞行中提供同样高标准的服务？新航在对服务进行任何改变之前，所有的程序都会经过精雕细琢，研究、测试的内容包括服务的时间和动作，并进行模拟练习，记录每个动作所花的时间，评估客户的反应。

力求服务做到灵活且富有创造性，这一点也是新航对员工的要求。当一位乘客要求吃素食，而飞机上正好没有准备这种食物，新航希望乘务人员做到的是，返回厨房想办法找出一个解决方案，比如把各式各样的蔬菜和水果拼在一起，而不是告诉乘客没有准备这种食物。

（资料来源：节选自2006-09-09．http://www.ccmw.net/article/12078）

评析： 1993年，英国伦敦著名的杜莎夫人蜡像馆，出现了一尊东方空姐蜡像。这是杜莎夫人蜡像馆第一次以商业人像为原型而塑造的蜡像，其原型是美丽的新加坡航空公司小姐，被人们称为"新加坡女孩"（Singapore Girl）。杜莎夫人蜡像馆破例的原因，则是基于新加坡航空公司（简称"新航"）完善的机舱服务和长久以来成功塑造东方空姐以客为尊的服务形象。

如何通过高质量的产品或者服务,保持顾客的忠诚度,这是一个令众多公司绞尽脑汁、冥思苦想的问题,因为忠诚的顾客往往带来高额的商业利润。不可否认,享誉世界的新航无疑是最有资格回答这一问题的公司之一。

第三节　媒介关系

一、研究媒介关系的重要性

媒介关系也称"媒体关系",行为媒介是专门向社会公众传播信息的社会机构。媒介传播主要是指人们在开展公共关系活动中,运用大众传播媒介,结合事件的内容要求所进行的社会实践活动。就新闻媒介作为旅游组织的外部公众而言,它一方面是旅游组织的对象,另一方面也是旅游组织的媒体,通过它将有关信息扩散、传播于社会。由于新闻媒介具有信息传播功能,直接关系到旅游组织的信息扩散及旅游组织在公众中的形象,所以新闻媒介就自然而然地在旅游组织外部公共关系中占有很重要的地位。所以,旅游组织必须花费很大的精力争取新闻媒介这一"公众"的理解和支持。新闻媒介对旅游组织具有重要作用,同时,旅游组织也为新闻媒介提供了大量的新闻报道内容。旅游组织与新闻媒介是一种互相依存的关系。

(一)建立良好的媒介关系有利于塑造良好的旅游组织形象

旅游组织形象的塑造和维护要靠公众舆论来完成。在现代信息社会中,媒介公众是掌握、控制、引导公众舆论的权威机构。他们决定着哪些信息该中转、疏导、传播,哪些信息该中止、抑制、封闭,扮演着信息"把关人"的角色,大众传媒因此往往成为社会信息的"信度仪"。

(二)良好的媒介关系是运用大众传播手段的前提

1. 媒介拥有强大的影响力

新闻媒介不是旅游组织独家占用,广大公众都可利用传媒进行社会监督,它的左右舆论的作用,是旅游组织不能忽视的。欧美学者把新闻界说成是政府的"第四部门"(立法、行政、司法、舆论),已默认"四权分立"。所以,美国新闻界可以独立地左右整个社会舆论,因此,媒介被视为对社会经济、政治的变动具有独特作用的一根支柱。任何组织、任何个人都不能轻视媒介的作用。而在中国,新闻界虽不能被视为"第四部门",但它的作用也不可小视。有时,新闻可以把你捧上天,也可以把你摔得粉碎,可以说,任何旅游组织要得到公众的舆论支持,必须与新闻媒介搞好关系,建立融洽的合作关系。

2. 媒介拥有广泛的外部联系

媒介公众与社会各界有密切而广泛的联系,整理和传播来自各个方面的信息。旅游组织要想将自己的有关信息传播给广大公众并使之接受,必须依靠新闻的力量;旅游组织的有关信息是否为媒体所报道,报道的时机、频率、角度等一切均由新闻媒体所决定,组织本身是不可以左右的。因此,与媒介公众建立广泛、良好的关系,是实现与公众有效沟通的前提。

(三) 媒介拥有远距离传播的优势

现代大众传播媒介拥有现代印刷、电子等传播技术,可以大量、高速地复制信息,如电视可复制录像带、电影可"拷贝",可以跨越时间和空间的限制,实现大范围、远距离的传播。旅游组织单单凭借自己的力量,很难实现大范围、远距离的信息传播,而且耗时、费力,效果并不理想。所以,旅游组织通过建立与媒介的关系,借助于各种现代大众传播媒介,可以营造良好的运营环境。

案例分享

深圳世界之窗与媒体合作,开创景区发展新局面

深圳世界之窗是以弘扬世界文化精华为主体的大型文艺旅游景区。自1994年6月18日开业以来,共接待中外游客2420万人次,完成营业收入额27.3亿元,实现利润8.53亿元,上缴利税额2.15亿元。公司获得全国"五一"劳动奖状,先后获得全国青年文明号、全国杰出青年文明号、首批国家AAAA级旅游景区、深圳市守法纳税大户等荣誉称号。

深圳世界之窗通过不断探索,在加强与媒体合作从而创造更大效益方面,走出了一条独具特色的道路。世界之窗积极寻求与主流媒体合作举办大型晚会和活动。自1998年承办中央电视台春节联欢晚会至今,世界之窗已承办各种主题的大型晚会近20场,其中包括1999年首届中国国际高新技术成果交易会开幕式文艺晚会"拥抱未来"、中央电视台2001年元旦晚会、第六届中国音乐电视大赛颁奖晚会、2002年中央电视台春节联欢晚会分会场、中国足球颁奖晚会等在全国甚至世界都有广泛影响的大型晚会,取得了良好的社会和经济双重效益。

深圳世界之窗与媒体强强合作办晚会,实现了双赢。媒体利用世界之窗的表演场地、设施、演出队伍、丰富的晚会组织经验以及良好的声誉,保证了晚会的高水准和顺利推出;世界之窗则利用强势媒体广泛的辐射力,扩大了品牌知名度,提高了企业的良性循环,晚会为企业创造的效益日益明显。以2002年春节联欢晚会为例,通过中央电视台的电视全球转播,亿万观众知晓了世界之窗,世界之窗的品牌

知名度与美誉度得到了极大提升,不少游客慕名而来,随后的春节黄金周七天经营收入突破 2500 万元,创公司黄金周假日七天收入最高纪录,占深圳市全市旅游景区经营收入的 25%。名牌晚会的宣传效应得到充分展现。

(资料来源:杜炜.旅游业公共关系理论与实务.北京:旅游教育出版社,2005:75.)

二、媒体关系的处理方法

与新闻媒体建立良好关系的目的就是争取新闻媒体对本组织的了解、理解和支持,形成对本组织有利的舆论氛围,并通过新闻媒体实现与公众的广泛沟通,增强组织对整个社会的影响力。为此旅游组织应在以下几个方面做出努力。

(一)尊重新闻媒体的职业特点

俗话说,"知己知彼,百战百胜"。旅游组织要想处理好媒体关系,公共关系人员就需要了解、尊重新闻界人士的职业性质和工作特点。在实际工作中,媒体公众和旅游组织是相互依赖、互为中介的。一方面,旅游组织需要通过媒体公众将组织信息传递给各类公众;另一方面,媒体公众需要通过旅游组织获取报道素材。而新闻界的职业特点是重视新闻报道的客观性、及时性和公正性,不受其他势力所左右。因此,对于同一个问题,媒体公众和旅游组织的态度可能是不一致,甚至是相反的。对此,旅游组织要有所认识,尊重新闻媒体"独立性"的职业特点,设法缩小这种与媒体公众的思想认识差距,使媒体公众在积极的意义上为旅游组织所用。

(二)主动保持与媒体公众的联系,及时提供有价值的信息

旅游组织不应抱着功利的态度,仅仅把媒体公众视为扩大社会影响的工具,当有需要时才临时抱佛脚与之联系。在日常工作中,应本着互惠、互利的原则,保持与媒体公众的联系,通过定期寄送资料、通报信息、访谈等方式及时向媒体公众提供有价值的信息,支持、配合媒体公众做好新闻报道工作。另外,公共关系人员还可以通过"制造新闻",努力争取引起新闻媒体的注意。所谓"制造新闻",就是组织以健康正当的手段,有意识地采取既对自己有利,又使社会和公众受惠的行动,去引起社会公众和新闻媒体的关注。旅游组织还可以充分利用行业优势,主动创造机会与媒体公众保持经常性的友好交往,如联谊活动,配合在酒店进行的社会性活动报道等,以增进相互了解和友谊。

(三)正确对待媒体的正面宣传与批评报道

当媒体发表了有利于组织的消息时,应该主动表示感谢,将其作为自身继续发展的动力,保持谦虚、谨慎的态度;而对于媒体公众的批评报道,旅游组织应虚心接受,并积极采取补救措施,认真总结经验教训,请媒体公众对旅游组织的改进过程

进行监督并跟踪报道;对于媒体有失实之处的批评报道,亦应诚恳地向媒体提供真实情况及相关证明材料,澄清事实真相,请其再进行纠正性的报道,以正视听,切不可兴师问罪,得理不饶人,轻易诉诸法律、甚至进行谩骂或诋毁。

案例分享

长城饭店何以能声振海外?

1983年,中国第一家五星级宾馆,也是首家中美合资的宾馆——北京长城饭店正式开张营业。开业伊始,面临的首要问题就是如何吸引顾客。按照通常的做法,应该在中外报刊、电台、电视台做广告,这笔费用是十分昂贵的。由于北京长城饭店的顾客基本来自我国香港、澳门及海外各国,而香港电视台每30秒钟的广告费最少上万港元,若按内地方式插播,每个月需几百万元人民币。至于外国的广告费,一个月下来更是个天文数字了。一开始,北京长城饭店也曾在美国的几家报纸上登过几次广告,后来因为经费不足,收效又不佳,只得停止广告攻势。

广告攻势虽然停止了,北京长城饭店宣传自己的公关活动却没有停止,他们只不过是改变了策略,采用了新的销售技巧。

北京市为了缓解八达岭长城游客过于拥挤的问题,整修了慕田峪长城。当慕田峪长城刚刚修复、准备开放之际,北京长城饭店不失时机地向慕田峪长城管理处提出由他们来举办一次招待外国记者的活动,一切费用都由北京长城饭店负担,双方很快便达成了协议。在招待外国记者的活动中,有一项内容是请他们游览整修一新的慕田峪长城,目的当然是想借他们之口向国外宣传新开辟的慕田峪长城。这一天,北京长城饭店特意在慕田峪长城脚下准备了一批小毛驴。毛驴是中国古代传统的代步工具,既能骑,也能驮东西。如果长城、毛驴被这些外国记者传到国外,更能增添中国这一东方文明古国的神秘感。这次北京长城饭店准备的毛驴,除供部分记者坐骑外,大部分是用来驮饮料和食品。当外国记者们陆续来到山顶之际,主办人员从毛驴背上取下法国香槟酒,在长城上打开,供记者们饮用。长城、毛驴、香槟、洋人,对比太鲜明了,记者们连连叫好,纷纷举起了照相机。照片发回各国后,编辑们也甚为动心,于是,第二天世界各地的报纸几乎都刊登了慕田峪长城的照片。北京这家以长城命名的饭店也随之名声大振。

通过这次活动,北京长城饭店的公关经理、一位当过记者的美国小姐,深切感受到通过媒体的笔头、镜头把长城饭店介绍给世界各国,不仅效果远远超过广告,还可少花钱。于是,这位精明的公关小姐心中盘算起举办一次更大规模的公关活动。

机会终于来了。1984年4月26日至5月1日,美国总统里根将访问中国。北京长城饭店立即着手了解里根访华的日程安排和随行人员。当得知随行来访的是一个有 500 多人的新闻代表团,其中包括美国的三大电视广播公司和各通讯社及著名的报刊之后,北京长城饭店的这位公关经理喜出望外,她决定把早已酝酿的计谋有步骤地付诸实施。

首先,争取把 500 多人的新闻代表团请进饭店。他们三番五次免费邀请美国驻华使馆的工作人员来长城饭店参观,在宴会上由饭店总经理征求使馆工作人员对服务质量的意见,并多次上门求教。此后,他们以美国投资的一流饭店,应接待美国的一流新闻代表团为理由,提出接待随同里根的新闻代表团的要求,经双方磋商,长城饭店如愿以偿地获得接待美国新闻代表团的任务。

其次,在优惠的服务中实现潜在动机,长城饭店对代表团的所有要求都给予满足。为了使代表团各新闻机构能够及时把稿件发回国内,长城饭店主动在楼顶上架起了扇形天线,并把客房的高级套房布置成便于发稿的工作间。对美国的三大电视广播公司,更是给予特殊照顾。将富有中国园林特色的"艺亭苑"茶园的六角亭介绍给 CBS 公司、将中西合璧的顶楼酒吧"凌霄阁"介绍给 NBC 公司、将古朴典雅的露天花园介绍给 ABC 公司,分别当成他们播放电视新闻的背景。这样一来,长城饭店的精华部分,尽收西方各国公众的眼底。为了使收看电视、收听广播的公众能记住长城饭店这一名字,该饭店总经理提出,如果各电视广播公司在播映时说上一句"我是在北京长城饭店向观众讲话",一切费用都可以优惠。富有经济头脑的美国各电视广播公司自然愿意接受这个条件,暂当代言人,做免费的广告,把长城饭店的名字传向世界。

有了这两次成功的经验,长城饭店又把目标对准了高规格的里根总统的答谢宴会,要争取到这样高规格的答谢宴会是有相当大难度的,因为以往像这样的宴会,都要在人民大会堂或美国大使馆举行,移到其他地方尚无先例。长城饭店决定用事实说话,在向中美两国礼宾司的官员及有关执行部门的工作人员详细介绍情况、赠送资料的同时,长城饭店把重点放在邀请各方官员及各级负责人到饭店参观考察这一环节上,让他们验证长城饭店的设施、店容店貌、酒菜质量和服务水平不仅在中国,即使是在世界上也是一流的。到场的中美官员被事实说服了,当即拍板,还争取到了里根总统的同意。

获得承办权后,饭店经理立即与中外各大新闻机构联系,邀请它们到饭店租用场地,实况转播美国总统的答谢宴会,收费可以优惠,但条件当然是:在转播时要提到北京长城饭店。

答谢宴会举行的那一天,中美两国首脑、外国驻华使节、中外记者云集长城饭店。电视上出现长城饭店宴会厅豪华的场面时,各国电视台记者和美国三大电视广播公司的节目主持人异口同声地说:"现在我们是在中国北京的长城饭店转播里根总统访华的最后一项活动——答谢宴会……"在频频的举杯中,长城饭店的名字一次又一次地通过电波飞向了世界各地,长城饭店的风姿一次又一次地跃入各国公众的眼帘。里根总统的夫人南希后来给长城饭店写信说:"感谢你们周到的服务,使我和我的丈夫在这里度过了一个愉快的夜晚。"

通过这一成功的公关活动,北京长城饭店的名声大振。各国访问者、旅游者、经商者慕名而来;美国的珠宝号游艇来签合同了;美国的林德布来德旅游公司来签合同了;几家外国航空公司也来签合同了。后来,有38个国家的首脑率代表团访问中国时,都在长城饭店举行了答谢宴会,以显示自己像里根总统一样对访华的重视和成功。从此,北京长城饭店的名字传了出去。

(资料来源:天边.城市金融报.2009-12-22.)

评析:一个刚刚成立不久的新饭店借助于媒体这个大的平台,借助于里根总统访华答谢宴会这个大的活动,使自己声名远播,名声大振,提高了自己的知名度和美誉度,获得了相当好的传播效果,所以媒体关系处理好,可以发挥其喉舌的作用,成为组织最好的合作伙伴。

第四节 社区关系

社区关系也称区域关系、地方关系、睦邻关系,是指旅游组织所在地的区域关系对象,包括与当地的管理部门、地方团体组织、左邻右舍的居民百姓等的关系。由于地缘的关系,旅游组织与社区公众有千丝万缕的必然联系,可以说,社区是旅游组织的生存空间和根基;社区公众与旅游组织有共同的生存背景,与组织是一种"自然人"的关系。发展良好的社区关系,是为了争取社区公众对组织的了解、理解和支持,为组织创造一个稳定的生存环境;同时旅游组织要提高自身在社区中的地位,就要树立一个"合格公民"的形象,主动承担起必要的社会责任和义务,通过社区关系扩大组织的区域性影响,在社区的物质文明和精神文明建设方面发挥中坚作用,为社区造福,为社区公众多作贡献。

一、研究社区关系的重要性

社区,是指人们共同生活的一定区域,如村庄、城镇、区乡、街道办事处等。旅游组织的活动直接受到社区公众的制约,社区关系直接影响着旅游组织其他各方面的关系,如员工家属关系、本地宾客关系、地方的政府关系和媒体关系等。旅游组织与社区关系直接影响着组织的社会公众形象。

(一)社区是旅游组织赖以生存和发展的外部环境

旅游组织所在社区就是组织扎根的土壤,没有良好的社区关系,组织就会失去立足之地。首先，社区为旅游组织提供一定数量的员工，他们熟知当地的风情和习俗、交通路线、景点特色，经过培训就会成为旅游组织的中坚力量。其次，旅游组织的正常运转要依赖于社区提供的各种服务，如道路交通、供电供水、治安保卫、邮电通信等基础设施。再次，旅游组织的职工及其家属的生活也必须依赖社区的商店、医院、学校等其他社会公益部门。最后，社区的文化风尚、生活方式也会直接影响到旅游组织内部员工的文化气质、精神面貌。

（二）与社区公众的关系直接影响旅游组织的公众形象

旅游组织与社区公众处于同一地域，社区公众是旅游组织最可信赖的支撑性公众。与社区公众建立良好的关系，能够使旅游组织获得其好感与认同，形成社区内的良好口碑，扩大旅游组织的区域性社会影响。这种区域性社会影响一旦被媒体关注和报道，又会远播到外地，形成更大范围的影响，可为旅游组织谋求稳定、顺利的发展打下牢固基础。社区各类公众广泛接触，对于旅游组织的某一种评价和看法就极易相互传播，形成区域性影响，从而形成旅游组织的某一种公众形象。显而易见，旅游组织与社区的关系，直接影响着组织的社会公众形象。所以旅游组织必须主动承担社区建设和维护的责任与义务，把社区当成自己的"家"，从各个方面与社区融合，成为社区的一名"好成员"。

二、社区关系的处理方法

（一）严格遵守地方的法律、法规，尊重当地的风俗习惯

当今的中国，旅游业在全国各地蓬勃发展。旅游组织开展各项活动，接待来自世界各地的旅游者，可能会给当地带来一些影响。所以旅游组织必须要求自己的员工，并告知旅游者要"入国而问俗，入门而问讳"，做到"入乡随俗"，尊重社区居民的风土人情，对于有关的宗教信仰更是要充分地尊重。

（二）增强社会责任感，主动承担必要的社会责任和义务

旅游组织存在于一定的社区之中，本身也是社区居民，有其自身应尽的社会责任和义务，要自觉维护社区的环境和谐。组织对于自身有损社区居民利益的行为要自查、自检，坚决杜绝。否则，只会损害旅游组织在社区公众心目中的形象，导致组织环境恶化。如饭店、餐厅要严格控制"三废"的排放，防止环境污染。若漠视社区利益，最终只会导致四面楚歌，无立足之地。

（三）参与和支持社区的各项公益活动，谋求共同繁荣与发展

旅游组织与社区公众的利益是紧密联系在一起的，社区繁荣则旅游组织得益。积极参与和支持社区的各项公益活动，最能使社区公众从中受益，也能让旅游组织得到社会的赞赏和支持。因此，旅游组织要积极投身于社区的社会公益事业之中，为社区公众服务，以实际行动帮助社区公众排忧解难，如资助社区的文化事业、资助敬老院、设立残疾人基金会等各种福利机构。

(四)加强信息沟通,增进双方相互了解

良好的社区关系应建立在旅游组织与社区公众相互了解的基础上。加强与社区公众的双向沟通,增加组织工作的透明度,争取社区公众对组织的支持与合作。旅游组织可以采用召开社区座谈会,设立开放日,扩大内部刊物发行范围等方法,加强双方的有效沟通。一方面,向社区公众通报本组织各方面的情况,积极为社区公众提供深入了解组织的机会;另一方面,应主动收集社会公众对组织的各种反映,并认真做好反馈工作。

总之,搞好社区关系的最好方式就是与社区公众打成一片,急他们所急,想他们所想,关心社区的公益事业,帮助解决实际困难,在社区公众心目中树立良好的形象,从而为组织的生存和发展创造宽松、优越的空间。

第五节 政府关系

政府关系,是指旅游组织与政府之间的沟通关系,其沟通对象包括政府的各级官员、行政助理、各职能部门的工作人员。政府公众是对组织最具有影响力和社会权威的一类首要公众。在实际工作中,旅游组织与政府的各种管理职能部门发生形式多样的联系,如工商、财政、税收、审计、交通、治安、法院、环保等行政机构,任何旅游组织都免不了存在与政府公众的关系问题。因此,必须与政府保持良好关系,争取政府及各职能部门对本组织的了解、信任、支持和理解,从而为旅游组织的生存和发展争取良好的政策环境及法律保障。

一、研究政府关系的重要性

政府是国家权力的执行机关,它依据统一的法律、法规和政策,对社会活动进行管理和指导,对旅游组织的生存和发展起到极大的制约作用,任何一个旅游组织都必须处理好与政府公众之间的关系。

(一)政府是国家政策的制定者、执行者

政府公众具有强大的宏观调控能力,具有政策、法律、法规的制定权和执行权。政府制定的政策、法律、法规是任何组织决策和活动的依据与基本规范,所以,旅游组织的一切行为都必须保持在政策法令许可的范围内,旅游组织的政策、行为和服务只有得到政府官方的认可和支持,才能保证组织的顺利经营。处理好政府关系,可以获得政府多方面的支持,为组织的生存发展创造有利的外部环境。

(二)政府具有强大的号召力、影响力

政府的职能决定它可以协调、指导社会的各个层面,旅游组织一旦遇到困难,

如果它拥有与政府良好的关系,那么就可以在政府协调下得到社会各有关方面人力、物力、财力的支持。而且良好的政府关系还能够获得良好的舆论环境,旅游组织一旦得到政府的信赖与重视,往往也会受到媒体公众的关注并予以报道。政府的权威性和客观性能使其他公众对旅游组织形成有利的评价与印象。

为此,旅游组织应该把握一切有利时机,扩大其在政府部门中的信誉和影响,使政府了解旅游组织对社会的贡献和成就,提高政府部门对旅游组织的好感和重视程度,从而为组织的发展建立良好的基础。

案例分享

邵琪伟:我国将用 10 年时间初步实现"智慧旅游"

国家旅游局局长邵琪伟(2011 年 7 月)12 日说,我国将争取用 10 年左右时间,使旅游企业经营活动全面信息化,基本把旅游业发展成为高信息含量、知识密集的现代服务业,在我们这个新兴的世界旅游大国初步实现基于信息技术的"智慧旅游"。

邵琪伟在 2011 年全国旅游局长研讨班上说,国务院为我国旅游业的发展提出两大战略目标,把旅游业培育成国民经济的战略性支柱产业,更多体现"量"的目标;把旅游业发展成为人民群众更加满意的现代服务业,侧重体现"质"的要求。要实现战略目标,一个阶段性任务就是要争取用 10 年左右的时间显著提高信息技术在旅游业应用的广度和深度,使旅游企业的经营活动全面信息化,使在线旅游业务在旅游产业中的比重明显提升,使旅游行业管理和旅游公共服务信息化水平明显提高,基本建成覆盖全国的旅游基础信息数据库与旅游基础信息资源交换和共享平台,形成一大批引领作用强、示范意义突出的智慧旅游城市、智慧旅游企业。保持旅游业的信息化水平与工业信息化水平同步,使旅游业的信息化水平超前于服务业整体的信息化水平,基本把旅游业发展成为高信息含量、知识密集的现代服务业。

邵琪伟说,把旅游业发展成为现代服务业,要以旅游目的地和旅游企业为切入点。旅游目的地是旅游业发展的主要载体,也是旅游信息化的重要载体。目前,许多地方都在开展智慧城市建设,并取得了很好的效果。基于地方智慧城市建设的实践和推进旅游业发展成为现代服务业的目标,国家旅游局对"智慧旅游城市"试点工作进行了部署,今年正式确定在江苏镇江建设"国家智慧旅游服务中心"。未来,我国还将积极推进有条件的城市开展试点工作。此外,还将在认真总结一些成功数字景区经验的基础上,逐步提高精品旅游景区的数字化水平;同时鼓励旅游酒店、旅游车船公司、旅游购物公司在信息化建设方面大胆探索,不断提高对旅客服务的智能化水平,从而推动国内旅游者在中国大地上实现"智慧旅游"。

《国务院关于加快旅游业发展的意见》提出要把旅游业培育成国民经济战略性支柱产业和人民群众更加满意的现代服务业的要求。加快推进旅游业与信息产业的融合发展,充分利用信息技术的新成果来引导旅游消费、提升旅游产业素质,被公认为是把旅游业培育成现代服务业的关键。为此,国家旅游局近日函复江苏省人民政府,正式同意在江苏镇江建设"国家智慧旅游服务中心"。据悉,建设此中心主要是为推进我国智慧旅游的发展,支持开展智慧旅游装备、软件及相关应用模式的研发、示范和推广工作,为我国智慧旅游的发展和智慧旅游城市的建设提供产业支撑和技术服务。

(资料来源:邵琪伟.我国将用10年时间初步实现"智慧旅游".人民网,http://www.people.com.cn/h/2011/0712/c25408-3595463444.html)

二、政府关系的处理方法

(一)遵纪守法,服从各级政府的管理

政府是国家权力的执行机关,通过政策法令来管理社会,是对社会统一规划和管理的"大管家"。旅游组织必须遵守国家的政策、法规,经营管理活动应该在遵守国家各项法律、法规的前提下获得最佳的经济效益和社会效益。违法乱纪,不仅会损害国家利益和组织的利益,败坏组织的形象,还要受到法律制裁,丧失政府的支持。

(二)回报社会,主动承担社会责任

一方面,旅游组织要追求经济利益,另一方面,还要尽自己的责任和义务。旅游组织应该积极配合工商、财政、税务、海关、卫生检疫、环保等部门的监督与检查工作,主动纳税,自觉保护环境。如经营中造成环境污染,应及时主动治理,切不可以听之任之。另外,旅游组织还应投身社会公益事业,积极参与政府组织的募捐、义演等活动,提高组织在社会上的美誉度,也为搞好与政府的关系打下基础。

(三)加强沟通,建立良好关系

积极保持与政府的双向沟通,及时主动反映基层实情。一方面,旅游组织应详尽分析政府的方针、政策、法规,以此来指导自身的一切活动,并随时按照政策、法规的变动来修正本组织的政策和活动;另一方面,由于政府制定政策的依据主要源于基层实际,旅游组织有责任和义务向政府及时主动反映基层实情,提高政府决策的科学性和实效性,同时也能在政府制定政策时发挥一定的主动性。

旅游组织还可以利用周年、店庆、重大事件发生等机会,邀请、安排政府主管部门领导及政要出席相关活动,通过密切联系,保持沟通渠道的畅通,尽量争取到政

府对组织的支持和帮助,获得有利于组织发展的机会。

第六节　竞争者关系

竞争者关系,是指旅游组织(包括旅游饭店、旅行社、旅游交通、旅游景区、旅游购物商店等)之间为了取得对各自有利的条件而进行较量形成的关系。如果旅游组织将这一关系处理得好,同行之间进行经营交流,互相取经、相互帮助,组织就可以借助同行业的力量来发挥自己的优势,甚至变劣势为优势,给旅游组织的生存和发展带来机会。否则,旅游组织将与竞争对手形成势不两立的关系,最终可能会造成两败俱伤的局面。

一、研究竞争者关系的重要性

只要有组织存在,就有竞争。旅游组织之间的竞争是长期存在的,也经常是激烈的。旅游组织之间的竞争既然无时无刻不有,那么处理好与竞争者的关系就成为公关人员的一项重要任务。旅游组织与竞争者的关系主要表现在产品质量的竞争、服务态度的竞争和价格的竞争等方面。旅游组织之间为了赢得顾客,在产品质量、服务质量、价格等方面发挥自己的专业优势,开展平等的竞争是合情合理的、正常的,并非巧取豪夺、尔虞我诈。就像在运动场上赛跑一样,谁跑得最快,谁将夺得冠军,这是理所当然的。此时,它们是伙伴关系,并非敌友关系。

可以想象,旅游组织与竞争者的关系,不仅仅是处理与竞争者关系本身,它涉及旅游组织内外关系的各个方面。只有提高旅游组织自身素质,提高产品质量,增强旅游组织的凝聚力,不断标新立异,旅游组织才能在激烈的竞争中立于不败之地。

盲目竞争不可取,最终只会损坏旅游组织本身的形象和声誉,损害企业的最终利益。任何一个旅游组织都不是十全十美的。同行之间如果能够进行密切合作,经常交流经验,互相帮助,从如何开发新产品,提高服务水平上下工夫,可以成为取长补短、携手共进的朋友,建立良好的合作关系,并推动旅游业的健康发展。

☞ 案例分享

肃清行规　破除旅游业恶性竞争顽疾

由于恶性竞争争抢客源,旅行社的报价与成本价之间的差距大大缩小,利润空间非常小,所以不给导游发工资,甚至还有的要求导游交团费,这就把导游的这部分工资成本转嫁给游客,所以价格低的团就会存在强制购物问题。在旅游中安排强制购物是旅行社无序竞争的结果,它严重影响旅游地的形象,最终损害旅游业的健康发展。

香港导游强制游客购物的视频在互联网上引起了广泛关注,香港旅游业协会也开始严查此事。通过旅行社报团旅游的人都感受到,在旅游过程中导游多会安排购物环节,但许多游客并不喜欢购物,针对这种情况,素质高的导游不会有激烈反应。但大多数游客表示,许多导游对于他们不购物的行为会表现出不友好。

中国人民大学中国休闲经济研究中心主任王琪延在接受《中国产经新闻》记者采访时表示,在旅游中安排强制购物是旅行社无序竞争的结果,它严重影响了旅游地的形象,最终损害了旅游业的健康发展。

无序竞争最直接的方式就是"价格战",如今旅行社四处林立,竞争更趋激烈,为了揽客,许多旅行社纷纷推出超低价格的线路,这些线路的报价基本等于成本价格。以北京—海南游为例,淡季团费最低时为2000元,我们知道北京到海南的机票来回价格就算三折也得1200元,加上住宿三晚和吃饭,2000元的团费基本上是和成本持平。

记者在海南旅游时曾听导游诉苦,他们没有工资,全靠带客人吃海鲜、玩海上项目和购物收取提成养家糊口,如果遇到经济实力比较好的客人他们会主动消费,这样导游自然也就托他们的福多赚一些,要是遇到老人团或者经济实力较差的客人,可以说一趟陪团下来没有收入,甚至还赔钱,导游们纷纷表示他们收入的多少直接由客人的购物多少决定。

途牛旅游网度假产品部总监唐娟对《中国产经新闻》记者表示,客源地组团社不付给目的地地接社任何资金,只输送客源,通过导游向游客增加自费景点和购物点赚取相应的"回扣"和"人头费",用来填补亏空,实现赢利。而供应商为了保证客源,将大部分营业收入都返还给地接社和导游。

王琪延表示,由于恶性竞争抢客源,旅行社的报价与成本价之间的差距大大缩小,利润空间非常小,所以不给导游发工资,甚至还有的要求导游交团费,这就把导游的这部分工资成本转嫁给游客,所以价格低的团就会存在购物要求。

但是旅游合同当中并不会赤裸裸地写着每人购物多少钱,所以客人购物多少也是碰运气,这也难免使许多导游在看到客人不购物时会有所不满。

"香港的现状不过是老问题新表现。"王琪延这样表示。他所说的老问题是指,旅游业管理、从业人员素质、旅游业体制等一系列问题,要解决这些问题需要一个综合治理。首先,从管理体制来看,目前缺少有效监督和标准化管理,这就使旅游质量得不到保证,并且产生无序竞争。要加强规范,使从业者无空可钻。

其次,从业者的职业道德素质也有待提高。王琪延认为,目前旅游从业者的素质还是普遍偏低,在加强业务素质的同时,应当注意职业道德素质的提高。避免出现导游说出不购物就不给饭吃、不给安排住宿的话。

"为什么现在买彩电不会存在那么多问题,关键就是因为生产彩电的企业多,并且行业规范十分严格。"王琪延举了这样一个例子。他分析道,同样的道理,我们的旅游业也需要公平竞争的环境和严格的行业规范。目前,民营资本和外国资本已经慢慢进入旅游领域,这为各个旅游企业创造了公平竞争的平台,同时我们更需要一套行业规范和有力的执行者。

旅游者也是旅游业的重要组成部分,所以也应当用法律武器维护自身权益。唐娟表示,为了维护自身的权益,当在旅游中遇到欺骗、胁迫购物或参加需要另行付费的游览项目等情况时,可视情况向有关部门投诉举报。

(资料来源:钟慧文.中国产经新闻报.2010-07-22.)

评析:旅游行业中的恶性竞争让旅游者深受其害,也让整个行业蒙羞,竞争需要有序化,所以我们呼唤一个良好的平台,让旅游业有一个公平合理的环境和严格的行业规范。另外,旅游者也要切实保护自己的利益,积极促进旅游行业合理健康有序发展。

二、竞争者关系的处理方法

旅游同行业竞争对手在较量中有可能影响双方组织的信誉和形象,竞争者之间需要在公平的机会和条件下进行良性竞争,必须遵守一定的商业规范,与竞争者还要保持一定的协作关系,争取在竞争中共同发展。要协调好组织与竞争对手的关系,就要做到以下几点。

(一) 树立正确的竞争观念

存在竞争关系的旅游组织之间要积极开展有序竞争,除了政府的支持外,还必须依靠各旅游组织的共同努力。讲究竞争道德,树立正确的竞争观念。通过寻找对手的长处来发现、弥补自身的不足,而不是玩弄诡计、权术。理想的行业竞争机制要靠旅游企业来共同维护。

(二) 完善合同制,营造有序的竞争环境

旅游企业的合作虽然建立在共同的利益基础上,但合作者作为独立的"经济人",都以各自利润最大化为追求目标,在合作过程中难免会出现矛盾。以经济合同的形式来确立各方的权利、义务和责任,并不断完善合同制度,这样不仅能确保各旅游组织自身经济利益的实现,而且能避免和正确处理各种可能发生的纠纷,从而促进合作关系在法律制约下更加稳固和谐。竞争在所难免,但是竞争要有规则,要公平合理,绝不能用诋毁、污蔑、垄断、倾销等不正当手段开展竞争。所以旅游组织在谋求自身利益的同时,应该本着平等、互利和公开竞争的原则,逐步完善经济

合作制,明确各自的责、权、利关系,营造健康有序的竞争环境。

 **思考与练习**

(一)简答题

1. 旅游组织外部公共关系的意义及特征是什么?
2. 对外公共关系要遵循怎样的处理原则?
3. 试分析顾客关系的影响因素。
4. 如何有效地处理与政府公众之间的关系?
5. 为什么要处理好与社区公众的关系?
6. 简述竞争者关系处理的方法。

(二)案例分析题

凌晨2时,南京双门楼宾馆的电梯在5层停住。"叮咚"一声门开了,一位客人跟跄而出,喃喃自语:"我喝得好痛快啊!"口里喷出一股浓烈的酒气。这时保安员小丁巡楼恰好走近5楼电梯口。见到客人的模样,断定是喝醉了。连忙跑上去扶住他问道:"先生,您住在哪间房?"客人神志还算清醒。他轻轻地摇摇自己的左手。小丁会意。便细看客人的左手。发现一块517房的钥匙牌。小丁一步一步把客人搀进房间。扶他躺在床上,泡了一杯醒酒茶,然后将衬有塑料袋的清洁桶放在客人床头旁。这时,客人开始呻吟起来,小丁一面赶紧把客人稍稍扶起,将沏好的茶水端到他嘴边,一面安慰说:"您没事的,喝完茶躺下歇歇就会好的。"随后小丁到洗手间拿来一块湿毛巾敷在客人额头上,说道:"您躺一会儿,我马上就来。"不一会儿,小丁取来一些用湿毛巾裹着的冰块,换下客人额上的湿毛巾。突然,"哇"的一声,客人开始呕吐了。已有准备的小丁迅速拿起清洁桶接住。等醉客痛快地吐完后,小丁马上轻轻托起他的下颌,用湿毛巾擦去这位醉客嘴边的脏物。此后,小丁静静地观察了一会儿,发现客人脸色渐渐转红,就对他说:"您好多了,好好睡上一觉,明天就能复原了。"小丁边说边帮客人盖好被子,在床头柜上留下一杯开水和一条湿毛巾,又补充一句:"您若需要帮助,请拨09,这是楼层服务台的电话。"然后他调节好空调,换上新的垃圾袋,轻轻关上门离房。小丁找到楼层值班服务员,告知醉客的情况,并请她每过10分钟到517房去听听动静。天亮时,辛劳值勤一夜的小丁眯着熬红的双眼又来了解情况,得知醉客安然无恙才放下心来。最后,他又请值班服务员在交接班记事本上写下:"昨夜517房客醉酒,请特别关照!"

问题:在本案例中,酒店为醉酒客人提供的服务,体现酒店什么样的服务精神,对于建立良好的顾客关系起到了哪些作用,为什么?

第六章 旅游公共关系传播

引言

旅游公共关系是由旅游组织、旅游公众、传播三大要素构成的。其中传播是构成公共关系的中介,它具有效能性,旅游组织的行为之所以能够影响公众,全依赖于传播。没有传播,就不可能建立、改善和发展旅游公共关系。而旅游公共关系传播离不开人际沟通,沟通是指社会中的个人或群体彼此交流思想、观点、情感、知识等各种信息的过程。从旅游公共关系传播的角度看,沟通是建立良好人际关系的基础,是协调旅游组织与其公众之间关系的有效手段。本章将介绍旅游公共关系传播沟通的基础知识,包括旅游公共关系传播的特征、类型、模式、常用的传播媒介及增强传播沟通效果的方法和技巧。

学习目标

1. 了解旅游公共关系传播的特点;
2. 熟悉旅游公共关系传播媒介;
3. 掌握旅游公共关系传播沟通的原则、技巧。

第一节 旅游公共关系传播理论

案例导入

峨眉山—乐山大佛风景区2009年搞了一次冬季区域网络故事营销《我和同性美女的雪山婚礼》。经过分析,策划方认为,要提高四川及周边省份游客冬季去峨眉山的规模,关键是要提高这个冰雪季节中峨眉山在区域媒体的曝光度,尤其是能够迅速形成互动效果的网络媒体曝光率。最终公关策略选择了网络故事营销这个手段，策划出《我和同性美女的雪山婚礼》这样一个带有故事情节的互动活动。

在具体执行过程中，首先，精心策划，精心设计，制定每个环节操作步骤，以及应对措施；其次，突出网络媒体的传播，配合传统媒体的炒作扩大声势，实现全媒体传播；再次，传播载体形式多样化，既有照片、游记故事，也有视频等，全面揭示峨眉山冰雪世界的美。

执行团队于 2009 年 11 月 28 日—11 月 30 日到峨眉山进行拍摄制作，并于 12 月 7 日开始持续发布作品；12 月 16 日，在 3 个引发平台上完成全部静态作品的发布，作品统一名称为《我和同性美女的雪山婚礼》；12 月 17 日—12 月 23 日，把"事件"陆续扩散到重庆本地及外地的数十家网站上，并进行对峨眉山景区的相关引导。作品先后多次被各网站作为首页推荐，为作品影响力奠定了民众言论基础；此后执行团队的扩散引导工作一直持续到 12 月 30 日。另通过搜索引擎，可以看到还有很多全国各地区的网络媒体、平面媒体等都对这个"话题"或"事件"进行了深入转载与报道。通过全网传播，总点击量达 200 多万人次，主帖点击量达 20 万人次，主帖回复量近万次。最终效果评估，一个月的公关传播中，提高了峨眉山整体品牌的形象，提升了美誉度，在旅游旺季实现了景区的良性曝光，并有效引导了受众群体的选择倾向。

旅游公共关系传播是旅游组织与旅游公众之间的信息交流，是旅游公共关系构成的媒介因素。旅游公共关系目标的实现与旅游组织制订的旅游公关计划的实现，离不开信息的传播。大众传播学的发展为公共关系的形成与发展奠定了理论基础，而公共关系的蓬勃发展又加速了传播学的发展。因此，在对公共关系的研究中，必须研究公共关系传播的基本理论、传播方式，同时还要研究公共关系的传播媒介及传播沟通技巧。旅游公共关系的三大要素是旅游组织、旅游传播、旅游公众。其中旅游传播是联系旅游组织和旅游公众的桥梁。人与人、人与人群、人群与人群通过传播形成关系。旅游公共关系作为关系的一种，也是通过传播信息、协调公众塑造良好的组织形象。旅游公共关系的职能是否能够实现，传播在其中起决定作用。很多著名的公共关系学家强调传播的重要性，美国著名公共关系学家约翰·马斯顿认为，公共关系就是运用有说服力的传播去影响重要公众。为此，旅游业公共关系人员要想有效地进行公共关系活动，就必须懂得传播沟通的理论，并掌握传播沟通的技巧。

一、旅游公共关系传播概述

（一）传播的含义

传播，是两个互相独立的系统之间利用一定的载体和途径所进行的有目的的信息在时间上、空间上的移动和变化,是一种社会性的信息传递行为。旅游传播是指旅游企业利用各种媒介有计划地将信息向公众进行双向传递,以达到争取公众、信息共享的目的。一家餐厅的员工用海姆利克氏(Heimlich)急救法,一种把物体从器官里弄出来的急救方法,挽救了一个年轻的生命。反应敏捷、公关意识极强的经理很快向新闻媒体提供了这名员工的姓名、年龄、住址、职务和工作经历等,在提供这些信息的同时,加上了几句赞美之词。这一事件激励了餐厅的其他员工,同时获得了广泛的社会效应。这一公关活动是该餐厅抓住时机,利用传播媒介树立了餐厅的知名度和美誉度。可见,公共关系活动的过程就是信息传播、交流和沟通的过程;特别是对于旅游企业公共关系活动来说,如何利用有效、可靠、快捷的信息传播、交流和沟通手段,树立自己良好的形象,与社会公众建立良好的关系,是一个非常严肃而又迫切的课题。如果我们依然相信"桃李不言,下自成蹊",那就不会赢得公众的理解和支持,也不可能提高组织的活动效益。对于作为第三产业的旅游业来说,应向广大公众和社会解释并宣传自己的方针、政策、计划,了解公众的意见、看法、态度及情感,使组织与公众之间互相理解、互相支持。美国《幸福》杂志的一句话凸显出公关工作的一大特点,即"良好的表现因为适宜的传播而受到大家的赞誉"。

　　旅游企业要建立并维持与社会公众的良好关系,创造最佳的社会环境,就必须依靠真实、有效的信息交流。所以旅游业应运用现代信息传播的理论与方法,设计并制定内部的信息流通模式,正确处理与职工的关系,让职工满意,从而提高经营管理的效率,为让客人高兴奠定基础;同时利用各种现代化传播媒介,建立企业与外部社会的信息传播网络,对外传送各种有利于树立企业良好社会形象的信息,为企业创造一个好的社会环境。同时,还应向企业反馈社会环境的动向和变化,为企业及时调整政策和方针提供客观依据。所以,旅游企业公共关系的信息传播与市场经营的信息传播不同。前者主要是收集和传播社会关系与社会环境的信息,一方面,它直接参与企业的经营管理,告诉旅游企业领导人,其企业在社会中的信誉和形象如何,社会对企业的反应和意见是什么,政府的政策、法令和社会环境已发生哪些变动及可能发生哪些变化,企业应作出何种反应等;另一方面,它又向社会传递本旅游企业的经营目的、服务宗旨、能为社会提供的服务,以及企业的经营情况与发展战略,等等。

(二)旅游公共关系传播的特点

　　旅游业以向消费者提供无形服务作为自己的产品,这种产品对消费者来讲,不同于购买到的实物性产品。它只是一种"经历性产品",这种产品在人们心目中的印象或形象,往往是决定消费者是否购买的一个至关重要的因素;而这又与企业的形象密不可分,在一定程度上可以说,旅游企业的形象与其产品形象是一体的。如此看来,对旅游企业来说,搞好公共关系的意义便不言而喻了。受旅游业公共关系自身特点的影响,旅游业公共关系在传播上具有如下特点:

1. 传播手段现代化

当今社会,旅游业进行公共关系传播所采取的手段日益现代化。从报刊、杂志、广播、电视,到互联网络等现代化传媒都被其用来进行信息传播。饭店要吸引客人,一靠过硬的服务质量,二靠与宾客建立良好的关系,进行感情投资。所以公关工作的一个突出主题就是利用各种现代化传播手段,让公众了解饭店、认识饭店、认可饭店,扩大饭店的影响,传播饭店的美誉度。

2. 传播方式多样化

旅游业进行公共关系传播时,可以通过书面印刷,像书刊、报纸上的广告、介绍、新闻报道;也可以通过电讯形式,像广播;还可以通过影视手段,利用电影、电视进行图文并茂的传播。当然最直接的方式是通过游客进行传播,这也是最令人信服的方式。所以有人讲,"接待好一位游客便是培养一位公关员"。河南省依托少林文化品牌,运用多种传播方式(利用中国文化产业网、新华网等发布消息;播放少林题材的影视作品;在寺院中率先建立中文网站;制作少林功夫卡通片和网络游戏等),全力打造嵩山宗教文化旅游,使具有1500年历史的少林寺从佛门圣地走向了世界。

3. 全员公关

旅游业的服务工作是通过从业人员与游客在互相交往中实现的,旅游工作者的一举一动都代表着企业形象,因此,他们自然也就肩负着传播企业形象的重任。所以在旅游行业中,每一位工作人员都是企业的公关人员。例如旅游饭店形象是指社会公众和企业职工对饭店的整体印象和评价。这种印象和评价可以从旅游饭店的建筑外观、饭店全体员工的精神面貌、待人处事,包括仪表仪容、言谈举止这些外在特征体现出来,而饭店的价值取向、饭店使命、饭店的经营方针与饭店的精神,以及员工的职业道德、员工素质等则是深层次内涵。因此,每一位工作人员都必须具备较强的公关意识。

二、旅游公共关系传播的要素

(一)旅游传播的过程

参照旅游和传播的定义,所谓旅游传播,就是通过各种传播媒介来传递旅游信息(包括旅游政策、旅游文化、旅游目的地形象、特定旅游事件等信息)的传播活动。旅游传播的信息,首先以文字、图像、声音、数字等形式传递给媒介(包括报刊、图书、杂志、广播、电视、网络以及社会团体与个人等),媒介再将信息传递给旅游受众,最后达到旅游信息的交流与共享的目的。因此,首先,旅游传播是一个有计划的完整过程。传播是有计划的,主要体现在整个传播活动是旅游组织按照其公共关系总目标有步骤进行的。传播是完整的,主要指传播过程必须完全符合传播"5W"模式,亦即:"who"(谁);"say what"(说什么);"through which channel"(通过什么渠道);"to whom"(对谁说的);"with what effect"(产生什么效果)。

其次,传播是一种信息共享的活动。传受双方在传递、反馈交流等一系列过程中获取信息。可见,这不是一般意义上的单向信息传递,而是双向的信息沟通,使传受双方互相影响。取得在利益限度内的最大程度的理解,达成共识。在传播过程中,旅游企业和公众之间在信息传递、交流、共享、反馈等方面实现双向互动,使各方在利益限度内求同存异。其过程如图6-1所示。

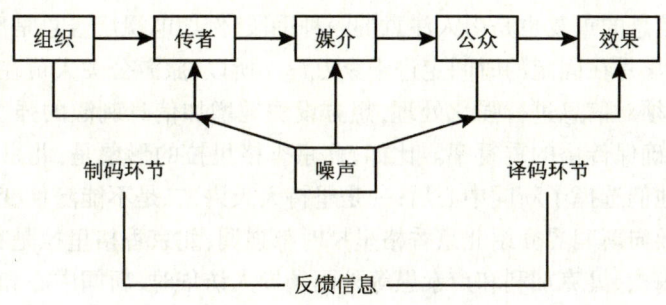

图6-1 旅游传播的过程

制码,本意是指编制无线电发射机所能识别的数码,此处指一切形成对外传播的宣传材料的过程。公关人员要有较高的写作水平,熟悉各类公关文件的格式和要求,内容要喜闻乐见。译码环节,是指公众接受信息和理解信息的过程。其他信源对信息的干扰,被称为噪声。苹果在传递时,不会发生变化,而信息在传递时有可能失真。这种失真是由噪声干扰引起的。干扰,可分为有意干扰和无意干扰。例如,某化妆品公司搞有奖促销,因印刷粗心,把百万名一等奖印成了十万名一等奖,这属于无意干扰;1995年,美国指控百事可乐的易拉罐中发现了注射针头,事后查证并无此事,这属于有意干扰。信息在制码和译码环节,以及传播过程中都会受到噪声干扰而影响接受者对信息的理解,因为制码环节和译码环节会受到传者与公众的经验范围、文化水平、思维习惯等影响。就像鲁迅所言,"一部红楼,道学家看见淫,才子看见缠绵,革命家看见排满"。不同的个体对于相同信息的理解可能会有出入。

当然,要拥有好的传播效果,必须做到以下两方面:

1. 吸引公众注意力

在信息爆炸的今天,注意力是稀缺资源,吸引旅游公众的注意力是取得有效公关的第一步。吸引公众,首先要了解公众和掌握公众的需求,然后选择恰当的时机发布信息。

2. 善于运用信息刺激的强度、对比度、重复率和新鲜度

心理学家认为,那些对比度大、强度高、鲜明性强的刺激物更容易引起人们的无意注意,并留下深刻印象。传播学的研究表明,信息的强度、对比度和新鲜度越强,重复率越高,就越容易引起人们的注意。所以报纸对重要话题往往采用又粗、又黑的通栏标题或套红大标题,或采用加花边等其他强调性处理方法,以确保信息的强度,从而吸引读者的注意。一些优秀的广告不仅在色彩、声音的运用上讲究刺激的强度,还特别重视背景转换的反差效果,这样才能增强信息传播的对比度。好奇是人的天性,在信息传播过程中,只有善于标新立异,才能够增加信息的新鲜度,引人注目。信息的重复也是引人注意的一种手段,例如电视广告总是反反复复,不厌其烦,长年累月在固定的时间走进千家万户。所以,旅游公关人员在信息的制作和传播上,必须对信息进行强化处理,想方设法地增加信息刺激的强度、对比度和新鲜度,并要确保传播的重复率。比如,北京香格里拉的形象是:北京香格里拉＋新闻中心。他们选择了新闻中心后,一是坚持天天讲,二是不能随便变换主题。他们在任何时候向新闻界介绍北京香格里拉时都强调:北京香格里拉是布什、戈尔巴乔夫、海部、梅杰、贝克加利和卢泰愚等外国领导人访华时,新闻中心和记者招待会的举办地点。久而久之,公众头脑中才会形成这样的印象:外国领导人总是去香格里拉。以后还没等他们行动,联合国驻京组织就自己找上门来,把新闻中心和记者招待会都放在了北京香格里拉。又如,"香港——动感之都,购物天堂",这一口号的不断重复,强化了人们对香港及娱乐与购物融为一体的旅游形象的认识。再如,中国国际旅行社曾经在柏林旅游交易会上为了突出自己的鲜明形象,设计了一座长城,长城前立着一位武将形象,显得威武雄壮。长城左右有两面大旗,其中一面上写着"国旅——中国最大的旅行社",另一面上写着"国旅——您访华的接待主人"。长城脚下是一片草原,绿草一角有一只熊猫。这一展台,吸引了成千上万的观众,每一天都有千余人在此展台前留影,取得了很大的成功。

(二) 传播的要素

传播几个基本要素是:信源、信息、信宿、媒介、信道和反馈。

信源,就是信息的传播者。传播者是在传播过程中处于主动者一端的组织或个人。在旅游公共关系活动中,一般是指某一个具体的旅游公共关系主体——旅游组织。作为传播者的旅游组织要对大量向外传递的信息进行筛选,并将要传播的信息编成一定的符号,然后将这些符号发送出去。

信息,是指具有新内容、新知识的消息。其中包括观念、态度和情感等。它是传播者要传播的内容。旅游公共关系活动的过程,就是旅游信息的传播、交流和沟通过程。旅游信息,是指旅游传播过程中交互传递的内容,包括视觉器官、听觉器官及其他感官可以收到的信息。对于旅游业来说,如何依靠真实、有效的信息,如何利用可靠的、快捷的信息传播、交流、沟通手段,树立自己良好的形象,与社会公众建立良好的关系,是一个严肃而又迫切的课题。

信宿,就是信息的传播对象,是传播内容的接受者。它可能是个体,也可能是组织。在传播过程中,传播对象接受信息符号,译解符号,并对符号内容作出反应,从而使传播者了解信息传播的效果。旅游业公共关系传播中的传播对象,主要是社会公众、旅游者及相关的一些组织。传播者将信息传给接受者,必须依赖媒介。

媒介,和信息密不可分,离开了媒介,信息就不复存在,也说不上信息传播和交流。媒介是中间物,用以记录和保存信息,并随后由其重现信息的载体。旅游公共关系活动经常使用的媒介有语言交流媒介、文字传播媒介、电子传播媒介、图像和标识媒介等。还有非语言媒介,如体态语言、表情语言等。而媒介的选择是由信道决定的。

信道,是指传递信息的途径和渠道。如谈话中以声波为交流信道,所选择的媒介只能是具有"发声"功能的物体、材料的技术手段。最后当接受者接受信息后对传播者发出的信息作出反应的过程,称为反馈,这在传播过程中是一种信息回流。传播者可以依据反馈检验传播效果,并据此调整、充实、改进下一步的行动。

(三) 传播的模式

传播模式是揭示传播内在机制及传播间相互关系的直观、简化形式。通过传播模式分析,把传播过程分解成若干组成部分,以显示不同模式在传播过程中所起的作用。传播模式大致分为传统线性传播模式和新型控制论传播模式两大类。

1. 传统线性传播模式

1949 年,美国数学家香农和韦弗从信息论角度提出的信息传递线性模式,强调传播单向直线式运动过程,因其在传播学领域有广泛影响,又被称为"香农—韦弗模式",如图 6-2 所示。

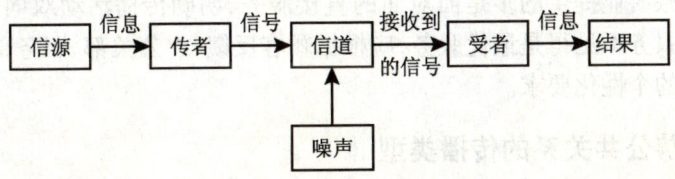

图 6-2 传统线性传播模式

这种模式揭示出传播过程的基本要素,尤其提到噪声的干扰,但它也存在把传播看成单向的、忽视信息反馈过程,忽视传播过程中客观社会因素及传受双方主观因素的作用等方面的缺陷。

2. 新型控制论传播模式

1954年由美国学者施拉姆提出,它强调传播双向循环式运动过程,如图6-3所示。

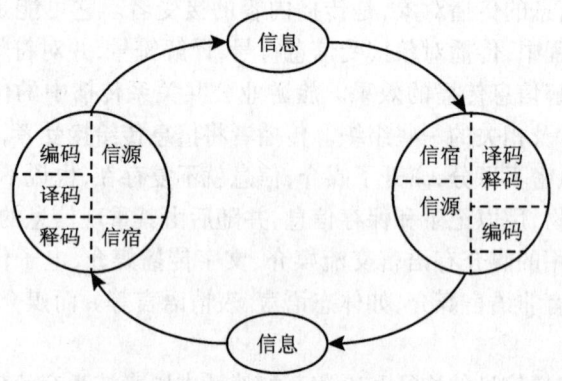

图6-3 新型控制论传播模式

这种模式引进反馈机制,将传播理解为双向运动过程,是传者与受者之间的一种互动过程,并强调在循环往复的过程中,传受双方可自我调控自身的行为,使整个传播系统处于良性循环的可控制状态。

3. 公共关系传播模式

它根据新型控制论传播模式理论设计,包含美国传播学者拉斯威尔的"5W"要素。这种模式中,社会组织是信息的发布者,传播内容是实现组织公共关系目标的信息,各类媒介是传播渠道,与组织相关的公众是传播对象,效果的评价用以修正、调整组织的下一步传播计划。这样,在传播实践中双向传播可以在反馈信息的基础上及时调整传播行为,纠正偏差,这也是旅游业公共关系进行沟通和协调的重要理论基础。旅游业提供的多是面对面的直接服务,明确传播活动双向性的重大意义在于标准服务不见得是最优服务,应根据顾客反馈,由公关部、服务部协调,争取满足旅游者的个性化要求。

三、旅游公共关系的传播类型

传播活动的普遍性决定了旅游传播类型的多样性。对于旅游传播,我们可以根据不同的标准,站在不同的角度,将其分为不同的类型。例如,垂直性旅游传播与水平性旅游传播,隐蔽性旅游传播与显明性旅游传播,利益性旅游传播与权威性旅游传播,向下旅游传播与向上旅游传播,传达性旅游传播,解释性旅游传播,鼓动性旅游传播,娱乐性旅游传播等。这里我们依据传播范围的大小,将旅游公共关系传播分为内向旅游传播、人际旅游传播、组织旅游传播、大众旅游传播、国际旅游传播等。

（一）内向旅游传播

内向旅游传播，也称自我传播或自身传播。它是一种发生在一个人自身内部集传受于一身的信息自我交流行为，是在主我和宾我之间进行的信息交流。这种传播形式既是人的自我需要，也是社会需要，是人类为了适应周围环境而进行的自我调节，通过人的视觉、听觉、味觉、触觉的协调，对客体进行回顾、记忆、推理、判断。例如，当一个人决定去某个旅游目的地旅游前，内向旅游传播的一系列传播步骤都将在这个人身上发生。去与不去，他不得不重视起来，于是瞻前顾后，左思右想，考虑再三，他要考虑景点的选择、旅游的开销、时间的安排、交通工具的选择和住宿的情况等；他会不断地从大脑库中提取各种方案的利与弊的信息，以供大脑比较和选择。旅游传播的内向传播一般表现为自问自答、自我陶醉、自我决断、自我安慰、自我消遣、内心冲突和沉思默想等多种形式。旅游者在进行旅游审美活动中，经常伴随产生这种自身传播过程。

传播者个体的内向传播行为是客观存在的，它是一切旅游传播行为的基础，旅游传播的内向传播涉及旅游者的旅游需求、旅游偏好等问题。由于个体的差异性，其情形往往纷繁复杂。探讨旅游传播的内向传播行为，有助于我们更好地研究人的旅游行为特点，对旅游产品营销具有重要意义。

（二）人际旅游传播

人际旅游传播，是指两个或两个以上的人之间借助语言和非语言符号互通旅游信息与交流思想情感的传播活动，它是传播者与受传者之间的信息互动过程，是旅游传播的一种基本传播形式和传播途径，在旅游业中，这种人际传播主要存在于旅游服务人员与游客之间、游客彼此之间、游客与其亲朋好友之间，以及旅游企业员工彼此之间和其周围亲朋好友之间。如导游和所带旅行团团员之间的信息交流；酒店工作人员与住店客人的信息交流等。人际旅游传播可分为两种基本形式：一是面对面的信息交流传播，如交谈、交往、讨论等；二是借助传播媒介进行的传播，如打电话、发短信、发电子邮件等。

人际交往传播的主要特点如下：

（1）传播者与受传者之间的深层传播处于"熟人圈"中，他们彼此熟悉，时有往来；

（2）传播以单个的面对面的传播形式为主；

（3）信息的交流性强，信息反馈直接、快速、及时、集中，因此，传受双方都可以现场把握信息的流向、流量和清晰度、准确度；

（4）传播效果较为适用于在较短时间内改变信息接收者的态度和行为，人际旅游传播具有反馈及时、传播效果显著、富有人情味等优势。因此，它被广泛应用于旅游公共关系活动中。

(三)组织旅游传播

组织旅游传播,指旅游组织与其内部和外部公众之间的沟通交流活动。旅游组织内部传播一般表现为信息的上传下达,个体间情感交流等形式,如各种会议、座谈、个别谈话等;而外部传播主要表现为旅游组织将信息传递给外部公众,获取反馈信息,从而调整自己行为的过程,如举办旅游新项目推荐会、展览会。组织旅游传播的目的在于沟通组织成员之间的信息,相互增进了解,稳定、密切旅游传播组织成员之间的关系,协调行动,减少摩擦,维持和发展组织的生命力,疏通旅游组织内外渠道,应对外部环境的变化。

对旅游传播组织内的传播有三种:一为思想沟通,二为感情沟通,三为工作沟通(如旅游组织成员之间工作经验的交流);对组织外的传播也有三种:一是主义和宗旨的传播,二是发展和扩大组织的传播,三是组织自身形象和成绩的传播。此外,还可以将旅游组织传播分为上行旅游组织传播、下行旅游组织传播和平行旅游组织传播等。如旅行社与旅行社,旅行社与景区,旅行社与宾馆酒店的旅游信息交流。

旅游组织传播的特点是:
(1)传播大都是以组织或团体的名义进行的;
(2)传播的信息大多是指令性、训导性、政策性、专业性和业务性的内容;
(3)多数活动是在有组织、有领导的情况下进行的;
(4)传播活动有一定的规模,参与者少则几人、十几人,多则上百人甚至成千上万人。

(四)大众旅游传播

大众旅游传播,是指职业旅游信息传播者和信息传媒机构通过大众传媒向社会大众提供旅游信息、旅游知识、生活观念、娱乐等的过程,其主要功能有:对内、外部环境中的新情况、新问题及时作出报道和反应,还有树立形象、营销产品、宣传政策、传承文化、灌输观念、扮演向导、监视环境、传播知识、提供娱乐等。如我国黄金周期间各种媒体争先向公众报道全国各大旅游景点的相关信息,如旅游交通信息、宾馆饭店住宿信息,在为人们的出游提供指导和参考的同时,为各旅游景区与旅游饭店大打广告。

大众旅游传播的主要特点是:
(1)传播者既是个体又是团体,传播个体大多受过专门训练;
(2)传播对象面广、量大,分布广泛;
(3)传播者与受传者之间的联系是间接的,松散的;
(4)传播媒介日益多样化和现代化,具有大量生产信息和复制信息的能力。

大众传播要真正取得效果必须以人际旅游传播和组织旅游传播作为补充。旅游公共关系传播者只有把这三者有机结合起来加以运用,旅游公共关系传播活动才能富有成效。

(五)国际旅游传播

国际旅游传播,亦称跨国旅游传播,这是指国家或地方旅游部门以及各类旅游机构通过报纸、广播、影视以及因特网等大众传媒所进行的针对国外受众(国外游客)的旅游传播活动。国际旅游传播,是各国旅游部门吸引境外游客的主要促销手段和途径,其主要目的是:塑造和美化国家作为旅游接待地的形象;维护国家和人民的利益;宣传本国的文化、价值观念、生活方式、风土人情;加强与国外游客的彼此了解、增进相互的友好往来、促进世界和平。传播学的研究认为,国与国之间的信息往来越频繁,越容易增进了解和好感,所以国际旅游传播产生的影响力有旅游外交的功能。但它同时会不可避免地向别国宣扬不同的意识形态,如西方国家对我国进行自由化思想的渗透。因此,国际旅游传播也是利弊兼有,好坏并存。

今天的国际旅游传播借助卫星通信和因特网后更是大为改观,具有一些新的传播特点:

(1)国际旅游传播者代表国家的旅游业讲话,是国家旅游业的代言人;

(2)国际旅游传播是不同国家、不同种族、不同文化等之间的信息交流,有效的传播总是建立在彼此全面、正确的了解的基础上;

(3)旅游传播信息流通不平衡,发达国家和媒介强国往往也是旅游传播信息输出大国,而欠发达的贫穷弱小国家除了天灾人祸的消息,则几乎没有其他信息输出。

四、影响旅游公共关系传播的因素

旅游业通过传播媒介将特定的信息传达给社会公众、旅游者,这自然会对后者,即传播对象产生一定的影响和一定的效果。这种效果可能是积极的,与传播者的期望相一致;也可能背离传播者的期望,产生消极的效果。任何传播活动产生的效果都不可能是百分之百地令传播者满意的。也就是说传播活动的"效果有限",对旅游业公共关系传播工作来说,也不例外。因为大众传播不是单向的直线型传播,而是多向的扩散型传播,从信源到信息的归宿地,传播活动必然受到各种因素的干扰和影响,究竟是哪些因素影响旅游信息的传播效果呢?下面我们将从传播者、传播信息、传播对象、传播技巧四个方面进行分析。

(一)传播者的因素

美国社会心理学家卡尔·霍夫兰等人经过研究发现,人们对传播者的评估越有利,就越可能接受传播信息,改变自己的态度。因此,要想取得好的传播效果,就必须要有最好的传播者。传播者的权威性、客观性与受欢迎程度是重要因素。

1. 权威性

霍夫兰等人的研究表明，由专家发表的看法，要比一般人的看法更容易引起人们态度的改变，也就是说，人们对来自权威人士的信息更乐于相信。

2. 客观性

不论传播者专业水平如何，受众是否相信他是客观、公正地在传递信息这一点是极为重要的。如果人们认为某位专家是为了个人捞好处而在拼命帮助某旅游企业推销产品的话，那么，人们对他所讲的话自然会大打折扣；如果传播者被公认为是客观、公正地传递信息，立场是超然的，并不想通过此举给个人捞好处，那他的话就很可信；特别是当传播者所传递的信息与其自身利益相悖时，他在公众心目中的可靠性与影响力会大增。

3. 受欢迎程度

根据一致性理论，人们会改变自己的态度，以便和他喜欢的人保持一致。任何能增加传播者受喜欢程度的因素也能增加受众态度的改变。例如，有研究表明，外表具有吸引力的人往往也是具有较大说服力的传播者。另外，人们较易受与他相似者的影响，而与他不相似者对他的影响较小。所以，传播者与受众之间越相似，后者就越会将前者看做"自己人"，就越会对其观点产生"认同感"，就越会接受前者的观点。

所以旅游业在进行公共关系传播时，要特别注意根据情况的需要，或请旅游界专家，或请与公众类型接近的人来发表看法、传播信息，尽量减少传播中的商业信息，以客观、公正、权威、受大众欢迎的面貌来进行公共关系传播，这将对树立组织良好的公众形象起到积极作用。

（二）传播信息的因素

影响传播能否取得预期效果的另一个重要方面就是传播的信息。信息内容自身的一些特点是影响别人态度改变的重要变量。

1. 信息的差异性

人们一般认为，传播对象获得的新信息与其原先的态度差别越大，他的心理状态就越紧张，但这并不意味着较大的差距能引起较大的态度改变。研究表明，差距达到某个节点之前，态度改变会相应增大，当差距超过这个节点，态度改变反而会减少。差距太大时，传播对象会感到自己很难把态度改变到消除差距所需要的程度，这时他会对传播者的可信程度产生怀疑，也就是说，他会以贬低传播者而不是改变自己的态度来求得紧张的缓解。这就意味着在传播与受众所持立场和观点有差异的信息时，我们除了选择可信度高的传播者，对传播对象提出过高要求是不适宜的，有可能会适得其反。对于旅游业来说，在进行公共关系传播时，应注意这些情况。

2. 信息的真实性

真实的信息才能赢得公众的欢迎。特别是一贯符合事实，尊重科学的信息，就很容易为受众接受。对于旅游组织来讲，在传播信息时，信息的真实性，对于树立组织形象有重要的影响作用。

3. 信息的鲜活性

在社会生活中，人们被大量的信息所包围，每时每刻都会受到大量信息的冲击，如果旅游业在进行公共关系传播时所选择的信息没有与众不同、独到之处的话，就会被大量的信息所淹没，不会为受众所注意和接受。为此，信息要有一定的鲜活性。

（三）传播对象的因素

作为接受信息的主体来说，传播对象是一个能动的因素，公关传播的信息最终能否引起传播对象的认同，还要受传播对象自身诸多因素的影响。

1. 承诺

心理学家的研究表明，当一个人对某种信息承诺水平越高时，他就越可能接受该信息。影响人的承诺程度的因素很多，首先，当一个人作出以某个明确的态度为基础的行为时，其承诺的程度较大，比如，某人刚购买了某家旅行社的产品，和他还未购买该产品前比较起来，他现在更相信该产品不错，这家旅行社也很好，也就是说，他对此信念的投入更大；其次，公开表示的态度，其承诺较大，比如，某人刚刚向朋友说，他觉得他对住在某家饭店感到很不满意，那他对这一态度的承诺就较大，要改变他这一态度也就很难，因为他若改变了态度，那就意味着他承认自己原先的看法是错误的，这会伤害其自尊。

2. 传播对象的团体背景

人由于是社会的人，他总是生活在一定的团体中，接受团体的观念、规范与准则。所以，了解传播对象所在团体的背景情况，对于更好地组织传播信息，使传播效果更佳会有很好的促进作用。

3. 传播对象的接受能力

传播对象的阅读能力、知识水平，以及接受信息的习惯，这些都是决定其接受能力的因素。同时，了解这些因素，可使旅游业公共关系传播工作者据此来确定自己的传播方式、传播媒介、传播符号，从而更大限度地提高传媒效果。

4. 传播对象的需求

人每天每时都处于大量的信息包围中，但并非所有信息都为人所接受，其中，人的心理需求是影响人接受信息的重要因素。因此，旅游业在进行信息传播前，应先对传播对象的心理需求作一调查与了解，据此来组织信息。这样，就可以大大提高自己信息传播的针对性和适用性。

(四) 传播技巧的因素

传播者采取一种什么样的态度、怎样传播,在旅游信息传播中都是直接影响效果的重要因素。在态度方面,如果传播者能够以一种比较和缓的、心平气和的语调进行演说、讲解,受众则比较容易理解、接受。相反,如果传播者用一种盛气凌人的腔调,板着面孔进行说教,"唱高调",受众则不愿接受,甚至产生反感。

传播的方式不同,效果也大不相同。传播的方式主要是指有声语言传播时的言辞方式和语调运用。(1)言辞方式。有的传播者在运用有声语言表达时会根据内容的不同,时而叙述、时而描述、时而抒情、时而议论,有的传播者则言辞方式单调、令人乏味。(2)语调运用。有的传播者语调变化丰富,声调时高时低、语气时轻时重、节奏时快时慢,嗓音洪亮、口齿清晰、声情并茂,使有声语言表达得鲜明、流畅、到位;相反,有的传播者语调缺少变化,声音沙哑、口齿不清,其表达效果不佳,自然就缺乏感染力和吸引力。

传播技巧是指在说服性传播活动中,为有效地达到预期的目的而采用的策略方法。在旅游信息传播中,绝大多数传播媒体一味宣传有利条件,而忽略不利因素。这种传播手段固然可以做到集中、简洁、生动,但同时也容易使说服对象产生抵触心理,而不能完全实现预期的传播效果。因此在旅游公关传播中,应该本着客观、公正的原则,不仅提供有利的判断材料,还应该提供一些不利的因素。当然这里也有一个"度"的问题,就是说"利弊"的分量各占多大比重,怎样把握分寸,否则就无法达到预期传播的效果,丧失传播的有效性。例如,旅游活动受季节变化的影响很大,旅游信息的传播也要根据季节的变化及时变化,提供给受众最新的信息。例如媒体所展示的往往是黄山气候宜人时的美景,而忽略了雨季时登黄山所见到的景色以及会遇到的问题。如果媒体提供给受众不同季节、不同气候条件下登黄山的基本旅游信息,就会大大方便受众,从而增强信息量,实现传播效果。

第二节 旅游公共关系传播媒介

媒介,是旅游公共关系宣传信息的重要载体,是旅游组织影响公众价值观念的中间纽带,它起着沟通旅游组织与公众双方信息的作用。媒介还是宣传旅游组织形象的基本途径,旅游公共关系只有借助媒介,才能得以有效的展开。因此,媒介的运用,在旅游公共关系宣传中占有重要地位,旅游公共关系活动中使用的媒介多种多样,既有传统传播媒介,也有传统媒介的新趋势。

一、传统旅游媒介

(一) 人际传播媒介

人际传播媒介,是通过人的表情动作和体态在人与人的相互关系中进行信息传递的渠道。人际传播媒介在吸引公众,改变公众态度方面具有特殊的宣传功效。旅游组织通过人际间的互相宣传,可以增强宣传的情感色彩,在一定范围内从心理层次上有效地影响公众的思想观念和行为方式,尤其是消费观念和消费方式。在旅游公共关系中常见的人际传播媒介主要包括以下几类:外部公众中的政府公众,专家权威人士,影视体育明星,以及自发产生的公众代表,内部公众中的宣传表演队,经营管理人员及普通员工等。

旅游者是旅游产品的直接体验者和消费者。他们来自世界各地,人多、面广,影响深远。如果旅游组织,特别是企业能够向旅游者提供优质的商品和服务,建立起十分融洽的关系,他们就会向亲朋好友乃至周围的人做宣传工作,其效果是其他传播媒介所无法替代的。

旅游组织的经营管理人员是旅游组织的核心力量,他们的精神风貌和管理素质不仅影响内部员工积极性的发挥,而且影响外部公众对旅游组织的基本评价和关注热情。旅游组织的每一位员工,特别是公共关系部门的员工也都是传播媒介因素。在外部公众看来,旅游组织的普通员工是旅游组织形象的自然外化,旅游组织员工的言行直接影响其周围公众对旅游组织的看法。因此,旅游组织要积极开展旅游全员公共关系运动,强化公共关系宣传的影响。

政府公众对旅游组织的评价具有较高的权威性和说服力,对各类旅游公众有积极的导向性。因此,在旅游公共关系宣传中,适时适度地转引政府公众的评价结论,如荣誉证书、名誉称号、许可证明,以及其他肯定性评价数据和材料,将会收到较好的效果。

旅游公众代表,是公众队伍中自发形成的具有较高威望的人物,拥有广泛的公众基础,影响着公众群体的行为规范和价值观念。搞好旅游组织与公众代表的相互关系,通过公众代表传播旅游组织的各种信息,有利于旅游社会稳定和扩大公众队伍。

此外,各类均专家是某一领域的权威,他们的评价、鉴定意见,直接影响各类公众对旅游组织的看法。影视和体育明星是新闻媒介热衷报道的对象,具有特殊的"名人效应"和"新闻价值",对提高旅游组织的知名度,改善旅游组织的形象具有特殊作用。

人际传播媒介是一种示范性和感染性很强的传播工具,容易给公众留下深刻印象,直接影响公众旅游组织的态度和看法,宣传效果比较理想。但是,就宣传范围而言,纯粹的人际传播媒介,其辐射面比较狭窄,不可能在广泛的公众范围内传递信息,只有与其他媒介相配合才能取得理想的公共关系效果。(传播受众在接受信息的过程中,具有"威信效应"、"名片效应"、"从众效应"等心理效应,因而在旅游公共关系传播过程中巧妙利用名人,能迅速扩大传播效果。在少林文化的传播过程中,接待普京总统访问少林寺是最大的成功之处。普京总统访问少林寺时,少林弟子进行了盛大而精彩的武术表演,而普京则饶有兴致地把少林寺的一个武僧扛上了肩头。这些都通过电视画面传递到成千上万俄罗斯观众的眼前,引起了极大的冲击波,使少林寺迅速成为俄罗斯人心驰神往的武术胜地。很多旅行社非常精明地做起了中国少林游业务。普京以一国总统的身份和影响力,迅速拓展了俄罗斯市场,间接带动了其他客源市场,加速了少林文化的传播。

无独有偶。上海锦江饭店也是利用名人效应争取到了最大的传播效果。公关人员通过我国驻外使节、外事机构,以及查阅有关资料和录像片等多种渠道,及时掌握前来饭店下榻的国宾的有关情况、生活爱好、风俗习惯,即使是一些细枝末节也不放过。比如,美国总统里根夫妇1984年到上海访问,下榻锦江饭店时,该饭店为他们准备的晨衣像是量了尺寸做的,还知道南希喜爱鲜艳的红色服饰,事先专门为她定做了大红缎子睡衣,着实让里根夫妇大为感激,临走时不仅在留言簿上留下赞誉之词,更是在夫妇合拍的照片上面签上名,夹在留言簿上作纪念。此外,还有:为马耳他巴巴拉女总统放置了全套高级"露美"化妆品、烘发吹风器和珠花拖鞋及一架钢琴等;为斐济总统准备合脚的特大拖鞋(最后带回国);为新加坡总统李光耀备上他所喜欢的七色水果:橘子、无核葡萄、洋桃、香蕉、香水梨、苹果、哈密瓜。公关人员的这些公关行动融洽了与客人的关系,扩大了饭店的声誉,取得了良好的效应。

(二) 电子媒介

广播、电视等电子媒介具有传播速度快、形象生动、影响范围广等特点。随着卫星通信事业的发展,电子传播媒介能够迅速地向更加广泛的公众传播信息,更加深刻地影响人们的思想和行为,表现出较强的导向功能。在电子传媒中,广播的普及率最高,有效覆盖力相对较大,在影响公众方面具有传播空间大、速度快、传播对象多、重复率高、制作简便、费用低廉、传播过性人格化等优势。如果信息内容是听觉范围的,信息量又较大,则应选择广播媒介。

电视可以通过视觉、听觉全方位地表达旅游组织的形象,对公众具有较强的感染力。电视的传播优势是:传播受空间因素制约较小,功能齐全,艺术性与娱乐性较强。电视具有较强的影响力,能够激发公众的模仿心理,促成流行和时尚的现象,可以有效地推广某种观念和生活方式。

随着现代科学技术的发展,人们还在不断开发出新型的传播媒介形式,其中具有代表性的有:电话媒介、电脑媒介、光纤媒介、泛光媒介——泛光技术是新一代的城市建设装饰照明系统,集高科技与现代艺术美学于一体,着力表现夜幕下建筑的结构感、层次感、立体感、透明感、整体感,利用泛光技术进行公共关系宣传,有利于充分展示旅游组织的实力形象。

此外，机器人、空中技术飞艇、带味技术、立体充气技术等，也可用于公共宣传。值得注意的是，一些原来没有传播意义和宣传效果的物体，如卫星、大地、树木乃至公共厕所，现在也被用于宣传，出现了卫星广告、大地艺术广告、树木广告、公厕广告等新的宣传形式。这些媒介形式新颖，给人耳目一新之感，因而也能有效地宣传旅游组织。

（三）印刷传播媒介

印刷传播媒介主要包括以下三类：

1. 报纸

具体有日报、周报、晨报、晚报；综合报纸、专业报纸、中央报纸、地方报纸等。报纸的主要传播优势有：信息量大，信息能及时介入公众生活，拥有大量的读者队伍；出版印刷周期短，版面编排灵活，可以根据用户的意愿和要求设计出理想的宣传版面，做到图文并茂，从而增强公众的印象。

2. 杂志

如周刊、旬刊、半月刊、双月刊、季刊等。相对于报纸来说，杂志的宣传优势是：持续时间长，精读率高，有效接触率更大；杂志都有一批稳定的、明确的读者对象，这样进行宣传容易做到有的放矢；杂志具有较高的专业权威性，一般可以取得较为理想的宣传效果；篇幅灵活，印刷精致，图文并茂，可以使公众获得更直观的认识。但杂志时效性较差，宣传的功效呈慢性状态，因而难以产生"轰动效应"。

3. 图书

如大众书籍、工商名录、年鉴、日历、电话号码簿、工具书、宣传性小册子及各种印刷型宣传品和招贴画。由于印刷美观，个性鲜明，可以通过满足公众的审美心理需求达到传递信息的目的。

旅游组织必须与电视台、广播电台和通讯社建立固定的经常性联系，有重点地选择有关的报纸、杂志，进行定期宣传报道。对旅行社推出的新旅游线路，饭店在宣传新设施、新服务项目时，应做好最新资料、图片、照片等方面的准备，并及时为国外有关旅游组织定期提供最新的信息和资料。

（四）实物和户外传播媒介

实物传播媒介是指借助橱窗、展览、展示会形式，通过产品、设备、样品、模型等实物来传播信息的渠道。这种传播媒介具有以下优势：第一，真实展示旅游组织的实力形象和产品形象，消除公众的疑虑，给公众以真实而深刻的印象；第二，突出宣传旅游组织的优势项目；第三，显示产品、服务项目及管理的一流水平；第四，营造营销氛围，创造出生意兴隆、争相购买的氛围，从而激发公众的购买欲望；第五，美化旅游组织的内外环境。由于实物在传播信息方面具有这些功能，适应了公众"眼见为实"的心理认同机制，因此，旅游组织应十分重视实物媒介的运用，力求设计新颖,整洁美观,以充分展示旅游组织的风姿。

实物媒介也有自己的局限性。由于它主要作用于公众的视觉系统,发出的信息不一定为公众所接受,因而它的接触率比较低,不利于提高知名度。

户外传播媒介,是指利用霓虹灯、路牌、旗帜、灯箱、车船、气球、市政公共建筑物等来传播信息的渠道。户外传播媒介主题鲜明,形象突出,富有运动感,容易给人的感觉系统以强烈刺激,有利于宣传旅游组织特色形象、特色项目的信息。

二、传统旅游媒介的新趋势

信息社会时代关于旅游传播媒介的新趋势,体现在两个方面:一是传统旅游传播媒介的跨媒介发展;二是新兴旅游传播媒介——互联网媒体的迅速崛起。

(一)传统旅游媒介跨媒介发展

旅游信息的传统媒介包括广播、电视、报纸、杂志等。自20世纪90年代以来,这些传统媒体逐渐从各自为政、互相隔绝的状态下走出来,与其他媒体积极寻求各种合作、互助与融合的方式。于是,媒体间的交叉传播与整合互动便应运而生,有人称其为"跨媒体传播"。而所谓跨媒体传播,是指信息在不同媒体之间的流通和互动,它至少包含两层含义——其一是指相同信息在不同媒体之间的交叉传播与整合,其二是指媒体之间的合作、共生、互动与协调。

与传统媒介各自为政的竞争战略相比,跨媒介传播具有鲜明的优势:

第一,从内容上讲,跨媒体平台可以最大限度地取得不同媒体之间的协同效应。同样内容可以根据用户的不同需求多次利用,可以大大降低整个跨媒体平台用在内容上的支出。从媒体经营的角度看,信息的低边际成本不仅体现在媒体内的巨大发行量上,更体现在媒体间,以及不同地区同一类型媒体、同一地区不同类型媒体,以及不同地区不同类型媒体上。

第二,从投资角度看,跨媒体平台可以充分利用不同媒体平台所产生的现金流动的互补性,减少财务风险,做到东方不亮西方亮。

第三,在经营上,跨媒体平台能为广告客户提供多维互动的跨媒体介质,跨时段套播,这是对于广告主的额外吸引力。今后,个体平台简单相加的广告传播方式将会日趋受到挑战。对未来的广告客户来说,能否提供跨媒体服务将成为承接广告的一个日益重要的先决条件。

随着媒体本身的联姻式发展,旅游传播也将以一种新的传播方式出现在广大旅游受众面前,即大量相同或相似的旅游信息要么同时出现在不同的旅游传播媒介上,要么以不同形式相继出现在不同的旅游传播媒介上,而其共同目标即是更好地实现旅游信息的传播与共享。

(二)网络旅游传播的崛起

网络旅游传播是建立在互联网新媒体基础上的一种全新的旅游信息传播方

式,它将随着互联网等新兴技术手段的发展而发展。互联网又称国际互联网,它是目前世界上最大最流行的计算机网络,同时也是目前影响最大的一种全球性、开放性的信息资源网。它通过专门的通信界面和规程,使不同类型的计算机、不同国家和地区一系列的局域网、校园网以及其他国家的各种类型的网络等组成庞大的计算机网络体系,互联网上存储着大量信息,供世界各地的网络用户查询和使用。

互联网的兴起和快速发展,为旅游信息传播带来了更大的便利和优势。首先,国际互联网具备传播旅游信息的各种强大功能,包括电子邮件(英文)、网络新闻组、万维网、网络论坛、网络聊天等。此外,国内外各种旅游单位及相关企事业单位部门借用这种传播媒体,纷纷开辟网上旅游传播新领域,网络报纸、网络广播、网络电视应运而生,国际互联网被越来越多的媒体所使用,逐渐达到了作为大众传播媒体的标准。

互联网媒体的传播特征表现在三个方面:一是从其所传播的信息内容及其表现形式看,它所显现出的特征有:数字化、全球性、信息的丰富多样性与无限性、可储存与易复制性、易检索性;二是从互联网的传播方式看,它所显现出的特征有:迅捷性多媒体化、交互性;三是从网络媒体的传受关系看,其特征有:多元化、自由化和个性化。这种极具优势的传播特征,注定了传媒业的变革,也开创了旅游传播发展的新历程。

与传统的传播方式不同,网络旅游传播将突破区域界限、时间界限、互动界限、信息量的限制和传播成本界限,因而有巨大空间,整体呈现出一片美好的发展前景。

第三节　旅游公共关系活动中的人际沟通

案例导入

小张是北京某五星级酒店总经理办公室文员,很重视自己的衣着打扮和言行举止,适宜的服饰、优雅的外表、得体的举止、礼貌的言语使他的工作顺风顺水。一天,小张精神抖擞地走进办公室,深蓝色的西装上没有一丝褶皱,浑身上下充满朝气。这时小张接到一个电话,电话里是一个口气霸道的中年妇女的声音:"给我找你们酒店的总经理,我有事找他!"小张赶紧说:"对不起,我们总经理正在开会,请问有什么事可以为您效劳的吗?"对方在电话里说,她是一家大型民营企业的办公室主任,这个月要在本市召开一次大型的商品推荐会,届时将会有世界各地的商品经销商和厂家代表到会。为了体现该公司的接待热情和实力,特意打电话到本市各大酒店咨询接待情况。小张边听边做了简短的记录。他首先感谢这位女士对酒店的信任,并把酒店的硬件设施和接待能力为她作了详细介绍,并且答应等总经理回来后尽快给予答复。刚才在电话里口气霸道的女士态度越来越缓和,最后对小张说,你作为一个普通的文员,服务态度都这么好,我相信你们酒店的接待能力和服务水平,我决定这次会议就在你们酒店举行,明天我就来和你们签合同。就这样,文员小张凭借礼貌的电话交谈,良好的人际沟通能力为公司敲定了一笔大业务。

旅游组织为了处理好与其公众之间的关系,求得生存发展的良好环境,就必须开展各种具体的公共关系活动。大量公共关系活动的主体和客体都是现实中的具体人,所以,开展公共关系活动离不开人际交往,人际交往中的人际沟通是公共关系传播的重要内容。作为公共关系活动组成部分的人际沟通是社会组织的有意识、有目的的行为,即这种交往行为必须为实现组织的公共关系目的服务。

一、人际交往与沟通

人际交往是旅游公共关系的重要职能,它强调旅游企业要广交朋友,以保持与公众的良好关系,成功地编织各式各样的关系网络,以促进各项经营活动的正常开展。国外有专家形象地指出:优秀的企业公共关系工作 = 正确的公共关系意识 + 科学的公共关系活动。这说明公关人员不仅要具备正确的公共关系意识,还要通过有计划的、持久的努力,才能为企业营造一种"天时、地利、人和"的公共关系环境。

(一)人际交往的原则

良好的品德修养,品德是个人品质和道德的简称,它是依据一定的道德观念,在行为中表现出来的带有一定稳定倾向的素质特征。道德是一种意识形态,它是人类社会千百年来在共同生活中形成的,对社会成员具有约束和凝聚的作用。品德是社会道德在个人身上的体现,良好的人格和品德是广交朋友的前提。

1. 谦虚、谨慎、自尊、自信

谦虚、谨慎是中华民族的传统美德,也是寻觅知己,获得友情的必由之路。自信是个人行为的精神支柱,是实现目标的内在动力。只有自信,才能面对挑战而无畏,只有自信的人才有坚忍不拔、百折不挠的毅力。自尊是人格的体现。保持人格尊严,不丧失立场的人,能使交往对象肃然起敬,同时也形成了旅游企业的良好形象。

2. 热情、真诚的态度

公关工作充满想象力与创造力,没有热情的性格和全身心的投入,是不能胜任这种需要付出大量智力和体力的艰辛工作的。与人交往,热情能够沟通感情,结交朋友,拓展工作渠道,但要注意不能丧失立场,拿原则做交易。

3. 端庄、大方的外在形象

公关人员在对外交往中应注重个人的外在形象,因为他们代表的不仅仅是个人,更重要的是代表旅游组织的形象。

外在形象包含端庄的仪容仪表、大方的仪态、礼貌的举止和得体的谈吐。这些外在美的和谐统一,形成高雅的风范和充满吸引力的个性色彩。完美的外在形象可以让人充满自信,自然从容地与人交往,会给交往对象留下清新、深刻、愉快的印象,有助于在人际交往中打开局面。

(二)人际交往的方法

公关人员与社会进行交往,一般按下列层次逐步推行:首先,是向交往对象传播他们感兴趣的信息,并通过各种形式的活动联络感情,结交朋友;其次,是通过旅游组织的活动和公关人员的努力影响交往对象,使他们转变观念、改变态度、密切合作,成为旅游企业值得信赖的朋友。公关人员可采用的交往方式多种多样,如组织参观、举办庆典、郊游野餐、进行专访、举办联谊会和信息交流会等。公关人员进行社会交往应注意以下几点:

1. 注意交往频率与沟通渠道

交往频率,是指交往中互相联系、接触与交流的次数。沟通渠道,即联络感情、增进了解的途径。一般来讲,交往的次数越频繁,建立友谊的成功率就越高。因此,对重要交往对象的交往频率要高。沟通的渠道应具有较浓的人情味,如可利用适当的机会赠送礼品、宴请对方来沟通双方的感情,从而建立牢固可靠的友谊。

对于那些暂时不是旅游企业的重要合作伙伴的交往对象,也不要冷淡、忽视,适时的一声祝福、重大节日的一声问候,都会使对方感动,并留下深刻的印象。

2. 交往过程中的尺度把握

交往过程中,由于双方兴趣、爱好、价值观的一致,或因彼此欣赏而产生好感是正常的,但须处理好热情与稳重的关系。热情是使对方接受自己的基础,也是发挥个人魅力的前提。稳重则是自尊、自爱、体现人格尊严的尺度,同样是个人魅力的重要组成部分。然而,热情不等于献媚,稳重不等于矜持,热情过度会显得轻浮,而过分矜持又会使交往气氛一落千丈,从而丧失合作的机会。

3. 设计具有创意的活动

震撼人心的悲壮、热烈的欢乐和意料之外的惊喜都具有感染力,感染力能给对方留下深刻印象,并可能终生难忘。公关人员与人交往,经常变换交往方式,不断地以新的姿态出现在交往对象面前,对维系友谊、升华情感是非常重要的。

4. 注重交往过程中的情感培养

人是情感的交织体,是需要友谊的。一个缺乏爱、缺少友谊的人,即使身居闹市也会感到寂寞和凄凉。公关人员与人交往,虽然许多是利益上的朋友、生意上的伙伴,但如果不注意感情培养,就可能会丧失今后继续合作的机会。培养感情的方法很多,如当交往对象获得成功时及时祝贺,遭遇挫折时及时关心,并给予帮助等,于细微之处见真情的努力,必将赢得信誉与好感,奠定良好发展友谊的基础。

二、人际沟通的策略

(一)在思想上高度重视

沟通,是指社会中的个人或群体彼此交流思想、观点、情感、知识的各种信息的过程。从旅游公共关系的角度看,沟通是建立良好人际关系的基础,是协调旅游组织与其公众之间关系的有效手段。明确沟通在旅游业公共关系中的重要性,并时刻将这一思想贯穿于日常工作中,不但要做好公关管理部门之间的相互沟通协调工作,还必须注重管理部门与旅游公众之间的相互沟通,同时还必须帮助旅游公众与旅游区居民之间进行良好的沟通,以达到相互谅解、相互支持、共同受益的目的。

(二)明确沟通内容的确切性

沟通内容是否确切是沟通成功的第一步。因此,从信息发布者来看,首先要明确沟通的目的,即沟通者自己首先对沟通的内容有正确的理解,并且明确沟通要解决的问题和欲达到的目的,对解决问题的方案及其依据的资料做到心中有数;其次要明确沟通的边界条件,措辞要明确,而不能弹性太大,以免接受者理解不一,更不能让动机不良者有可乘之机;再次,沟通内容必须言之有物,具有针对性,切忌笼统空洞。

(三)沟通必须有诚意

"诚招天下客"。沟通首先必须有诚意,切忌形式主义,切忌将沟通作为一种摆设,或作为一种欺诈手段。有的饭店或旅游区在宣传时把什么都说得很好,使旅游者产生过高的期望,结果面对实地的旅游活动,心理上承受不了,从而冲淡了对饭店或景区的欣赏兴趣,而且他们回去以后还会做负面宣传。其次,沟通双方要豁达、大度,具有良好的行为品德和民主作风,以诚相见,能容纳对方意见。只有这样,双方才能把真实的想法说出来,从而达成谅解,取得信任,建立感情。

(四)强化双向沟通

从沟通方向角度考虑,单向沟通,虽然具有速度快、秩序好的优点,但接受者容易产生挫折,产生埋怨和抗拒情绪。一般来说,单向沟通只适合那些例行公事,有章可循,无可置疑的情况,如饭店、旅游区的明文规定、规章制度。双向沟通虽然速度慢,但气氛活跃,有信息反馈,接受者能表达自己的意见,人际关系较好。因此,严格地说,单向沟通并不是真正的沟通,双向沟通才是真正的沟通。我们在旅游公共关系中必须强化双向沟通,使管理者能够及时了解掌握外界的信息,及时了解掌握旅游公众的要求,并对外界的信息随时作出反应。

(五)提倡直接沟通

信息在传递时往往环节越多,损耗越大。因为信息接受者的年龄、性别、文化素养、信仰、观点态度、思维、记忆、想象不同,对信息的理解接受程度也不同,当再向下一个环节传递时,就会产生一定的偏差。因此,为了避免信息的失真,沟通双方最好采用直接沟通的方式,以确保信息的正确性,并可加速沟通的进程,利于问题的解决。特别是对于饭店、旅游景区而言,由于旅游者流动性比较大,并且停留时间短,对信息的传递要求迅速、明了,因此在信息沟通中,应该尽量减少信息传递的中间环节,提倡直接沟通。

三、人际沟通的方式

在理论上了解了沟通是建立良好人际关系的基础,是协调旅游组织与其公众之间关系的有效手段;在实践中还要掌握旅游公共关系活动中常见的人际沟通方式。

(一)直接沟通与间接沟通

直接沟通,是运用人类自身固有的手段(如言语手段和非言语手段)而进行的面对面的沟通;间接沟通,则是借助技术手段(如书信、文章、电话等个人媒介和报纸、电视、互联网等大众媒介)而进行的不见面的沟通。随着生产力的发展和科学技术的进步,人们之间间接沟通的比例明显上升,而直接沟通则逐渐减少。有调查表明,20世纪初一个城市居民把70%的时间用于人与人之间的直接沟通,21世纪人们更多的是与报纸、电视、互联网打交道。

1. **间接沟通的优点**

(1)增多了沟通对象。间接沟通的对象变化多样。人们可以不断与周围的人沟通,而且能与古代人、外国人、名人、陌生人沟通。间接沟通增多了单位时间内的沟通对象。

(2)增大了沟通密度。在一定的时空范围内,直接对象只能进行一次性沟通,间接对象则可以进行多次沟通。生活中常有这样的事,甲与乙的聊天进行了一个小时,而在这一个小时内,丙不仅给张三通了一次电话,给五位朋友发了 E - mail,而且收看了30分钟电视节目。由此可见,间接沟通增大了单位时间内的沟通密度。

(3)丰富了沟通内容。由于间接沟通能够使我们在一定的单位时空内与更多的人进行多次性沟通,因此,通过间接沟通所获得的信息要比通过直接沟通所获得的信息多得多。

2. **直接沟通的优点**

(1)信息反馈及时、充分。在一定的时空范围内,直接沟通具有双向性或双程性,并能进行充分的思想交流。如饭店经理可以和住店客人进行面对面的直接交流,你来我往,及时、充分地发表意见、看法,解决问题;而给已经离店的客人发邮件,至少要等到收到对方的邮件才能获取信息。

(2)思想交流全面、深刻。直接沟通能使我们就某一个问题进行多方位、多角度,由此及彼、由表及里的商讨,从而帮助我们获得较为全面的信息或资料,并从中得到许多新的启示。许多酒店的高层领导、部门领导、导游、客人就是在吃饭交谈时解决问题的。

(3)情感交流自然、真实。人与人之间的情感交流不仅仅是凭借言语手段进行的,更多的是凭借眼神、表情、手势、姿态等非言语手段来进行的。因此,只有既凭借言语手段,又凭借非言语手段来进行的情感交流才是自然的、真实的。而这种情感交流只有通过直接交流才能实现。

由此可见,直接沟通与间接沟通有各自的优点和长处,也有各自的缺点和不足。因此,作为旅游业公共关系人员,在开展公共关系活动的过程中,既要运用现代科技手段充分发挥间接沟通的作用,又要力图使之与直接沟通相结合,使直接沟通与间接沟通长短互补、相得益彰。

(二)正式沟通与非正式沟通

根据沟通双方的社会身份,可将旅游公共关系活动中的人际沟通分为正式沟通与非正式沟通。正式沟通,是指通过旅游组织关系进行的,经过精心设计与安排,并有明文规定的,建立在一定的正式旅游组织基础上的信息传递与交流。非正式沟通,是指未经旅游组织设计和安排,且没有明文规定的,人们通过私人关系、并以个人身份进行的信息交流。非正式沟通并不受组织监督,可以自由选择沟通对象。在任何一个旅游组织内,既有经过正式安排的,以使信息有目的地交流和传递的正式沟通,又有未经设计和安排的,组织成员自由进行信息交流和传递的非正式沟通。

1. 正式沟通的特点

(1)沟通双方受其角色规范所制约。正式沟通,要求沟通双方在交往中必须遵守各自的角色规范,不能以个人情感为转移。在旅游组织中,总经理与副总经理、副总经理与部门经理、部门经理与员工之间的关系就是领导与服从的关系,只要这种关系还存在,只要是正式场合,总经理就有指挥或支配副总经理的权利,而副总经理有向总经理汇报情况和请示工作的义务。这些都不以个人的好恶情感为转移。德国著名社会学家马克斯·韦伯曾经指出,人的感情与其职位相分离才会产生合理的行为。因此,在正式沟通中处于一定职位、扮演一定角色的人,只有抑制住自己的私人情感,才能克服那些可能阻碍自己忠于职守、成功地扮演某个角色的非理性因素。

(2)沟通双方的个人情感影响交往。正式沟通虽然排斥个人情感,但这种沟通方式同时又受个人情感的影响。这是因为,在一定的旅游组织中处于一定职位,扮演一定角色的人不仅仅是社会的人、组织的人,而且是有感情、懂感情的人。因此,这些人在其正式沟通中,首先并主要受其角色规范的制约,同时又受双方在沟通过程中所产生的情感影响。就拿两家饭店总经理之间的正式会谈来说,他们首先必须从各自饭店的立场和利益出发来发表意见与看法,而不能随心所欲地讲话,更不能发表有损本店形象和利益的谈话。但是会谈的气氛、进程及效率有可能受到会谈双方个人之间情感好坏的影响。由此可见,衡量某一具体的正式沟通的效果好坏,首先要考虑双方与其角色规范是否相符,以及相符的程度,其次要考虑沟通双方的情感是否相悦,以及相悦的程度。

(3)沟通的效率与组织结构关系密切。由于正式沟通是建立在正式旅游组织结构的基础上的,因此,正式沟通的效率与其组织结构有密切关系。一般来说,组织结构合理,且简单,那么沟通的效率就高,反之则低。据外国学者研究,在机构臃肿、人浮于事的企业中,从董事长到副总经理,丢失的信息约37%,信息到达企业的高层管理者时只剩下56%,到达企业的中层管理者时只剩下48%,到大企业的操作者时只剩下20%。在我国的许多企业或组织中,因上述原因而严重影响其正式沟通的现象还较为普遍,因此,采取切实可行的措施,改变我国许多旅游组织中的机构臃肿、人浮于事的现象,是及时准确地做到上情下达和下情上传、改善公共关系状态的需要。

此外,正式沟通还具有较强的约束力、显著的权威性、良好的沟通效果等优点。因此,一般比较重要的文件传达,组织重要决策的公布都采用正式沟通的方式。

2. 非正式沟通的特点

(1)信息传递速度较快。俗话说"一传十,十传百","好事不出门,坏事传千里"。其意思就是非正式沟通渠道传递信息的速度快。因此有人认为,非正式沟通是信息传递的最快通道。

(2)信息内容比较精确。许多外国学者的研究结果表明,非正式沟通渠道所传递信息的精确度可达80%。"无风不起浪",虽然不是特指非正式沟通的精确度,但它肯定了非正式沟通所传递的许多消息是有根据的。另一方面,人们的真实思想和心理动机往往是在非正式沟通中表现出来的。

(3)信息容量比较宽广。由于非正式沟通具有非正式性、多向性和交叉性,这不仅可以使它传递各种性质不同的信息,还可以同时传递数量众多的信息。无论是郑重其事的信息,还是稀奇古怪的见闻,无论是真情实话,还是谣传谎言,都可以成为非正式沟通的信息。

(4)信息反馈面较广。由于上述特点,非正式沟通不仅能及时地传递信息,而且能够及时地得到较大范围的信息反馈。

3. 应该重视非正式沟通

非正式沟通是人际交往中的一种重要沟通方式，旅游业公共关系人员也应该认真研究，并在工作中加以利用。理由如下：

（1）非正式沟通是正式沟通的补充。非正式沟通，可以超越组织层次或部门而加快信息沟通的速度，可以改善人际关系和避免某些副作用大的组织控制手段等。例如，当上级发现下级人员有某些不良行为，这些不良行为并未严重到必须采用正式惩戒手段时，利用非正式渠道"打个招呼"，往往能够使处于萌芽状态的不良行为得到及时纠正。

（2）非正式沟通能有效地联络感情。非正式沟通能够满足人们联络感情的需要。任何一个人，无论在生活中，还是在工作中，与人交往，联络感情是其基本的精神需要，而这种精神需要的满足一般是通过非正式渠道实现的。例如，高兴时与家人、邻居谈论一下自己的幸福感受和愉悦之情；沉闷或痛苦时向亲朋好友倾诉一下自己的难言之怨和难忍之苦，这些都有助于人们增强生活信心和完成工作任务。

案例分享

美丽的日本古都奈良坐落在绿树满坡的春日山和若春山的怀抱中，奈良郊区有一家旅馆，环境优美，绿树成荫。春天，美丽的樱花四处摇曳，使人心旷神怡。该旅馆不仅环境宜人，服务也热情周到，客人光临，服务员总是笑脸相迎，施礼寒暄，使人有宾至如归的感受。

但不尽如人意的事情出现了，归春的燕子也争相"光临"此处，它们未经主人允许，就忙忙碌碌地在屋檐下营巢筑窝，繁衍后代。主人爱鸟，非常欢迎这些可爱的小燕子在此栖息，还时常为它们提供一些方便，可是小燕子们随随便便地排泄粪便，尤其是那些刚出壳的雏燕。粪便溅脏了房间的玻璃和走廊，实在有碍观瞻。尽管服务员小姐经常擦洗，但小燕子我行我素，前擦后拉，窗户上总要留下那么一点。渐渐地，旅客们有些不高兴了，旅馆经理也为此苦恼。突然，他眉头一皱，计上心来，提笔给客人们写了一封信——

女士们、先生们：

我们是刚从南方赶到这儿过春天的小燕子，没有征得主人的同意，就在这儿安了家，还要生儿育女。我们的小宝贝年幼无知，我们的习惯也不好，常常弄脏您的玻璃和走廊，致使您不愉快，我们很过意不去，请女士们、先生们谅解。

还有一事恳求女士们和先生们，请您千万不要埋怨服务员小姐，她们是经常打扫的，只是她们擦不胜擦，这完全是我们的过错，请您稍等一会儿，她们就来了。

您的朋友：小燕子

客人们看了这封以小燕子名义写的信,都给逗乐了,怨气随之烟消云散。每当客人回到自己房间,看到窗户上的点点滴滴燕子粪,不由得回想起"小燕子"那熟悉亲切、有趣的话语,谁能不原谅它们的一点小过失呢?

此后,游人总是带着美好的回忆,依依不舍地离开美丽的古都奈良,离开这逗人的旅馆。

问题:

1. 在旅游公共关系中,企业与公众的沟通方式有很多,为什么奈良饭店的公关人员单单采用"书信"这一沟通方式消除顾客的怨气?

2. 奈良饭店公关人员以小燕子的口吻致顾客的一封信,为什么能收到柳暗花明又一村的奇效?

3. 分析一家旅游企业所面对的来自顾客的抱怨,并针对如何平息某一抱怨拿出公关方案。

案例分享

北京奥运会媒体公关与城市形象塑造

一、一份宝贵的精神财富

2008年的8月8日,是一个具有特殊意义的日子,中华民族实现了举办奥运的百年梦想。

作为人类文明庆典活动,奥运会是一次体育盛会,也是一次媒体盛会。据统计,共有32278名中外记者参加北京奥运会报道,其中注册记者26298人,非注册记者5980人,其数量不仅超过了参赛运动员总数,也创造了历届奥运会记者人数之最。此外,还有225家持权转播商参加电视转播工作,同样创造了历史纪录。

奥运会给中国、给北京留下了许多宝贵遗产,除了四通八达的交通网络、气派漂亮的体育场馆,以及沁人心脾的新鲜空气等外,也给我们留下了难得的精神遗产。胡锦涛总书记2008年8月1日接受国际媒体联合采访在回答"奥运会将给中国留下哪些遗产"时指出:"北京奥运会的精神遗产更为持久、更为宝贵。"

北京奥运会出色而有效的媒体公关工作,不仅对确保北京奥运成功举办发挥了重要作用,也对塑造中国和北京形象,乃至提升我国家软实力,发挥了其他活动难以替代的重要作用。北京奥运会在媒体公关方面积累的宝贵经验和成功做法,已经成为我们开展媒体公关工作的范本。这是奥运会留给我们的一笔宝贵精神财富。

二、北京奥运会媒体公关多种多样的做法

北京奥运会的媒体公关工作,对象之广泛、工作之复杂、任务之艰巨,迄今罕见。北京奥运会的媒体公关工作坚持"及时准确、开放透明、有序开放、有效管理、

正确引导"的工作方针,把握新闻传播规律,运用现代传播技术,努力提高媒体服务的专业化、国际化水平,实现了"有特色、高水平"的目标。

北京奥运会的媒体公关工作,有不少好的做法值得总结,其中以下几条为各方面所认可:

1. 开放境外记者采访,兑现申办承诺

能否开放境外媒体报道奥运会,是整个奥运媒体公关能否取得成功的关键。为兑现承诺,实现开放办奥运,党中央、国务院果断决策。2006年11月1日,国务院发布《北京奥运会及其筹备期间外国记者在华采访办法》(477号令),按照国际惯例,以开放的姿态欢迎外国记者采访北京奥运会。此举得到国际社会广泛好评,为北京奥运会媒体工作赢得了主动,也为北京奥运会后继续开放外国记者在华采访报道提供了可能。正是在477号令的基础上,国务院于2008年10月17日公布施行《外国常驻新闻机构和外国记者采访条例》(国务院537号令)。

2. 及时发布和提供权威信息,满足媒体需求

信息是新闻之源,也是媒体立身之本。北京奥运会向媒体提供信息的方式多种多样,新闻发布会、新闻吹风会、集体采访、个别采访,以及电视发布、网上发布等,通过多种形式满足媒体需求。北京奥运会主新闻中心和2008年北京国际新闻中心在奥运期间共召开自主设计新闻发布会134场次,平均每天在两场以上,内容涉及与北京奥运会有关的各个领域。北京奥运会组织新闻发布的数量、规模、密度和强度都创下了奥运会历史纪录。发布会吸引了大批来华采访的境外记者,他们普遍认为这些新闻发布会时效性强,具有权威性,内容广泛,为其报道提供了大量第一手素材。

3. 提供采访线索,帮助记者完成报道任务

围绕"绿色奥运、科技奥运、人文奥运"三大理念,以"新北京、新奥运"为主线,根据记者需求发布信息,精心推荐记者集体采访的路线。对外界关注的一些问题,如城市治安和恐怖主义威胁、奥运场馆质量、奥运与民生、环境和空气质量、兴奋剂等,及时组织权威发布,澄清事实,以正视听。奥运会期间,主新闻中心共组织了30场现场参观采访,2008年北京国际新闻中心组织现场采访83次。针对境外记者的采访需求,加强"采访线工程"建设,建立了10条采访线100多个采访点。这些采访活动既给境外媒体提供了接触中国的机会,又丰富了他们的采访内容。

4. 增强服务意识,为媒体采访提供方便

本着"善待媒体"的原则,北京奥运会媒体服务在硬件和软件两方面均达到一个新的水平。北京奥运会主新闻中心、国际广播中心和2008年北京国际新闻中心,以建设"记者之家"为工作目标,为中外记者提供了专业化、人性化媒体服务,提供了功能齐全、快捷舒适、充满人性关怀的工作环境。如,为一揽子解决境外记

者来华采访遇到的各类行政审批问题,中央和北京市17个管理部门成立了"一站式"服务机构,受理境外记者来华采访涉及的30多项行政审批事项,实现申请受理、审核、批准、协调落实等环节的"一站式"服务。"一站式"服务实现了"零投诉"、"零差错"的工作目标,得到境外媒体的称赞。

5. 高效率受理采访申请,尽力满足记者个性化采访要求

记者的采访要求能否得到满足,是做好媒体公关的一个重要环节。为做好记者采访申请的受理工作,工作在一线的同志按照"有求必应、有应必备、有备必给、有给必快"和"不拒绝、不应付、不回避、不耽误"的原则,对所有的采访申请做到件件有答复,件件抓落实,实现"零拒绝"。奥运会期间,主新闻中心和2008年北京国际新闻中心设立采访台,24小时运作。主新闻中心共受理书面采访申请840件,落实810件,答复率100%,落实率96%。2008年北京国际新闻中心采访申请478件,落实451件,答复率100%,落实率94%。

6. 加强做国际主流媒体工作,争取其发出更多客观报道

加大了"请进来"、"走出去"的力度,北京奥运会筹备期间,有计划地邀请西方主流媒体的负责人和名记者、专栏作家来华访问,精心组织接待工作。奥运会期间,邀请了86位外国主流媒体负责人参加开幕式,取得了良好效果。我们还加强了与境外媒体的项目合作,制作中国国家形象广告在CNN、BBC等西方主流媒体上播出,并在《华盛顿邮政》上刊登宣传中国的广告。加强与美国、欧洲、日本等国家和地区的著名电视机构的合作,与其联合制作一批反映我国经济发展、社会生活、历史文化和有关奥运筹备等内容的影视节目。奥运会前,还邀请英国、法国、意大利、伊朗四国和香港地区的5名知名导演来京拍摄了五部城市宣传片。

三、北京奥运会媒体公关对城市形象的塑造

当今时代,形象对一个国家和一个城市的发展比以往任何时候都更加重要。良好的形象是一个国家和一个城市的无形资产,能够带来巨大的荣誉。良好的形象可以增强一个国家和一个城市的吸引力、影响力,为发展赢得良好软环境。

有人说"北京奥运会是中国改革开放的成人礼"。这话并不完全正确,但也足以说明北京奥运会对我国发展的重要性。北京奥运会使中国以一个崭新的姿态面向世界。

还有人说"北京奥运会增进了世界对中国的了解"。这话反映的是实际,但我们也十分清楚,这种了解主要是通过媒体来完成的,没有媒体的传播,特别是没有大型跨国媒体的介入,这一切将非常困难。

北京奥运会之所以给世人留下了一个美好难忘的印象,媒体功不可没。奥运会可以塑造中国形象,媒体同样也可以塑造中国形象。北京奥运会成功的媒体公关工作,为媒体塑造良好的中国形象以及北京形象创造了条件。

北京奥运会成功的媒体公关工作至少在以下几个方面对塑造中国形象和北京

形象产生了积极影响。

1. 诚信守诺的形象

开放媒体采访奥运会,是我向国际社会所做的庄严承诺。自我申办奥运成功后,国际社会即对中国能否兑现开放媒体采访奥运会表示相当的关注。中国政府以足够的智慧把握和处理这一问题,既以实际行动兑现承诺,争取到了主动,同时又坚持维护国家尊严,维护根本利益,得到国际社会的称赞。

2. 开放自信的形象

奥运会是迄今我国最大规模的对外交往活动,人数多,涉及面广,持续时间长。中国以海纳百川的博大胸怀,拥抱世界,欢迎来自五湖四海的朋友。面对几万带着挑剔眼光的记者,中国坦然面对,做好各种服务工作,理性处理各种问题和矛盾,给各国媒体留下深刻印象。在奥运开幕前有的外国媒体就评论说:"北京开放而又自信的表现已经预示着第29届奥运会的成功。"

3. 公开透明的形象

及时准确发布各方面信息,使媒体在第一时间做出客观、真实的报道,是北京奥运会公开透明的体现。同时,满足外国记者的一些采访要求,允许外国媒体在天安门广场进行直播,在故宫等地设立风景机位,在城市标志性景观点设立直播点,特别是24家持权转播商在国家博物馆和天安门东侧风景机位进行了300多个小时的现场直播,等等,这些更加深了人们对北京奥运会公开透明的印象。

4. 友好合作的形象

北京奥运会筹办和举办期间,中国坚持善待媒体的原则,以友好精神与之相处,为其采访提供各种服务与便利,与其开展多种形式的合作。无论是在"三大新闻中心",还是在各项体育比赛现场;不管是在赛场上,还是在赛场下,人们见到的都是中方服务人员、工作人员与境外记者和谐相处、合作共事的感人场面。来自英国广播公司的记者哈瑞斯热情洋溢地感谢道:"在北京工作十分愉快,你们的服务给我提供了很多采访便利,也让我感受到了中国人的热情和友善。"

5. 文明进步的形象

奥运会是人类文明庆典活动,代表着一定时期人类文明发展水平。奥运会由北京举办,代表着中国的发展已经在引领人类文明。"绿色奥运、科技奥运、人文奥运"以及"同一个世界、同一个梦想"这些崭新理念、主题,代表了一定时期人类文明发展取向,经过媒体报道,备受世人推崇。北京奥运会开幕当日,法新社即报道说:中国用一台歌颂中华千年文明、展现技术成就的辉煌节目,展示了实力与唯美,展示了中国的古老文明和对世界的友谊。

四、北京奥运会媒体公关留下的宝贵经验

奥运会带给中国、带给北京的荣誉是至高无上的,其中媒体公关工作功不可没。总结北京奥运的媒体公关工作，以下几条经验值得我们倍加珍惜：

1. 坚持开放透明

做好媒体公关工作，引导媒体做出更多客观准确报道，最重要的一条是开放透明 2008 年以来，我们经历的几次重大事件和活动，包括拉萨"3·14"事件、"5·12"汶川大地震、北京奥运会、乌鲁木齐"7·5"事件，新闻处理方面的一条重要经验，就是要开放透明，而不是封闭。只有开放透明，才能使外界了解事实真相，才能减少造谣，才能使歪曲性报道失去市场。在经济全球化和科学技术迅猛发展的今天，在中外关系已经并正在发生历史性变化的当代，以开放的精神解决舆论引导工作，是大势所趋。

2. 把握新闻传播规律

近年来，随着改革开放的深入发展，我们更加善于把握新闻传播规律，从新闻自身的规律和特点出发做好报道工作。总结北京奥运会媒体公关工作经验，其中重要一条就是要把握新闻传播规律，掌握现代传播技术。我们要创新思想、创新观念、创新体制、创新方法，掌握现代传播理念，运用现代传播手段，打造权威信息发布平台，构建现代传播体系，充分发挥互联网等新兴媒体作用，不断提高媒体的国际传播能力，增强媒体的公信力和影响力。

3. 坚持善待媒体

北京奥运会的经验再一次表明，善待媒体可以收到很好的社会效果。事实说明，除个别别有用心的媒体外，大多数媒体是为完成采访任务、提高媒体影响力和公信力而参与报道的。境外媒体在采访中提出一些敏感问题，有时甚至刁难采访对象，正是其职业特点的表现。要坚持善待媒体的原则，不断提高与媒体打交道的能力和水平，与记者交朋友，提供采访便利。

4. 讲究方式方法

与境外媒体打交道，要十分注意策略和手法。要讲政治，识大体，顾大局，以免上当受骗，为人所用。对于个别对中国有成见的媒体的恶意炒作，要分清哪些是"长矛"——对中国怀有敌意，哪些是"鱼钩"——只是具体问题的纠缠。对于"长矛"，如北京奥运会上个别媒体恶炒的所谓人权、新闻自由等，要通过正当形式坚决反击，同时也要把握好度，做到斗而不破。对于纠缠个别具体问题的媒体，要冷静处理，避免与其正面交锋，防止负面消息扩大化。

（资料来源：新华网 http://news.xinhuanet.com/politics/2009－08/10/content_11858105.htm）

思考与练习

1. 旅游公共关系传播的模式如何?
2. 简述旅游公共关系传播媒介的类型及各自的特点。
3. 举例说明饭店如何利用人际传播来树立知名度和美誉度。
4. 谈谈人际交往与沟通在旅游公共关系传播过程中的作用。

第七章 公共关系工作程序

引言

为了顺利地开展旅游公共关系活动,必须对旅游组织公共关系工作进行全面策划,制订一套完整的实施方案,保证旅游公共关系工作遵循一定的程序,有条不紊地进行。其基本程序可分为公共关系调查—公共关系策划—公共关系实施—公共关系评估四个步骤,我们通常称之为旅游公共关系的"四步工作法"。在这四步循环程序中,旅游公关调查是起点和基础;旅游公关策划是关键,是旅游公关实施的指南和效果评估的标准,离开了旅游公关策划,旅游公关工作就会漫无目的,不得要领,难以协调统一,成效甚微;旅游公关实施是核心,且是执行旅游公关策划,取得旅游公关成效的具体行动,离开了旅游公关实施,再好的策划也只是纸上谈兵;效果评估是重要的反馈环节,也是下一轮旅游公关活动的起点。

学习目标

1. 熟悉旅游公共关系四步工作法的基本概念、原则和方法;
2. 熟悉旅游公共关系调查的基本程序;
3. 掌握旅游公共关系常用的调查方法;
4. 具备运用"四步工作法"有效开展旅游公共关系活动、实现旅游组织公共关系目标的技能。

1952年,被人誉为美国"公关圣经"的《有效公共关系》出版发行。在这部著作里,斯科特·卡特利普和森特提出两大理论要点:一是"双向对称"的公共关系模式;二是公共关系的"四步工作法"。"四步工作法"说明公共关系动作的程序。它包括4个基本步骤,即①公共关系调查研究;②公共关系策划;③公共关系实施;④公共关系效果评估。在公关工作的四步循环程序中,公关调查是起点和基础;公关策划是关键,且是公关实施的指南和效果评估的标准;公关实施是核心,离开了公关实施,再好的策划也只是纸上谈兵;效果评估是重要的反馈环节,也是下一轮公关活动的起点。

一般来说,旅游组织公关工作必须遵循四步工作法,才能取得较好的效果。旅游公共关系是一门科学,科学工作是有规律的,而工作程序就是工作规律的具体表现形式。所以,在具体的公关实务操作中,必须按照程序化管理的原则操作,只有这样,才能有卓越的公关实务操作。

第一节 公共关系调查

旅游公共关系调查研究,是指旅游公共关系工作人员对自己或服务的旅游组织的公共关系状态进行的情报收集与研究工作。即运用一定的理论、方法和技巧,以旅游组织内外公众为对象,通过收集资料和分析资料,了解旅游组织的公共关系状态,揭示其发展趋势,并提出改进措施或意见的一种调查研究活动,是一种旅游公共关系实务活动。

一、旅游公共关系调查研究的意义

旅游公关调查有两个主要的功能:①收集资料,反馈信息,客观、真实地反映旅游组织的公关状态;②分析资料,透过现象看本质,从而揭示旅游组织公关状态的发展趋势,并据此提出加强和改进旅游组织公关的策略、方法和措施。公关调查作为旅游公关工作程序的基础步骤和首要环节,对旅游组织的整个公关活动具有重要意义。

(一)旅游公共关系调研是开展旅游公关活动的前提和基础

调查研究是开展一项公关活动的首要环节,它为公关活动的其他环节提供前提条件。只有搞好了调查研究,探明事实真相,掌握与旅游组织的活动和政策相关联并受其影响的公众认知、观点、态度和行为,确定旅游组织所面临的问题,其他诸环节才有可能卓有成效地进行下去。

(二)旅游公共关系调研具有沟通信息的作用

旅游公共关系调研是反映公众意见、希望和要求的过程,也是调查人员向旅游公众介绍旅游组织情况,使旅游公众进一步了解旅游组织的过程。因此,它本身就是一项沟通公众关系、塑造旅游组织形象的重要公关工作。

二、旅游公共关系调研的基本原则

(一)实事求是的原则

此原则包括两方面的含义:按事物的实际情况办事,不夸大,也不缩小;从实际情况出发,找出周围事物的内部联系,探求其发展的规律性。

遵循实事求是的原则,就是要按照事物的实际情况办事,坚决反对弄虚作假。收集资料时,要广泛听取正反各方面的意见,不能偏听和偏信,更不能搞假材料;分析研究时,结论要由调查的真实材料推出,尊重结论的客观性,并如实报告。

遵循实事求是的原则,就是要从实际出发,努力寻找事物的内在规律。收集资料时,要尽可能排除一切非客观因素的影响,去伪存真;对于第二手资料,要认真分析,辨别其真伪与可信度。分析研究时,结论要以真实可靠的调查资料为依据。

(二) 尊重公众的原则

此原则是指调查者在整个调查中,要尊重被调查者的人格、宗教信仰、民族习惯、生活方式和志趣爱好;要谦虚、礼貌、热情、主动,举止文明;要关心被调查者,并积极为之解决困难,等等。

旅游公关调查的顺利进行离不开旅游公众的配合与支持,而尊重旅游公众是取得被调查者配合与支持的先决条件,同时,尊重旅游公众也是建立旅游组织信誉的需要。

(三) 讲求效益的原则

此原则,就是要求在旅游公关调查中,以较少的人力、物力、财力投入,来办更多的事,使调查取得最佳效果。提高公关调查的效益,关键要在科学地组织调查研究活动上下工夫。

三、公共关系调查的内容

(一) 旅游组织整体状况调查

了解旅游组织的整体状况和能力,是设计旅游公关工作的基础。旅游组织整体状况调查包括下列五项内容。

1. 旅游组织自然情况

如旅游组织的名称、性质、地理位置、机构设置、法人代表、在职人员、员工基本结构(文化程度、年龄结构、性别、职务、职称结构、专业特长、技术素质等)、基本态度(对本职工作、民主领导、经营思想、决策机制、方针政策、奖惩制度等的看法)。

2. 旅游组织社会情况

如旅游组织的管理模式、业务范围、社会效益和经济效益、内外政策、企业价值观、优势及存在的问题等。

3. 旅游组织历史情况

如旅游组织创建的时间和背景、沿革简历、重大事件、领导人的情况、对社会的主要贡献、发展阶段等。

4. 旅游组织现实情况

如旅游组织的知名度、美誉度、规模、信誉、生产能力及社会需求等。

5. 旅游组织未来情况

如发展前景、近期目标、长远规划等。旅游组织整体状况调查,既要有综合情况,也要有分类情况,越详细越具有利用价值。

(二) 旅游组织内外公众状况调查

旅游组织内外公众的状况和意见,是旅游公共关系调查的主要内容,其调查结果决定旅游公共关系的效果、对策和发展。

1. 旅游组织形象调查

旅游组织形象是社会公众对旅游组织的认识、看法和评价。主要调查以下几个方面:①知名度调查。②美誉度调查。③公众评价调查,包括公众对旅游组织的方针、政策、管理水平、工作效率、社会活动、人员形象等进行的评价;自我期待形象与实际社会形象之间的差距,就是公关工作的目标,公关部门可以通过民意测验、舆论监督、与领导面谈等方法,获得自身的实际社会形象。④同类组织比较调查,在同类组织中,比较其自身的势和劣势,学彼之长,克己之短。

2. 旅游公众动机调查

此项调查包括:旅游公众对旅游组织是否抱有偏见或特殊的喜欢,旅游组织的工作方式、产品服务、社会活动等方面是否与旅游公众某种成见相冲突,或与旅游公众的某种嗜好相吻合,或与某种社会时尚相一致。

3. 旅游组织内部公众意见调查

主要方面有三:①对旅游组织及其工作的评价,如对旅游组织的总体工作是否满意,在与同类旅游组织相比较中所处地位、优缺点、吸引力等;②对人际关系的评价,如员工与员工之间的关系,员工如何评价员工之间的关系及其融洽与紧张程度、影响人际关系密切程度的因素及促进人际关系密切的手段等;③对领导行为的评价,如领导者之间的相互评价和自我评价、上级对下级或下级对上级的评价等。

4. 旅游公众构成

对各种旅游公众构成的了解必须细化,如公众的姓名、年龄、性别、籍贯、住址、文化程度、职业、收入、家庭情况等,为今后有针对性地开展工作奠定基础。

5. 旅游公众态度

态度指被调查对象对旅游组织及所发生的问题所持的立场和观点。公众态度的调查,对于旅游企业生产政策的制定,旅游资源的开发,都具有不可替代的重要作用。

6. 旅游公众需求

旅游者到底需要什么样的服务,需要通过深入、细致的公关调查来掌握。

7. 旅游公众意见领袖

根据传播学理论,公众对大众传播中输送的信息,并不是无条件接受的。观念总是先从广播、电视和报刊传向"意见领袖",如专家学者、权力人物、社会名流、新闻记者等,然后再由这些人口中传入不那么活跃的群体。要调查这些意见领袖的社会分布、与目标公众的联系、影响公众的方式等,以便在日后的公关工作中与他们建立良好关系。

(三) 社会环境调查

对社会环境进行调查,主要是为了分析、把握与旅游组织有关的社会政治、经济、科技、文化等方面的主要动态。

四、旅游公共关系调查的方法

旅游公共关系调查的方法有很多,经常使用的有:文献调查法、观察法、访谈法、抽样调查法、问卷调查法等。

(一) 文献调查法

文献调查法是在第一手资料难以得到或不够用时,通过旅游组织内部或外部的文献资料分析所要调查问题的方法。文献调查法是一种效率高、花费少的调查方法,可用于其他调查过程之前,以便尽量减少调查的开支。文献的来源主要是历史上遗留下来的资料,所以有时会让人感到抽象、枯燥,缺乏具体性和生动性,经常需要与其他调查方法配合使用。

(二) 观察法

观察法,是调查人员进入调查现场,利用感官或借助科学工具,在调查对象中直接收集信息的方法。观察法最大的特点是直观性,可以排除其他调查方法的间接性所造成的误会和干扰。同时,观察法简便易行,灵活多样,随时可以进行。

观察法要求事前拟定调查提纲,包括观察的时间、地点、对象、目的、记录方式等。进入观察现场后,要做好观察记录。观察法收集到的信息比较客观和准确,方法简便易行,是公关人员经常采用的方法,但缺点是工作时间长,范围狭小,易受观察者主观因素的干扰。对于比较复杂的事件,观察法容易受到事件表面性和偶然性的影响,难以反映事物的本质。

(三) 访谈法

访谈法也称访问法,公关人员以口头形式,按照预先设计好的题目,有目的、有计划地与被调查对象进行交谈,根据被询问者的答复收集客观的、不带偏见的事实材料,以准确地说明样本所要代表的总体的一种方式。尤其是在研究比较复杂的问题时,需要向不同类型的人了解各类材料。访谈法主要分以下三种形式。

1. **个别访谈**

指调查员单独与被调查对象进行的访谈活动,具有保密性强、访谈形式灵活、调查结果准确、访问表回收率高等优点。根据访谈内容的不同,个别访谈又可以分成两种:标准化访问法和非标准化访问法。

2. 集体访谈法

它是类似于公众座谈会的一种集中收集信息的方法。一般由旅游组织的一名或几名公关人员与公众进行座谈,以了解他们的意见和看法。集体访谈法是一种了解情况快、工作效率高、经费投入少的调查方法,但对公关人员组织会议的能力要求很高。另外,它也不适合调查某些涉密、隐私、敏感性的问题。

3. 电话调查法

它是旅游公关人员根据事前选好的调查样本,通过电话向被调查者收集信息的调查方法。在电话调查的过程中,可以用事前拟定的问卷要求被调查对象回答问题,也可以在电话中进行自由交谈,用录音方式记录下谈话内容,事后整理出调查报告。此方法具有耗时短、费用低的优点,但它又是一种个别的当面访问,具有隐秘性强的特点。

在访谈过程中,应掌握一定的技巧。访谈者在接近被访者时,首先要亮明自己的身份,说明来访的目的以及为什么进行这项研究,请求被访者的支持与合作,尽量消除对方戒心,把来访者当作不速之客之嫌;此外还要告诉被访者,他是如何被选出来的,让他了解调查的意义和价值,争取得到被访者的积极配合。为消除被访者的顾虑,让双方建立融洽的关系,创造有利于访谈的气氛,访谈者除表示礼貌之外,可以先谈调查对象熟悉的东西,如家族、个人爱好等,以消除其拘束感。在访谈时,访谈人员要始终保持中立态度,只需照本宣科,要尽量减少题外话,使用简单语言;要掌握问题的提法和语气,注意身体语言,以免给对方造成不适感。

(四) 抽样调查法

抽样调查是一种非全面调查,它是从全部调查研究对象中抽选一部分单位进行调查,并据此对全部调查研究对象作出估计和推断的一种调查方法。显然,抽样调查虽然是非全面调查,但它的目的却在于取得反映总体情况的信息资料,因而,也可起到全面调查的作用。

旅游公众调查可以分为普查和抽查两种。旅游公众调查大多数场合都是用抽查的方法。常用的抽样方法有以下4种:

1. 简单随机抽样法

简单随机抽样也称为"单纯随机抽样",是指从总体 N 个单位中任意抽取 n 个单位作为样本,使每个可能的样本被抽中的概率相等的一种抽样方式。

简单随机抽样一般可采用掷硬币、掷骰子、抽签、查随机数表等办法抽取样本。在统计调查中,由于总体单位较多,前三种方法较少采用,主要运用后一种方法。

按照样本抽选时每个单位是否允许被重复抽中,简单随机抽样可分为重复抽样和不重复抽样两种。在抽样调查中,特别是社会经济的抽样调查中,简单随机抽样一般是指不重复抽样。

简单随机抽样是其他抽样方法的基础,因为它在理论上最容易处理,而且当总体单位数 N 不太大时,实施起来并不困难。但在实际中,若 N 相当大时,简单随机抽样就不是很容易办到的。首先它要求有一个包含全部 N 个单位的抽样框;其次用这种抽样得到的样本单位较为分散,调查不容易实施。因此,在实际中直接采用简单随机抽样的并不多。

2.分层抽样法

分层抽样又称为"分类抽样"或"类型抽样",它首先是将总体的 N 个单位分成互不交叉、互不重复的 k 个部分,我们称之为层;然后在每层分别抽选 n1、n2、… nk 个样本,构成一个容量为个样本的一种抽样方式。

分层的作用主要有三:一是出于工作的方便和研究目的的需要;二是为了提高抽样的精度;三是为了在一定精度的要求下,减少样本的单位数以节约调查费用。因此,分层抽样是应用上最为普遍的抽样技术之一。

按照各层之间的抽样比是否相同,分层抽样可分为等比例分层抽样与非等比例分层抽样两种。实际上,分层抽样是科学分组与抽样原理的有机结合,前者是划分出性质比较接近的层,以减少标志值之间的变异程度;后者是按照抽样原理抽选样本。因此,分层抽样一般比简单随机抽样和等距抽样更精确,能够通过对较少的样本进行调查,得到比较准确的推断结果,特别是当总体数目较大、内部结构复杂时,分层抽样常能取得令人满意的效果。

3.整群抽样法

整群抽样是先将总体分为若干互不重叠的子总体(群),然后在所有子总体中,随机地抽取一部分,对抽中的这些群内的所有单元进行调查。

比如在旅游市场中要调查旅游公众对新开发的旅游资源的评价,用整群抽样法抽样时,可以把某一地区作为一群,也可以按消费层次划分,把每一个不同消费层次作为一个群,因为在此问题上,一般来说各目标公众之间或各消费层次之间差异不会太大。假设在某一地区抽出 1500 人,三个不同的消费层次,从中各抽取一定比例进行调查。

必须注意的是,整群抽样与分层抽样都是先将总体划分为互不重叠的若干部分(层或群),但是划分的原则不同,在分层时,是要将某些特性方面比较一致的单元分为一层,而各层之间的差异性较大。在分群时则恰恰相反,要求各群之间的差异较小,每个群中各单元的差异较大。

在整群抽样中,抽取的仅仅是子总体(群)的一个样本,而在分层抽样中,所有的子总体(层)都被抽取,作为进一步抽样的基础。

整群抽样的优点是实施方便、节省经费;缺点是往往由于不同群之间的差异较大,由此而引起的抽样误差往往大于简单随机抽样。

整群抽样特别适用于缺乏总体单位的抽样框。应用整群抽样时,要求各群有较好的代表性,即群内各单位的差异要大,群间差异要小。

4.多阶段抽样法

多阶段抽样,也称为"多级抽样",是指在抽取样本时,分为两个及两个以上的阶段从总体中抽取样本的一种抽样方式。其具体操作过程是:第一阶段,将总体分为若干个一级抽样单位,从中抽选若干个一级抽样单位入样;第二阶段,将入样的每个一级单位分成若干个二级抽样单位,从入样的每个一级单位中各抽选若干个二级抽样单位入样……依此类推,直到获得最终样本。

多阶段抽样区别于分层抽样,也有别于整群抽样,其优点在于适用于抽样调查的面特别广,没有一个包括所有总体单位的抽样框,或总体范围太大,无法直接抽取样本等情况,可以相对节省调查费用。其主要缺点是抽样时较为麻烦,而且从样本对总体的估计比较复杂。

(五)问卷调查法

问卷调查法也称"问卷法",它是调查者运用统一设计的问卷向被选取的调查对象了解情况或征询意见的调查方法。

问卷调查是以书面提出问题的方式收集资料的一种研究方法。研究者将所要研究的问题编制成问题表格,以邮寄方式、当面作答或者追踪访问方式填答,从而了解被试对象对某一个现象或问题的看法和意见,所以又称问题表格法。问卷法的运用,关键在于编制问卷,选择被试对象和结果分析。

问卷调查,按照问卷填答者的不同,可分为自填式问卷调查和代填式问卷调查。其中,自填式问卷调查,按照问卷传递方式的不同,可分为报刊问卷调查、邮政问卷调查和送发问卷调查;代填式问卷调查,按照与被调查者交谈方式的不同,可分为访问问卷调查和电话问卷调查。

项目	自填式问卷调查			代填式问卷调查	
	报刊问卷	邮政问卷	送发问卷	访问问卷	电话问卷
调查范围	很广	较广	窄	较窄	可广、可窄
调查对象	难控制和选择,代表性差	有一定控制和选择,但回复问卷的代表性难以估计	可控制和选择,但过于集中	可控制和选择,代表性较强	可控制和选择,代表性较强
影响回答因素	无法了解、控制和判断	难以了解、控制和判断	有一定了解、控制和判断	便于了解、控制和判断	不太好了解、控制和判断
回复率	很低	较低	高	高	较高

续表

项目	自填式问卷调查			代填式问卷调查	
	报刊问卷	邮政问卷	送发问卷	访问问卷	电话问卷
回答质量	较高	较高	较低	不稳定	很不稳定
投入人力	较少	较少	较少	多	较多
调查费用	较低	较高	较低	高	较高
调查时间	较长	较长	短	较短	较短

调查人员在设计问卷调查问题的结构时应注意：①按问题的性质或类别排列，而不要把不同性质或类别的问题混杂在一起；②按问题的复杂程度或困难程度排列；③按问题的时间顺序排列。

再则，设计问题时应掌握一定的原则。要提高问卷回复率、有效率和回答质量，设计问题应遵循以下原则：

（1）客观性原则，即设计的问题必须符合客观实际情况。

（2）必要性原则，即必须围绕调查课题和研究假设设计最必要的问题。

（3）可能性原则，即必须符合被调查者回答问题的能力。用词要考虑应答者理解和回答问题的能力。

（4）自愿性原则，即必须考虑被调查者是否自愿真实回答问题。凡被调查者不可能自愿真实回答的问题，都不应该正面提出。

五、旅游公共关系调查研究的一般程序

旅游公共关系调查的程序，是指具有一定规模的某项公关调查，从调查准备到调查结束全过程的先后次序和具体步骤。一般地讲，一项规模较大的公关调查可以按以下几步进行。

（一）确定调查课题

确定调查课题的主要任务是明确调查目的，解决"调查什么"的问题，为了有针对性、有目的地进行公关调查，避免盲目行动导致的工作失误，必须做好调查的第一步工作。

1. 调查课题的分类

按照课题的性质来分，旅游公关调查课题可分为状态性选题、开发性选题和研究性选题三种。旅游状态性选题，是以了解旅游组织所面临的公共关系状态（如知名度、美誉度等）为宗旨的选题，需要回答的是"怎么样"之类的描述性问题；旅游

开发性选题,是指以寻找旅游资源开发方向为主题的选题,需要回答的是"怎么办"之类的措施性问题,调查成果往往是形成一套相关的措施;旅游研究性选题,是以研究、分析旅游公关现象之间的本质联系为主旨的选题,目的是通过资料的收集与分析,建立关于某种旅游公关现象的理论模型,其最终成果主要是理论学说。由于这三种选题性质上的差异,公关调查计划在人员安排、调查途径、时间布置,以及资料整理诸方面均有所不同。

2. 确定调查选题的程序

确定调查选题一般分为两个阶段进行。

第一阶段,明确调查目的,提出调查选题的设想。在这一阶段,要尽量掌握旅游组织内外部出现的新情况和新问题,了解旅游组织领导人进行旅游公关调查的真实意图,弄清"为什么要调查"的问题,然后,在此基础上提出比较抽象的、可能是多个或不成熟的调查选题。

第二阶段,分析论证,比较选题。对多个或不成熟的选题,经过必要的分析论证,必要时还可以组织非正式的试探性调查,以明确问题的症结所在,从而找出针对性强和恰当的选题。一般来说,所确定的调查选题越具体、越明确越好。

(二) 制订调查方案

调查方案的内容一般包括两部分:第一部分是对调查本身的设计,包括调查的目的和内容、调查的具体对象和范围、取得资料的方法及调查表格等;第二部分是对调查工作的具体安排,包括调查的组织、领导和人员配备、经费估算、调查日程安排等。调查计划是调查安排的依据,调查安排是调查计划的具体化。

从程序来看,制订调查方案要注意以下两个问题:

1. 调查方案要做可行性论证

调查的规模、范围多大才合适,人力、物力、财力能否承受,时间上是否来得及,经费估算和工作进度、日程安排是否合理等,都应进行比较充分的可靠性论证,以保证调查方案的科学性和可行性。

2. 调查方案既要全面、又要简单明了

在调查方案中,凡应包括的主要内容都应简明扼要写清,既不能丢三落四,也不能烦冗。

(三) 收集调查资料

收集资料是整个旅游公关调查工作的重点。调查资料一般分为两类:其一是原始资料,也称"第一手资料";另一类是第二手资料,这是由他人收集的现成资料。一般来说,现成资料容易取得,花费较少;而原始资料取得的难度较大,花费较多。因此,在收集资料时,要充分利用现成资料,能够取到真实可靠现成资料的,就尽量不再费力去收集原始资料。当然，就一项较大规模的调查来说，仅有现成资料是不够的，它的主要资料还是来源于实地调查。

问卷资料的收集是资料收集的主要工作。最普通的方法有，由受试者自行答卷和调查人员访谈两种。对于回收率，调查人应有足够的估计，100%的可能性是很小的。美国社会学家肯尼迪·贝利认为，50%的回收率是可以令人满意的，60%是相当成功的，而70%以上则可以说是非常成功的了。这可以作为一个参考。

(四)整理、归纳、分析资料

资料的整理、归纳、分析，主要包括以下工作：

1. 检查核实

在整理中，要检查资料是否齐全且无遗漏，是否有重复与矛盾，甚至是否有与事实不相符合的情况。调查中，检查核实的部分工作是在收集资料时就要完成的。一边收集，一边检查核实，这样便于及时订正和补充。

2. 归纳汇编

进行归纳登录，然后按类摘抄、剪贴、归档，以备查阅。还可以将整理后的信息输入电脑。

3. 分析论证

对归纳汇编的资料进行分析，做出结论，并对依据资料所得出的结论进行论证。分析一般包括定性分析和定量分析。

(五)撰写调查报告

撰写调查报告是旅游公关调查的最后程序。撰写调查报告的目的，是为制订科学的公共关系计划方案提供依据，为领导决策提供参考。如果调查报告的撰写不得要领，即使前面的工作做得再好，整个调查也不会令人满意。

一般来说，一篇调查报告是对调查过程的回顾和调查成果的总结，它包括以下内容：调查题目、调查委托人、调查主持人、调查日期；调查的原因和目的；调查的总体对象；调查所采用的基本方法；调查的结果及有关数据、各种答案的比例；问卷回收率及抽样误差；分析结果；调查者提出的建议；附件，包括问卷样本、统计数据、背景资料等。

调查报告不同于纯理论文章，也有别于一般的工作总结。它注重用调查资料来说明问题，用资料来支撑结论。因此，在撰写调查报告时，要坚持实事求是，资料的取舍要合理，推理要合乎逻辑，还要在结构、主题、语言上下工夫。同时，调查报告写好后要及时送交最高管理部门备案，供决策者决策时参考。

第二节　公共关系策划

☞ 案例分享

有一位老人,他对自己的儿子说:"有一位姑娘想要嫁给你,问你愿意不愿意。"他的儿子就说:"我为什么要娶她呢?她又不是谁,我的事情你就不要管了。"老人就说:"她是比尔·盖茨的女儿。"儿子听了之后,动心了,决定娶她。

之后,老人就去找比尔·盖茨了。老人对比尔·盖茨说:"有一个年轻人想要娶你的女儿,你觉得怎么样?"比尔·盖茨听了之后就纳闷了,就问:"那是谁啊?想娶我的女儿。"老人这时候回答说:"这个年轻人可不简单,他是世界银行的副总裁。"比尔·盖茨听后也动心了,答应了。

老人于是找到了世界银行的总裁,说:"有一个年轻人,你让他做你们银行的副总裁吧。"总裁听了,同样发出了疑问:"他是谁啊?凭什么让他做?"老人说:"这个年轻人真的不简单,他是比尔·盖茨的女婿。"总裁听了,就决定让他做副总裁了。

旅游公共关系策划是旅游公共关系工作程序的第二步,探讨如何在调查研究的基础上进行运筹、制订方案的规律,为旅游公共关系计划的实施与旅游公共关系的评估提供依据。从某种意义上说,旅游公共关系的竞争就是旅游公关策划的竞争。因此,旅游公关策划不仅处于旅游公关工作程序的核心地位,而且是整个旅游公共关系工作成败或优劣的关键。旅游公关策划是旅游公关活动的最高层次,是旅游公关价值的集中体现,它直接决定了旅游公关活动的效果。

一、旅游公共关系策划的含义和性质

旅游公共关系策划是随着公共关系活动的兴起而产生的。

(一) 策划的内涵

策划一词又称"策略方案"和"战术计划",是指人们为了达到某种特定的目标,借助一定的科学方法和艺术,为决策、计划而构思、设计、制作策划方案的过程。

日本策划家和田创认为:策划是通过实践活动获取更佳效果的智慧,它是一种智慧创造行为;美国哈佛企业管理丛书认为:策划是一种程序,"在本质上是一种运用脑力的理性行为";更多人说策划是一种对未来采取的行为做决定的准备过程,是一种构思或理性思维程序。

《孙子兵法》:"凡战者,以正和,以奇胜","正"就是艰苦奋斗,"奇"就是锐意创新。"奇"字上面一个"大"字,底下一个"可"字。"大"就是要超出常人的想象,

"可"就是要在常人的情理之中。策划就是想到常人所不能想的地方,说出来的道理又能让常人理解;策划是在特定头脑下,把角度和程序高度统一在特定的头脑状态下。角度:看问题多角度。程序:做事情讲程序,"整理、判断、创新"。

策划就是谋划,是设计最佳行动方案的过程,是找出事物因果关系,衡量未来可采取的途径。预先决定做什么,何时做、如何做、谁来做。策划在前,计划在后,计划是策划的产物,没有策划就无计划。

(二)旅游公共关系策划的含义

旅游公共关系策划,就是指公共关系人员为了实现旅游组织公关的目标,对旅游组织公关活动的主题、手段、形式和方法等进行周密的构思与设计。旅游公共关系策划是以公关人员为主体进行的一种艰苦细致、复杂有趣的创造性思维活动。它以客观的公众分析为前提,以最好的活动效果为目标,是旅游公共关系工作的核心。策划的好坏直接影响旅游公共关系工作的效果和水平,也体现出公共关系人员的素质和水平。

旅游公关策划,不是具体的旅游公共关系业务活动,而是旅游公关策划的形成过程。对公关人员而言,困难的不是去实施活动方案,而是如何在策划中提出最新颖独特的创意,制订出最佳的公关活动方案。

根据公共关系策划的定义,可以概括出公共关系策划的四要素:主体(公关人员)、依据(信息)、方法(手段)、对象(公众)。

(三)旅游公共关系策划的性质

(1)旅游公关策划是一门综合性学科,需要运用心理学、决策学、思维学、控制学、系统科学、运筹学等多方面的知识。

(2)旅游公关策划是一门"软"科学,不仅靠先进的技术手段,而且靠人的智慧。

(3)旅游公关策划是一门实用性很强的应用科学,是一个系统工作,需要科学、系统的逻辑思维能力和把握现实、预测未来的能力。

二、旅游公共关系策划的特征

作为对旅游公共关系战略和旅游活动进行超前谋划与设计的公共关系策划,它的主要特征有以下几种:

(一)完整性

旅游公共关系策划是一项非常复杂的"系统工程",在实际操作中,各个子系统都必须围绕总体规划和全局目标,相互协调、相互配合开展工作。任何旅游组织的形象都是旅游公众对旅游组织的总体评价,是旅游组织的表现与特征在公众心理中的反映,具有多样性、相对性和稳定性,因而在进行旅游公共关系策划时,必须进行全面考虑。否则,再好的策划也会济于事。

(二) 目标性

旅游公共关系策划是为了完成旅游组织的某个目标而展开的,策划必须围绕塑造旅游组织形象服务。因此,旅游公共关系策划总是针对具体的旅游公共关系目标、围绕具体的旅游公共关系活动进行的。目标越明确,旅游公共关系策划越易开展。旅游公共关系策划的目标,分为总目标和个别目标。总目标是任何旅游公关活动都希望达到的最终目标,即树立良好的旅游组织形象。但在实践中,旅游组织由于受各种条件的制约,旅游公关工作只能在旅游组织总目标的指导下,逐步实现个别的目标,进而保证总目标的实现。因此,在确立目标时,尤为重要的是如何选择个别目标和它们的统一性。

(三) 计划性

朝着有利于旅游组织的方向发展,才能实现旅游组织的预期目标。只有使策划的行动方案具有较强的计划性,才能保证旅游公共关系策划目标的实现。计划性是旅游公共关系策划的一个本质特征。

(四) 创新性

旅游公共关系策划既是一门学问,也是一门艺术,其精髓在于创新。公共关系人员在策划中应根据社会条件的变化、公众心理状况的变化和旅游组织内部的变化,进行新的策划,使其既要与旅游组织过去的活动不同,又要与竞争对手的不同,使旅游组织策划的活动标新立异,切忌不顾事实单纯模仿别人的方法与思路。

(五) 机动性

旅游公共关系活动是一项复杂的综合性活动,其成功与否要受诸多条件的影响,这就要求旅游公共关系策划人员应时时关注条件的变化,以及对实现旅游组织的目标将产生何种影响,使旅游公共关系策划具有一定的弹性和机动性,以适应形势变化的需要。策划者应针对变化了的情况,随时调整计划安排。同时,在某项具体策划中,可根据实际情况对战略、策略、方式、方法、途径、渠道等做灵活的设计和选择。

(六) 有效性

任何一项旅游公关策划都应讲求有效性,这里所讲的有效性包括以下两种情况:

1. 需要与可能

凡事成功与否取决于需要与可能这两者的统一。在旅游公共关系策划中,既要考虑旅游组织所要达到的目标,又要考虑旅游组织实现目标所具备的条件。

2. 投入与产出

旅游公共关系策划需要一定量的人、财、物资源,投入这些资源后,应讲究产出的实际效果;既包括旅游组织形象、目标方面效果,也包括由此而产生的旅游组织的收益效果;还包括近期的显著效果;以及远期的潜在效果。

三、旅游公共关系策划的基本原则

(一)诚实守信原则

旅游公共关系传播的内容要客观和全面,有时要有意识说一些自己的不足之处,提醒公众注意,并说明自身要采取预防性的改进措施,会收到意想不到的效果;以客观事实为依据进行策划,不主观臆断或夸大事实、弄虚作假、无中生有;公平竞争,恶性竞争损害组织形象。

(二)创新原则

想独树一帜,为公众注目并接受,就要敢于创新。创新要求策划人员要有敏锐的思考能力,要以真实性为基础,与可行性联系起来。

(三)可行性原则

此原则是指根据现有条件和环境因素制定目标,目标不能太高,也不能太低;策划过程要结合本国的政策、民俗、公众心理、消费者承受能力、主办单位人力和财力的因素,根据实际状况来确定策划方案。

(四)效益性原则

注意社会效益与经济效益并重,用最小投入获得最佳效果。公关策划不是慈善施舍行为,更不是一掷千金、花钱如流水的败家行为,必须考虑每一分钱投入的产出。

四、旅游公共关系策划的地位和作用

(一)旅游公共关系策划的地位

1. 旅游公共关系策划是旅游公关活动的核心

旅游公共关系调查是为旅游公共关系策划服务的;旅游公共关系行动以旅游公共关系策划为指导;旅游公共关系评估以旅游公共关系策划为基础。

2. 旅游公共关系策划是旅游公共关系人员素质的集中体现

进行旅游公共关系策划,需要具备多方面的能力。要求旅游公共关系人员全面地了解情况,掌握各种相关信息,并对各种信息进行深入分析研究,善于运用自己所学的知识,吸收、借鉴别人的经验,发挥自己的聪明才智和创造力,提出创意和构思,形成公关活动方案。

(二)旅游公共关系策划的作用

1. 旅游公共关系策划可以保证旅游公共关系战略和实务运作的目的性

旅游公共关系战略和实务运作,是为实现旅游公共关系目标,以及旅游企业发

展目标服务的,离开这个目的,旅游公共关系就失去了自身的意义。所以,为了保证旅游公共关系目标,以及旅游组织发展目标的顺利实现,旅游组织的总体公共关系战略和具体的实务运作必须经过事先的周密策划。

2. 旅游公共关系策划可以保证旅游公共关系战略和实务运作的计划性

首先,旅游公共关系战略和各项实务运作所追求的目标应当一致,所以,旅游公共关系必须有一个完整的实施计划。只有经过周密的旅游公共关系策划,才能保证整个旅游公共关系战略计划的统一性和完整性,保证每个具体实务运作都按照总体规划要求,为实现预定的旅游公共关系战略目标和旅游企业发展目标服务。其次,旅游公共关系目标的实现需要经过长时期的持续努力,只有经过周密的旅游公共关系策划,才能保证旅游公共关系的各项实务运作瞻前顾后、相互衔接,成为既在具体运作中具有独创性,又在总体战略上具有连续性的有计划、有步骤的公共关系工作。再次,旅游公共关系的各项实务活动,都必须根据一定的时、空,以及主观、客观的条件拟订切实可行的具体实施计划,这本身也是旅游公共关系策划的重要组成部分。可见只有周密、精心的旅游公共关系策划才能保证所有工作环节的公共关系实务运作按照预定的战略和目标有计划地顺利实施。

3. 旅游公共关系策划可以保证旅游公共关系战略和实务运作的有效性

旅游公共关系必须成为有效的公共关系,必须使其在建树良好的旅游组织形象并为旅游组织发展争取最佳的经济效益和社会效益方面发挥显著的作用。这就要求公共关系人员善于根据不断变化的环境,着眼不断变动的旅游公关需求,精心策划自己的旅游公共关系战略和策略。这种策划越是深谋远虑、独具匠心,旅游公共关系的成功率也就越高,也就越能保证旅游公共关系目标和旅游组织发展目标的顺利实现。

五、旅游公共关系策划的程序

1. 确定旅游组织公共关系的目标

旅游公共关系的目标一般有以下几项:

(1)提高旅游企业的知名度、信任度和美誉度;

(2)使旅游企业或旅游组织与旅游公众保持沟通,并完善其渠道;

(3)依据社会环境的变化趋势,调整旅游企业或旅游组织的行动;

(4)处在竞争或危机时刻,通过各种适当的方式,争取有关旅游公众的支持;

(5)帮助旅游企业提高产品及服务的市场占有率等;

(6)参加礼仪公益活动,并向旅游公众宣传,增加旅游公众对旅游组织的了解和好感;

(7)为政府了解旅游组织的性质、发展质量、需要得到支持的情况创造条件后,并争取政府能给予一定的支持。

2. 目标公众分析

旅游组织的公众往往是多方面的,但一次公关活动则要有所侧重,面面俱到是不现实的。旅游组织需要根据宣传的主题选择目标公众。这样,旅游公关活动才能突出重点,顺利达到预期的目的。由于不同的旅游公众有不同的经济条件、文化修养、生活习惯、价值观念、利益要求,对旅游组织所持的态度也不尽相同。因此,旅游组织在选择旅游公众后还要根据其特点选择传播渠道和公关模式。对目标公众的分析应包括以下内容:

(1)目标公众分属于哪些不同的社会组织和社会群体?他们居住在什么地方?他们当中谁是意见领袖?

(2)目标公众的共同利益要求及特殊利益要求是什么?

(3)目标公众喜欢读什么书刊?喜欢收看什么电视节目及收听哪些广播节目?

(4)目标公众对旅游组织的看法如何?他们对旅游组织感兴趣的原因是什么?

(5)目标公众与旅游组织目前的关系如何?

对这些问题分析得越透彻,旅游公共关系目标就越有针对性,策划也就越有可行性。

3. 设计主题

旅游公共关系活动的主题是对公共关系活动内容的高度概括。它提纲挈领,对整个旅游公共关系活动起指导作用。主题设计是否精彩、恰当,对旅游公共关系活动的成效影响很大。要设计出一个好的活动主题,必须做到以下几点:

(1)旅游公共关系活动的主题必须与旅游组织公共关系的目标相一致,并能充分体现目标;

(2)表述旅游公共关系活动主题的信息要独特、新颖,表述也要有新意,词句能打动人心,具有强烈的号召力;

(3)旅游公共关系主题设计要适应公众的心理需要,主题形式要富有激情,并使人感到亲切;

(4)旅游公共关系主题设计要简明扼要,易于记忆。

4. 旅游公共关系时机策划

旅游公关策划常利用的公关时机有以下几个方面:旅游组织创办或开业之际;旅游组织更名或与其他组织合并之际;旅游组织推出新的服务项目或新旅游景点之际;旅游组织快速发展但声誉尚未树立起来之际;旅游组织获得新的荣誉之际;旅游组织出现局部失误或遭到某方面误解之际;旅游组织遇到突发性事件或危机事件之际,等等。

5. 预算经费

编制预算实际上就是将一个公关计划具体化的过程,公关预算主要指财务预算。旅游组织公共关系活动所需经费开支包括以下几项：劳务报酬、行政管理费、传播媒介费、器材费、实际活动费、其他应急或机动费用。通过预算，基本上可以限定公关活动的范围和规模。编制公关预算的方法通常有两种：①长期预算，一般用"销售额提成法"，即按过去（或将来）的总销售额，抽取一定百分比用于公关开支，"销售额提成法"主要用于公关部门的年度预算；②短期预算，即针对某一项公关活动进行的预算，一般用"目标作业法"，即按照事先制订的公关目标和工作计划，将完成公关任务所需经费详细列出，请主管部门批准执行，"目标作业法"的开支包括：劳务报酬、行政管理费用、传播媒介费、交际费、器材费、社会性活动和机动费。

6. 形成方案

通过完成以上程序，形成书面方案。

7. 审定方案

（1）优化方案。通常采用重点法和移植综合法。

（2）论证方案。方案论证包括以下几方面：对目标进行分析；对限制因素进行分析；对潜在问题进行分析；对预期结果进行综合效益评价，判断所制订的计划是否可以付诸实施。

六、确定旅游公共关系活动业务类型

（一）选择公关模式

所谓旅游公关模式，是指由一定的旅游公关目标和任务，以及为其实现所应用的一整套工作方法构成的一个有机系统。在制订旅游目标和公关计划时，要根据事先确定的公关主题来选择目标公众和相对应的旅游公关模式。常见的旅游公关模式包括以下几种：

1. 服务型公关

以提供各种实惠的服务工作为主，目的是以实际行动获得社会公众的好评，树立旅游组织的良好形象。所谓"公共关系就是90%要靠自己做好"，其含义即在于此。当今世界上的社会组织在业务上的独占性越来越少，相互竞争的焦点往往集中在服务上，一是服务方向、服务设施、服务内容；二是要服务得好、服务得巧、服务得颇有成效。服务法的真谛在于体现企业或社会组织的整体素质，反映出工作人员的精神与风格，促成组织本身的全方位建设与公众的要求和潜在的需求日渐吻合。其具体工作包括售后服务、消费引导、便民服务、义务咨询等。服务型公关能够有效地使人际沟通达到"行动"层次，是一种最实在的公共关系。

2. 交际型公关

所谓交际型公共关系，就是指不借助其他媒介，而只在人际交往中开展公关活动,直接接触,建立感情,达到建立良好关系的目的。交际型公共关系是一种有效的公关方式,它使沟通进入情感阶段,具有直接性、灵活性和较多的感情色彩。

交际型公关活动的特点是:直接,灵活,富有人情味,一旦与公众建立了真正的感情联系,往往相当牢固,甚至能超越时空限制。

交际型公关活动的形式主要有对外开放、联谊会、座谈会、慰问活动、茶话会、沙龙活动、工作午餐会、拜访、节日祝贺、信件来往等。

案例分享

有这样一个真实的小故事。一个人乘坐北方航空公司的飞机去长沙出差。飞机降落后,他提着随身携带的一捆资料,走到了机舱门口。空中小姐在向他微笑道别的同时,递给了他两块小方布,说:"先生,请用小方布裹着绳子,不要勒坏了您的手。"人非草木,孰能无情!这位先生备受感动,从此每次出差或带家人出门,总是首选北航。一句话两块小方布,换来了一生的光顾,真是划算。这是一种情感营销,这种营销是那样的润物细无声,所激发的力量大得无比。

案例分享

交际型公关是一种有效的公关方式,使沟通进入情感阶段,具有直接性、灵活性和较多的感情色彩,被称为情感营销。真正的情感营销是一种人文关怀,一种心灵的感动,绝不是那种眼睛紧紧地盯着人家手里的钱,说些寒暄的套话,连自己都不甚清楚。笔者始终认为,在这越发冷淡的科技时代,情感变成了一种稀有资源,谁借用了这种资源,谁就能引爆营销的革命,实现大丰收!

(资料来源:智库·百科网站.)

3. 宣传型公关

主要利用各种传播媒介直接向公众介绍旅游组织,以求最迅速地将旅游组织信息传输出去,形成有利于自己的社会舆论。主要做法是:利用各种传媒和交流方式,进行旅游组织内外传播,让各类旅游公众充分了解旅游组织、支持旅游组织,从而形成有利于旅游组织发展的社会舆论,使旅游组织获得更多的支持者与合作者,达到促进旅游组织发展的目的。这是最经常采用的公关模式,包括发新闻稿,登公关广告,召开记者招待会,举行新产品发布会,印发宣传材料,发表演讲,制作视听材料,出内部刊物、黑板报等。其特点是:主导性强,时效性强,范围广,能迅速实现旅游组织与公众的沟通,获得比较大的社会反响。它的局限性主要表现为:传播层次浅,信息反馈少,传播效果一般停留在"认知层次"。

4. 社会型公关

以各种社会性、赞助性、公益性的活动为主,旅游组织通过对弱势群体的实际支持,为自己的信誉进行投资。其目的是通过积极的社会活动,扩大旅游组织的社会影响,提高旅游组织的社会声誉,赢得旅游公众的支持。它一般有三种形式:

(1)以旅游组织本身的重要活动为中心而开展的活动。

(2)赞助社会福利、慈善事业,赞助公共服务设施的建设等。

(3)资助大众传媒举办各种活动,提高旅游组织的知名度。其具体形式包括开业典礼、周年纪念、主办传统节日、主办电视晚会;赞助文体、福利、公益事业;救灾扶贫等。

从近期看,社会型公共关系活动往往不会给旅游组织带来直接的经济效益,且使旅游组织付出额外的费用;但从长远看,它却为旅游组织树立了较完善的社会形象,使公众对旅游组织产生好感,为旅游组织创造了一个良好的发展环境。

5. 征询型公关

征询型公共关系是以采集社会信息为主、掌握社会发展趋势的公共关系活动模式,其目的是通过信息采集、舆论调查、民意测验等工作,加强双向沟通,使旅游组织了解社会舆论、民意民情、消费趋势,为旅游组织的经营管理决策提供背景信息服务,使旅游组织的行为尽可能地与国家的总体利益、旅游市场发展趋势,以及民情民意相一致;同时,也向旅游公众传播或暗示旅游组织的意图,使公众对旅游组织的印象更加深刻。征询型公共关系活动实施的重心在操作上的科学性,以及实施过程中的精细和诚意。具体的实施过程是:当旅游组织进行一项工作后,就要设法了解旅游公众对这项工作的反应。经过征询,将了解到的旅游公众意见进行分类整理,并加以分析研究,然后提出改进工作的方案,直至满足旅游公众的愿望为止。

(二)选择公关策略

旅游公关策略,是指旅游组织根据环境的状况及旅游组织自身的变化,所采取的公共关系行为方式。具体而言,公关策略包括以下几种:

1. 开拓型公关

开拓型公关是指旅游组织的初创时期,或某一产品、服务刚刚问世的时候,为开创新局面以提高知名度为主要目标的公关活动。这时,旅游组织的形象尚不确定,新产品的形象也没在公众头脑中留下什么印象。在这种情况下,旅游公关策略应当是以正面传播为主,争取以较大的气势,形成良好的"第一印象"。一般情况下,使用开拓型公关活动的时机有:旅游组织开业前后的一段时间;更换旅游组织名称的时候;改变服务风格和特性时。

在特殊情况下,使用开拓型公关活动的方式有:主动向公众介绍情况;举办大型旅游公关活动;危机爆发之前;向社会征集旅游组织的名称、徽标;向社会招聘高级人才等。其常用的手段包括开业庆典、剪彩活动、落成仪式、旅游新线路发布、新产品演示等。

2. 维系型公关

维系型公关活动模式的主要目的是通过不间断的宣传和工作,维持旅游组织在旅游公众心目中的良好形象。这种模式一方面开展各种优质服务,以吸引旅游公众再次合作;另一方面通过传播活动把旅游组织的各种信息持续不断地传递给各类旅游公众,使旅游组织的良好形象始终保留在旅游公众的记忆中,一旦有需要,旅游公众就可能首先想到自己,接受自己。

由于旅游公关涉及的因素有很多,受各种因素影响,已经建立的良好的旅游公关网络也并非长久不变,必须采用维系型公关方式,对旅游组织公关结构进行加固。维系法分为"硬维系"和"软维系"两种。"硬维系"是指活动形式所表现的"维系目的"很明确,一目了然,主客双方都能理解活动的意图。比如西方有些航空公司明确宣布,乘坐该公司航班多少次以上者,公司可提供免费旅行一次,或可提供某种服务一次。这就是最典型的"硬维系"。除此之外,在新资源开发之际,人们互赠贺年卡,召开茶话会等,都是对双方某种特定关系的再一次提示式的明确,对主客双方来说,在感觉上都比较自然,表达者轻松,接受者坦然。"软维系"旅游公关活动的目的不是十分具体,表现也较超脱,能体现旅游公关工作的艺术性,并产生一些特殊的作用,收到特殊的效果。

3. 防御型公关

这是指旅游组织公共关系已经出现不协调,或者可能出现不协调,为了防患于未然,旅游组织提前采取或及时采取的以防为主的措施。其特点是:防守与引导相结合、预测与措施相结合,以退守防御的方式,开创更有利的时机和局面,使防守工作科学化、制度化,把可能出现的问题和危机控制起来,改造受损害的旅游组织形象,挽救旅游组织的声誉。

4. 进攻型公关

进攻型公共关系,用于旅游组织与环境发生冲突、摩擦的时候,采取以攻为守的策略,抓住有利时机和有利条件变换决策,迅速调整,改变对原环境的过分依赖,开辟新的环境和新的机会。进攻型公共关系的特点是:以攻为守,抓住一切有利时机和有利条件主动出击,在短时期内造成较大声势和空前影响,创造新局面。传播的内容、形式应新颖,能迅速吸引有关公众的注意和兴趣,可迅速提高本组织的信誉度与知名度。

5. 矫正型公关

矫正型公共关系,就是采取措施来纠正因主观和客观原因给旅游组织带来的不良影响(风险或严重失调),恢复旅游组织被损害的良好形象和信誉的公共关系方式。

旅游组织的形象与声誉遭受损害的情况有两种：其一是由于外界的某种误解，甚至是人为的破坏；其二是由于旅游组织内部不完善或过失所致。对前者，公关部门应迅速查清原因，公布真相，澄清事实，采取措施来消除损害旅游组织形象的因素。对后者，应迅速采取行动，与新闻界联系，控制影响面，平息风波。只有内部及时纠正、弥补，才能尽快地恢复公众信任，重新树立良好形象。

拓展知识

香港"非典"后重振旅游业

旅游业于香港的重要性众所周知，而"非典"爆发对香港旅游业的打击非常沉重，旅游行业及相关行业的收益锐减就说明了这一点。值得庆幸的是，香港特区政府和旅游行业为实施旅游业及相关产业复苏所采取的诸多措施，效果相当显著。在这些措施中，公共关系环节甚为突出，尤其是下列三个方面的做法值得类似的公共关系活动借鉴：

1. 多层次、多领域公共关系的整合

从行业来看，这次的公共关系策划侧重于旅游业，而旅游业与酒店、航空、餐饮、零售业息息相关，公共关系目标的实现得益于多行业步调一致、共同努力。旅游业的竞争力源于所在地区形象的知名度和美誉度，而这次公共关系活动由特区政府高调介入，把地区公关或城市公关与行业公关统一起来。另外，全行业、全地区的公共关系活动最终还要落实到各个组织，既有组织特色，又体现行业、地区整体的公共关系整合，这在该案例上体现得比较充分。

2. 凝聚人心，由内而外的路径选择

"非典"之祸，殃及人心，此次公共关系活动的起点放在了香港本地人心的恢复与凝聚上。商业促销可直接带来收益，但更关键的是，不断传播并树立一种理念："挺"旅游就是"挺"香港，"挺"香港就是帮助自己。在商业程度很高，但人情味相对淡漠的香港，市民凝聚力的确立是旅游警告解除后对外信息传播与形象重塑的基础。

3. 抓住首要公众

旅游警告刚一解除，整个公共关系活动就以多种形式、从多个角度展开，其中成功的一点就是选准、抓住了首要公众。如邀请重点市场的旅游业界代表访港，用优惠项目吸引国际旅游业界的一线员工带亲友来香港等。另外，通过"亚洲展览论坛"等活动向会展业的关键人物宣传香港，最终把握住了会展业这个带动旅游的"发动机"，促成了后半年全行业的反弹。

此次公共关系活动中的"明星战略"也是整个活动引人瞩目之处，取得了相当的轰动效应,当然其过大的成本也受到了一定的质疑。

(资料来源:http://www.xuelit.com/site/news/20100618122712.html)

七、旅游公共关系策划中的科学创意

旅游公共关系策划是一种理性思维活动,是对某一方面的活动所进行的谋划和筹算。成功的策划需要科学性,同时还需要经验、直觉、想象和创造性,亦即人们所说的创意。

(一)创意的含义

创意是策划人员想象力的迸发、创新的欲望、艺术的直觉,以及对目标的好奇心和不倦的探索精神。它是知识的提升、思想的跳跃、经验的变形、创新思维的放射。在旅游公共关系的策划中,想象力、灵感、顿悟、直觉非常重要。从某种程度上说,有效的旅游公共关系策划正是取决于人的直觉、灵感、顿悟、想象力这些思维要素的激活与释放。

绝妙的旅游公共关系策划所展示的是美学功能和艺术价值,是大自然赋予人类想象力的最好体现,是人类艺术灵感和艺术创造的结晶与升华,它使人类的科学思维和科学创造与人类的艺术浑然一体。要想成为旅游公共关系策划或创意的高手,除了需要灵感、直觉和艺术创造的才能外,还必须具备扎实的旅游公共关系"基本功"。否则,旅游公共关系的创意就不可能达到一种较高境界。

(二)科学创意的时机与技巧

1. 时机

旅游组织的形象竞争有一个机不可失、时不再来的问题,时机稍纵即逝。旅游公共关系的策划不迅速看准和抓住策划时机,事后即使投入再大的力气,也无法收到良好的效果。

2. 旅游公共关系策划可利用的时机

(1)固定时机,旅游组织要利用各种固定机会来策划专项公共关系活动,它要求策划方案要天天有新意,年年有奇想,事事有创造。

(2)常规时机,即运用各种常规机会来搞专门公共关系实务活动,这是旅游组织塑造良好形象,创造名牌,开拓发展的良好时机。

(3)偶然时机,即运用各种偶然机会来策划专门的旅游公共关系活动项目,这是一种偶然性、随机性策划,它要求策划者要善于把握社会上每日每时所发生的事件,抓住最佳时机,随机策划。

3. 技巧

在旅游公共关系活动中,如何借助天时地利,如何吸引大量公众,如何扩大活动的影响范围,如何防止意外事件,如何使公众在不知不觉中对活动留下深刻而持久的印象,如何说服公众等,都要在活动策划和方式上予以考虑。在公共关系活动的节奏安排上,要根据人的心理活动规律,动静结合、快慢结合,因时、因地、因公众而宜,合理地安排,有效地激发公众情绪,调动公众的注意力,合理地把握事件发展进程,科学地控制旅游公共关系活动的全过程,以取得预期效果。旅游公共关系活动技巧的构思是一项富有创造性的活动,要靠不断提高公共关系修养和总结旅游公共关系实践经验才能锻炼出来,还需要集中集体的智慧,群策群力,科学创意。

(三)旅游公共关系策划的情感与心理因素

1. 公共关系策划的情感性

旅游公共关系策划是以旅游公众为导向,把实现公众利益作为前提和基础,谋求旅游企业经营目标的实现。策划旅游公共关系活动只有重视情感和情趣因素,才会引起旅游公众的兴趣与注意力,或使公众乐于接受。一方面,公共关系策划多与情感、情趣或人道主义方面的内容有关,这体现为公众日常生活中发生的在社会道德、个人品质方面的为人称颂的好人好事等,多具有人情味这一情感因素;另一方面,旅游公共关系策划事件发生的地点与设计接受这一信息的旅游目标公众在空间距离或心理距离上越近越好,这可切合旅游公众都特别注意与自己密切相关事件的情感性。

2. 旅游公共关系策划要使情感因素和心理因素相结合

在策划中,要总结公众的一般心理变化规律和特殊心理变化规律,准确地了解旅游公众的需求、动机和由此产生的行为,为策划方案的顺利实施奠定基础。旅游公共关系策划和实施策划的过程中,主要是争取旅游公众的心,要改变和强化公众对旅游组织的印象,说服公众转变态度,就要动之以情,晓之以理。重视情感因素和心理因素的结合,是旅游公共关系策划及其实施策划获得成功的基础条件。

八、公共关系策划的公式

旅游公共关系策划公式,是指从旅游公关实践中总结出来的符合科学规律、可以广泛使用的策划思路与模式。虽然旅游公关策划是一项以出奇、出新、一鸣惊人著称的高智力活动,但它同许多其他艺术一样,完成的作品虽标新立异,创造过程却有规律可循。旅游公共关系策划的公式,即成功的公关策划=组织目标+公众心理+信息个性+审美情趣。

1. 旅游组织目标是公关策划立项的基础

(1)旅游组织目标是公关策划立项的基础。

(2)旅游组织目标是公关策划的起点。

(3)旅游组织目标是公关策划评估的首要依据。
(4)旅游组织目标分析操作要点:充分了解旅游组织的目标;将目标归类分析;保持一定的灵活性与应变性。

2. 公众心理是公关策划的主战场
(1)研究公众心理是公关策划的重点。
(2)公众心理是评估的重要内容。
(3)公众心理研究的操作要点:公众的类型、公众的层次。

3. 信息个性是公关策划打入市场的金刚钻
(1)信息个性是竞争的要求。
(2)信息个性能使公关策划方案脱颖而出。
(3)信息个性是评估的重要依据。
(4)信息个性构思的操作要点:认识到个性的重要性,筛选旅游组织的特色,加以加工提炼,运用排除法判断是否真的具有信息个性。

4. 审美情趣是旅游公关策划方案深入人心的金钥匙
(1)审美情趣是公关策划的起点之一。
(2)审美情趣是评估的重要依据。
(3)审美情趣分析的操作要点:充分了解公众的文化背景、审美水平、审美意识的层次;策划时运用心理学、美学;全面征求各方意见。

科学的策划思想和巧妙的策划艺术,即公共关系策划中的科学创意,是制订有效旅游公共关系行动方案的保证。

第三节　旅游公共关系方案实施

旅游公共关系活动实施是直接与旅游公众打交道的过程,是旅游公共关系目标的实现过程。即使再科学、合理的策划方案也需要通过"有效"的实施才能体现其价值。

一、旅游公共关系活动实施的概念

旅游公共关系活动的实施就是在旅游公共关系活动策划方案被采纳以后,将方案所确定的内容变为旅游公共关系实践的过程。这个过程是"公共关系四步工作法"中的第三个环节,也是最复杂、最多变的一个环节。

旅游公共关系活动的实施具有动态性、创造性、影响性和情感性的特点。

(一)动态性

旅游公共关系活动的实施是由一系列连续活动构成的过程,是一个目标和实际需要不断变化、不断调整的互动过程。不断地改变、修正或调整原定的策划方案、程序、方法、策略等是实施活动中不可避免的正常现象。

(二) 创造性

旅游公共关系活动实施的过程又是一个不同层次的实施者发挥主观能动性的过程。实施人员应充分发挥自己的积极性、主动性和创造性。旅游公共关系的实施过程不仅是对原策划方案进行艺术的再创造,也是不断丰富旅游公共关系实务经验的过程。

(三) 影响性

旅游公共关系活动的实施可影响旅游组织形象,甚至会对整个社会的文化、习俗产生一定的影响。

(四) 情感性

旅游公共关系实施的过程实际上是一种旅游组织与旅游公众的情感交流过程。因此,旅游公共关系实施人员必须了解、利用旅游公众的情感倾向和情感需求,重视情感投资,力求以情感人、以情动人、以情服人。重视情感交流,这是旅游公众的需要,也是旅游公共关系的生命根基。

二、旅游公共关系活动实施的管理

尽管旅游公共关系实施方案是经过认真论证的,但由于实施主体、客体和实施环境存在着许多意想不到的障碍,要寻找和设计排除障碍因素的途径与方法。同时,对于旅游公共关系的实施来说,需要及时而有效的管理,以确保旅游公共关系的活动实施与计划一致。

(一) 旅游公共关系活动实施的准备

1. 人员培训

公共关系人员素质的高低对旅游公共关系活动能否成功会产生较大影响。人员培训的主要内容是实施工作制度教育和操作方法的学习与探讨。

2. 实施前的调查

由于旅游公共关系活动的实施主体、客体及环境等存在许多不确定因素,为了保证旅游公共关系活动的成功,一些旅游组织往往会在旅游公关活动实施前进行事先调查,以此来确定是否继续推广实施。

(二) 旅游公共关系活动实施中的障碍排除

1. 目标障碍

目标障碍是指旅游公共关系活动策划方案中由于目标定位不明确甚至不正确,缺乏可操作性或由于方案制订的活动偏离目标而给实施所带来的困难。目标障碍主要有下列五种可能情况:(1)目标是否切合实际并能够实现;(2)是否具有可行性和可控性;(3)检查是否体现所期望的结果;(4)是否是实施者职权范围内所能完成的;(5)完成期限是否合适。

排除目标障碍的根本方法是要求策划部门修正目标,并使之正确、明确和具体。

2. 传播沟通障碍

旅游公共关系活动方案的实施过程实质上就是传播沟通的过程。在实施过程中,往往会因为语言、习俗、观念、心理等差异而产生各种沟通障碍。

排除沟通障碍的主要方法有:(1)正确选择沟通方式和渠道;(2)灵活运用传播媒介。

3. 突发事件障碍

对旅游公共关系活动方案的实施干扰最大的莫过于重大突发事件。一种是人为的纠纷危机;另一类是不以人的意志为转移的灾难危机。

（三）旅游公共关系实施的管理方法

1. 旅游公共关系实施的领导与指挥

在旅游公共关系方案确定后,实施成败的关键就在于实施的领导与指挥。方法中没有灵丹妙药,有效的方法往往是科学的管理方法与旅游公共关系实施具体情况的最佳结合和多种方法的巧妙综合运用。旅游公共关系实施的领导和指挥的最基本的管理方法有目标管理法、系统管理法、心理管理法和行政管理法等。

2. 控制与反馈系统

旅游公共关系实施的控制职能,是指旅游公共关系实施领导者通过建立旅游公共关系实施控制标准和实施过程的反馈机制,及时将实施行为和阶段效果与其实施控制标准进行对照,从而及时发现实施中的偏差并采取纠正措施,使实施行为顺利进行,确保旅游公共关系目标的实现。

常用的旅游公共关系实施控制方法是反馈控制法。该方法是指通过建立旅游公共关系反馈系统,不断将实施前、实施中和实施后的情况与事先制定的实施控制标准进行对照,发现偏差、纠正偏差的方法。反馈控制法有三种:事前控制法、事中控制法及事后控制法。

（四）旅游公共关系实施的原则

1. 目的导向原则

所谓目的导向原则,即公共关系人员必须严格按照既定的旅游公共关系策划方案开展实施工作,并在实施过程中,不断将实施结果与目标要求相对应,找出差距,发现问题,及时解决,务必实现目标。

2. 控制进度原则

这一原则是指根据整个公共关系计划和目标的需要,按照一定的程序,掌握工作的进展速度。由于公共关系人员的分工不同、能力差异以及环境影响,在公共关系计划实施时,会出现进度快慢不一致的情况,有时会造成工作的脱节。控制进度,就是要使工作同步协调,防止超前或滞后情况的发生。

3. **整体协调原则**

在计划实施中,要使工作的各个方面达到和谐、互补、配合、协调的状态,相互间不产生矛盾。出现矛盾,就要及时协调。这样才能提高工作效率,减少或杜绝人力、物力和财力的浪费,保证公共关系活动的实施。

4. **反馈调整原则**

由于计划实施的环境和目标公众是复杂多变的。在实施过程中,必须不断地把公共关系计划实施的结果与计划目标相对照,发现偏差,及时对计划、行动及目标做出相应的调整。在计划实施阶段,这种反馈调整始终不断地进行着,直至计划目标的实现。

案例分享

"胖儿火锅店"的新招

四川省达县市红旗街一条深巷内,有家"胖儿火锅店",尽管地点偏僻狭窄,但由于服务态度好,火锅味美价廉,1986年开张以来生意一直很红火,闻名全市。然而自1990年春节之后,生意开始出现滑坡现象,就餐的顾客不如从前多了。有满脑子公关意识的年轻店主,人称"胖儿"的孙军,及时对全市的同行业进行了一番考察,发现春节前全市仅有20余家火锅个体户,半年后却猛增到50多家。有几家火锅店的声誉也相当高,登门就餐的顾客比"胖儿火锅店"还多,孙胖儿感到本店优势已不复存在。为了继续争得公众,塑造好自身形象,孙胖儿经过反复权衡后,率先在全市同行业中推出三条新招:①变过去点菜计价的高赢利为"二十元通吃"的微利收入。即凡入本店烫火锅的顾客每人只需交20元钱,便可吃到本店的各种菜肴,直到吃饱烫好为止,还有啤酒供应。②凡年满80岁的老人来店就餐一律免费,如果是老人的寿辰,还可得到一份鲜美的蛋糕及其他贺寿礼物。③增加学前儿童就餐饭,就餐时有儿童喜欢的动画录像放映。

按照议定的方案,孙胖儿展开了三步公关活动:一是在地区电台、电视台晚间最佳时间播送由记者采写的本店新闻,并将新闻刊登在地区《通川日报》显要位置;二是在闹市区如车站、邮局、百货大楼、歌舞厅、市中心花园等地张贴海报;三是进一步树立良好服务形象,门前每天专设一名彬彬有礼的女服务员迎送就餐顾客,挂放行李。

这些新招一出台人们争相传告,"胖儿火锅店"名声大振。光顾就餐的男女老少络绎不绝。虽然本高利薄,"胖儿火锅店"每月的纯赢利却比过去同期增长了两倍多。现在,市民一提起烫火锅,首先想到的就是"胖儿火锅店"。

（资料来源：豆丁网,http://www.docin.com/p－296900010.html）

第四节　旅游公共关系效果评估

旅游公共关系作为现代社会的一项管理方法,应当设计周密,有头有尾。所谓效果评估就是有关专家或机构依据科学的标准和方法,对旅游公共关系的整体策划、准备过程、实施过程以及实施效果进行测量、检查评估和判断的一种活动。旅游公共关系工作程序的第四步就是对旅游公共关系活动效果的总结评估。

一、旅游公共关系效果评估的意义

（1）效果评估对旅游组织公共关系工作具有导向作用。"总结经验、吸取教训"是旅游公共关系活动分析评估的重要意义之所在。

（2）效果评估是激励内部公众士气的重要形式。通过旅游公共关系活动分析评估,使内部公众体会到旅游公共关系活动的重要性,自觉地将实现旅游组织的战略目标与自己的本职工作紧密地联系在一起,增强凝聚力。

（3）旅游公共关系评估的另一重要意义还在于使旅游组织的领导人看到开展旅游公共关系工作的明显效果,从而使他们更加重视旅游公共关系工作。

二、旅游公共关系效果评估的内容与依据

（一）旅游公共关系效果评估的内容

旅游公共关系评估的内容应该包括旅游公共关系活动的方方面面。但在具体操作中,评估的内容可以根据要求有所侧重。一般来说,其评估的内容有以下几个方面。

1. 旅游公共关系工作程序评估

即对旅游公共关系工作的各个步骤、各个环节的工作进行评估或研究,其内容和要点主要有以下几种。

（1）调查过程评估。包括调查的设计是否合理;调查方法的选择是否得当;调查工作的组织实施是否合理;调查结论分析是否科学,等等。

（2）计划过程评估。包括旅游公共关系计划的目标是否科学;总体计划是否可行、合理;战略构思是否周密、科学;目标公众选择有无遗漏,是否科学;媒介选择是否得当;经费预算是否合理,等等。

(3)计划实施过程评估。包括各项准备工作、沟通协调工作是否落实到位;实施过程安排是否合理、周到、有创新;信息制作的内容是否准确;传播效果是否明显;实施过程的安排是否得当;实施效果是否达到目标要求,等等。

2. 专项旅游公共关系活动评估

主要包括以下 4 类:日常旅游公共关系活动成效评估、单项旅游公共关系效果评估、年度旅游公共关系活动效果评估和长期旅游公共关系活动效果评估。

(二)旅游公共关系效果评估的依据

可以根据大众媒介传播的情况来评估,包括报道的数量、报道的质量和新闻传播媒介的影响力;根据旅游组织内部资料来评估,包括旅游组织领导管理人员、营利性旅游组织的股东对旅游组织公共关系目标达到程度和效果的评价、旅游组织内部员工从不同角度对旅游公关活动成效的评价、旅游组织内部资料等;根据旅游组织外部资料评估,包括消费者与用户的信息反馈、相关旅游组织的信息反馈、社区公众和政府的信息反馈等。

三、旅游公共关系效果评估的程序

评估工作是对旅游公共关系活动的策划方案、实施情况及效果进行分析总结。作为一项完整的工作过程,评估过程可概括为下列五个基本步骤:

(一)设立评估统一目标

即对评估的用途和目标达成一致,评估目标是用比较来检验旅游公共关系计划与实施的结果。统一的评估目标,可以减少在评估研究中出现的不必要的劳动,减掉无用的材料,提高评估的效率与效果。

(二)选择合适的评价标准

应针对不同的活动形式和目标,确立评估标准,如果是以改善旅游组织自身形象、提高美誉度为目标开展的旅游公共关系活动,应该将公众对旅游组织的认识、态度的变化作为评估标准。

(三)确定获取数据的最佳途径

获取评估数据的途径和方法取决于评估的目的与标准。抽样调查、实地实验或活动记录都可以成为获取数据的好方法。

(四)及时报告评估结果

及时上报评估结果可以保证旅游组织的管理者及时掌握情况,有利于旅游组织全面地协调决策,也有利于说明旅游公共关系活动在旅游组织实现目标的过程中所起到的作用。

(五)运用评估结果

把评估的结果运用到旅游公共关系工作的调整上,会使问题的确定和分析更加详细、精确,确保下一个周期的公共关系活动更为有效。

四、公共关系评估的标准及方法

(一)准备过程的评估标准及方法

1. 背景材料是否充分

评估的主要任务实际上就是检验前几个程序中是否充分占有资料和分析判断的准确性,重要的是及时发现在分析中被遗漏的、对项目有影响的因素。

2. 信息内容是否正确、充实

开展这项工作可以利用剪报、宣传品以及广播讲话录音和原稿。

3. 检验信息的表现形式是否恰当

其重点是信息表现形式是否合理、新颖,是否能达到引人注目、给人以深刻印象的要求。具体包括文字语言的运用、图表的设计、图片及展示方式的选择等。

(二)实施过程的评估及方法

1. 实施过程的评估标准

检查发送信息的数量、信息被传播媒介所采用的数量,检查接收到信息的目标公众有多少以及引起公众注意的人口数量。

2. 实施过程的评估方法

评估人员直接观察、对实施者与实施对象进行调查、分析各种汇报资料,这三种方式一般综合运用,通过几种方式相互比较、相互印证,得出一个全面的、综合的评估结论。

(三)实施效果的评估标准及方法

1. 标准

(1)了解改变观点和态度的公众数量;

(2)发生和重复期望行为的公众数量;

(3)对经济和文化发展产生的影响。

2. 评估方法

旅游公共关系的效果除可凭主观印象(可以是个人的,或是公关部的,或是组织决策层的主观印象),直接用文字形式来进行总结外,还可以通过某种更为精确的方法来加以衡量和评估。这些方法主要有以下几种:

(1)直接观察法。直接观察法包括旅游组织的领导人、公共关系人员、特邀的组织外部人士,直接进入旅游公共关系活动和一般社会环境来观察活动的情况与效果。但由于这种方法只靠一般观察、感觉来判断,缺乏精确的量化分析,个人主观感悟成分较多。

(2)内部、外部监察法。内部监察法是由旅游组织内部人员,如与公关部平级的部门负责人或上级负责人,对公关部的工作表现进行调查和评价;外部监察法是聘请外部专家对企业的公共关系进行调查、访问和分析,对旅游组织的公共关系活动作出较为客观的评价和衡量,并对未来的活动提出建议和咨询。

(3)传播审计法。即通过大众传媒对旅游组织的报道情况来评估旅游公共关系活动效果的一种方法。

(4)公众行为检测法。即对旅游公众的行为进行测定,并通过旅游公众行为变化来分析旅游公关活动效果的一种评估方法。

案例分享

点亮你们的眼睛 温暖我们的心灵
——策划"蜡烛事件"的前前后后

一位18岁的待业青年,一个因没钱交电费而停电了的单位公寓公厕,一百支蜡烛,一家将要晋升为国家四星级旅游涉外饭店的大酒店,一个精明的策划创意将这些紧紧地联系了起来。

背景

地处江苏省比较落后地区的苏北徐州,在经历了"非典"之后,为改善投资软环境,从7月份开始,借"非典"期间提出的"做有情有义的徐州人",提出了徐州形象的概念,所有媒体均以大量篇幅,邀请社会各界人士讨论徐州精神、徐州形象。文明的徐州人、有情有义的徐州人(在"非典"期间,一位徐州人怀疑自己有"非典"而主动要求隔离自己,市委书记撰文表扬其是一个有情有义的徐州人)、高尚的徐州人,等等,多次成为每个报纸的大标题,在这样的背景下,一家媒体突然捕捉到了一个非常典型的事件。暂称之为蜡烛事件。

事件

处于徐州市老矿区——贾汪区郊区的一座单位公寓,因公寓内没有独立的卫生间,该公寓的住户长年累月使用该公寓内的一座公厕。一年前,该单位破产,工人下岗,几个月前,该公寓产权单位无法承受沉重的电费负担,致使该公寓内唯一的公厕,一到晚上漆黑一片,给公寓内的住户生活造成了很大困难。公寓楼内待业青年杨明了解到这个情况后,从超市上买来一根蜡烛,点好后,放在厕所里,为黑夜里上厕所的人送上了一双明亮的眼睛。从第一根蜡烛点起,到第10根,到第50根,到第100根,杨明坚持下来了,他的毅力,他的工作,他的热心,感动了这座公寓里所有的住户。有人给当地报社打了电话。当地报社认为这是一个非常符合现实潮流的题材,符合正在热切讨论的徐州精神、徐州形象的题材。他们赶到了现场,采访了所有有关人员,将这位待业的、职业中专毕业的年轻人推上了镁光灯和采访笔齐聚的舞台。

接连几天,媒体一直在陆续报道,因为杨明的出现,供电部门觉得自己太势利了,给公厕安装了电灯;也因为杨明的出现,许多电话打进报社,许多青年在忏悔自己所做的错事;还因为杨明的出现,许多事情变得一下子从红灯转到了绿灯,好多学生也在公交车上给老弱病残者让座儿了。但此时的媒体并未就此作罢。报纸不仅仅担当了舆论监督和引导的工具,还担当了职业介绍中心。在点燃蜡烛事件后,他们着重提出了杨明至今没有工作。

时机

某酒店是一家位于淮海路上的三星级酒店,最近正在积极筹备晋升国家四星级旅游涉外饭店。在蜡烛事件刚刚被披露的同时,这家酒店也刚刚接到了江苏省旅游局颁发的国家四星级旅游涉外饭店证书。配合晋升四星级旅游涉外饭店的工作,酒店准备好了一大笔宣传资金投入。这时,蜡烛事件正点亮徐州人所有热情的眼睛,正温暖所有热情的徐州人的心。无疑,抓住了这次机遇,就有可能创造一个奇迹:借助这一事件,就有可能将美誉度提高一个层次,于是酒店的人积极打电话给报社,直接要求,让报社核实,那个点蜡烛的待业青年,愿不愿意到酒店来上班。因为酒店晋升四星,缺的就是这样的人才;因为酒店是服务业,需要的就是点蜡烛的这种精神;因为酒店是徐州地区形象的窗口,要的就是能够代表徐州人形象的观念、意识、精神。报社的领导一直都和酒店关系不错,酒店在徐州的知名度和美誉度一直都非常好。

热心的读者带去了共同的期盼:蜡烛事件的主角——杨明,这个当地报纸树起的典型形象绝不能到二三流的工作单位去,能有这么好的一个单位找到报社要求杨明到他们那里去上班,这既是本次事件所要达到的结果,报社领导认为这是群众的心愿,也是报社领导人所要求的结果。双方一拍即合。

随着杨明到该酒店上班,这样,有关此事件的策划开始进入了高潮:媒体当时希望有三个结果,一是使自己发现的当事人能够成为当时正在热门讨论的徐州精神、徐州形象有一个很好的论据;二是使公厕能够通上电;三是使事件当事人能够在就业非常紧张的环境下找到一份满意的工作。前一个结果是媒体应有的职责;后两个结果则使媒体在公众面前提高了自己的威信、亲和力和美誉度。

结果

蜡烛事件的当事人杨明到酒店上班后,酒店借这一事件所要的结果正一一显山露水。因为蜡烛事件已被当地媒体进行了全面报道,许多员工也知道了这件事情,现在终于能够与当下的明星零距离、面对面了,对他们精神上的感染和刺激,也起到了促进员工精神境界和服务观念改变的作用,我们都会认为这个改变不是现在就能够全部展现的,现在展现的只是冰山的一角而已。能够全部展现的是当地的电视、报纸等媒体大幅面地介绍将要晋升国家四星级旅游涉外饭店的酒店接纳了蜡烛事件的当事人杨明。酒店总经理在接受媒体采访时认为:杨明的精神是服务业从业人员最需要的一种服务精神,他的这种精神也符合我们徐州人的精神。电视在报道这些情形时特地与前些日子当地人哄抢开业用的花篮作了对比,使杨明的形象更加突出,使接受杨明工作的酒店形象更加凸显。

一连数日,酒店的形象一直和蜡烛事件的当事人——杨明联系起来。而在所有媒体宣传杨明的时候,都没有忘了提一句,酒店正在晋升"国家四星级旅游涉外饭店",正需要杨明这样的人才。人们为杨明能到这样的一个酒店上班而高兴。所以,当杨明还没有正式到酒店来上班的时候,许多关心杨明的人将写给杨明的信件直接寄到了酒店。酒店晋升"国家四星级旅游涉外饭店"的消息也随着杨明一起传播到千家万户,此时,虽然酒店业内人士都知道酒店是本市内第三家晋升为"国家四星级旅游涉外饭店"的酒店,但许多老百姓却认为酒店是本市第一家晋升为"国家四星级旅游涉外饭店"的酒店,是徐州人值得骄傲的酒店,因为它在晋升四星级时,接纳了徐州形象和徐州精神的代表人物——杨明。将其精神真正落到了实处,将杨明放在那样一个接待海内外贵宾的地方,于所有的徐州人也是一个值得自豪与骄傲的事情。

(资料来源:http://hyq0511.blog.163.com/blog/static/12129556920096388338748)

 思考与练习

1. 旅游公共关系调查的内容有哪些?
2. 什么是抽样调查?常用的抽样调查方法有哪些?
3. 旅游公共关系策划的基本方法有哪些?请简述旅游公共关系策划与创造性思维的关系。
4. 影响旅游公共关系实施的因素有哪些?
5. 旅游公共关系评估的内容和方法有哪些?

第八章 旅游公共关系专题活动

引 言

美国策划专家罗思曾对公共关系专题作过这样的解释:"专题活动是一种能给人以直接刺激的媒介,是指为达到一定的目的,在一个特定时期、特定场合下,使成为对象的每一个人都能亲自体会到直接针对性的某种'刺激'媒介。"

旅游公共关系专题活动是相关旅游社会组织与广大公众进行沟通、塑造自身良好形象的有效途径。国内外许多旅游组织经常采用公共关系专题活动的形式来扩大影响,提高声誉。旅游公共关系专题活动对于改善旅游组织的公共关系状态有极为重要的意义,它往往能够使旅游组织集中地、有重点地树立和完善自身的形象,扩大自己的社会影响。成功的旅游公共关系专题活动,往往使旅游组织的形象实现意想不到的飞跃,是塑造旅游组织形象的有力驱动器。

学习目标

1. 公共关系专题活动的特点和基本要求;
2. 掌握策划和组织公共关系专题活动的技能。

第一节 公共关系专题活动概述

旅游公共关系专题活动是旅游公共关系的重要内容。专题旅游作为旅游吸引物,是旅游公共关系专题活动的重要方面,且是为满足某些特殊兴趣和爱好的游客而举办的具有特定内容的旅游项目,也是提升旅游产业品质的重要方式,更是转变旅游经济发展方式的重要途径。在当前竞争激烈的国际旅游市场中，各旅游东道国都在千方百计更新游览内容，不断推出标新立异的专题旅游项目，以迎合游客求知、求新、求奇的心理需求，从而出奇制胜，招徕游客。如比利时先后开展了一系列以纪念活动为中心的专题旅游，像"鲁本斯年"、"比利时七大奇迹年"和"布鲁塞尔津市一千周年"的纪念活动等，使游客接待量显著增长。中国近年陆续推出的运河旅游、丝绸之路旅游、长江三峡旅游、冰雪节旅游、风筝旅游、烹饪旅游、武术旅游等各具特色的专题旅游，已初步取得成效。此外，中国传统的气功、针灸、推拿，以及中草药、太极拳等中医疗法与健身术，对治疗慢性病和疑难病症有特殊疗效，在海内外享有盛誉。开展以保健疗养为特色的中医中药专题旅游，将有广阔的发展前景。

与专题旅游内涵和外延近似的概念，就是事件及事件旅游。目前，国际上对事件及事件旅游研究较多，而在我国还缺乏相应的深度研究，有待纳入正规的旅游研究学术领域。事件的种类为数很多，分类标准可以从不同角度和目的来确定。对于旅游发展来说，事先经过策划的事件是研究的重点，主要分为八个大类：文化庆典（包括节日、狂欢节、宗教事件、大型展演、历史纪念活动）、文艺娱乐事件（音乐会、各类表演、文艺展览、授奖仪式）、商贸及会展（展览会、展销会、博览会、会议、广告促销、募捐/筹资活动）、体育赛事（职业比赛、业余竞赛）、教育科学事件（研讨班、专题学术会议、学术讨论会、学术大会、教科发布会）、休闲事件（游戏和趣味体育、娱乐事件）、政治/政府事件（就职典礼、授职或授勋仪式、贵宾观礼、群众集会）、私人事件（个人庆典——周年纪念、家庭假日、宗教礼拜，社交事件——舞会、节庆、同学/亲友联欢会）。还有学者从研究事件的现代性角度出发，综合事件的规模、目标观众及市场、媒体类型及覆盖面等标准，把事件划分为重大事件、特殊事件、标志性事件和社区事件，其中重大事件是现代社会的大型"狂欢秀"。重大事件，如世界博览会、奥运会、世界杯（足球），覆盖的是全球观众和全球电视媒体；特殊事件，如国际汽车大奖赛、区域性体育赛事（亚洲运动会），覆盖的是世界/国内观众和电视媒体；标志性事件，如国家体育赛事（中国全国运动会）、大城市体育赛事/节日，覆盖的是国内或区域的观众和电视媒体；社区事件，如乡镇事件、地方社区事件，覆盖的是区域/地方的观众和电视媒体。

一、公共关系专题活动的含义

（一）旅游公共关系专题活动的含义

旅游公共关系专题活动，亦称为"特别旅游活动"或"特殊旅游事件"，是指旅游社会组织为了实现某一明确特定的目标，围绕某一特定的旅游方式和主题而精心策划的旅游专题传播活动，它是以公共关系传播为目的、有计划、有步骤组织众多人参与的、协调的社会活动。旅游公共关系专题活动是相关旅游社会组织与广大公众进行沟通、塑造自身良好形象的重要途径。

(二) 旅游公共关系专题活动的特点

1. 针对性强

旅游公共关系专题活动是针对某一特殊需要和特定目标举办的。要实现这一目标,整个活动必须贯穿并体现既定目标。旅游专题活动的目的性很强,因此,必须有一个与之相适应的明确的旅游主题。明确的旅游主题是旅游专题活动的灵魂。主题表达越准确、生动、鲜明,就越能引起社会的关注度,产生轰动效应,从而实现旅游专题活动的既定目标。

2. 协调性强

旅游公关专题活动的协调性表现在旅游专题活动过程的各个方面与各个环节。第一,目的与内容的协调。一个既定的目的,要通过内容来体现,而两者的协调,要通过策划构思才能实现。第二,内容与形式的协调。旅游专题活动的多个内容需要与之相适应、相协调的多种形式予以表现,切不可张冠李戴。第三,实施操作管理的协调。公关专题活动有严密的操作性。在实施管理过程中,管理事项纷繁复杂,各个实施项目要综合协调,否则,专题活动不能实现既定的目的。

3. 灵活性强

旅游公关专题活动方式多样,举办时间的长短也受限制,其规模大小随需要而定,活动内容也可以根据需要不定期安排,在活动过程中也可以做适时调整。

4. 影响力强

旅游公关专题活动的策划者把活动作为一个信息传播的载体,通过活动内容把信息传达给活动参加者,并且进一步通过参与者的人际传播和大众传播媒介把信息传播到更大的范围。旅游公关专题活动有许多的公众参与,加上大众传播媒介的宣传,会产生强烈的社会震撼性。一般情况下,旅游公关专题活动的影响越大,说明其专题活动办得越成功。

5. 创新力强

每一次旅游公关专题活动,都应策划得新颖别致,富有特色,大胆创新,力戒平淡。公共关系专题活动的创新主要表现是:创意新、形式新、内容新、方法新。在近几年的公共关系专题活动中,越来越多的庆典活动跃出旧的模式,取得了卓尔不俗的公关传播效果。

二、旅游公共关系专题活动的作用

(一) 直接效益

1. 举办者直接获益

旅游组织通过公关专题活动的策划,可以扩大组织的知名度和美誉度,树立自身形象;实现其对内、对外的经营目标,增加其经济收入。

2. 承办者直接获益

承办者主要是指受委托的专业策划运作公司、专业展览公司或展览会场馆,他们可以从承办中直接获得经济效益,不断扩大自身的知名度,同时加强与参展者的关系。

3. 参与者、参展者直接获益

旅游公关专题活动为活动参与者、展会参展者提供了一个展示自我、推销自我的机会和平台,他们可以借此机会扩大组织经营规模和提高知名度,获取各种旅游信息和情报。

4. 参观者直接获益

参观者大多是购买者、被服务者或是被宣传对象,他们可现场体验和接受宣传,还可以沟通联系,获取信息,开阔思路和启迪创意。

(二) 间接效益

1. 有效地促进地方经济的发展

通过策划、举办各种旅游公关专题活动,可以提高地方的知名度,引起投资者的兴趣,扩大地方的对外开放。如我国的各种文化旅游节,就是文旅搭台、经贸唱戏、以文旅促经济的举措。又如日本的神户市,在20世纪70年代围海造地,搞出了一个约826平方公里的小岛,1981年神户市举行了人工岛国际博览会,并修建了环岛干、支线公路,开通了岛上与神户市内的公路。通过这次活动,神户市获得了约3300万美元的经济收入,有力地推动了地方经济的发展。

2. 有效地推动城市建设

旅游公关专题活动可推动城市建设的发展。如2009年11月6~9日举办的首届"中国·咸宁国际温泉文化旅游节",倒逼出咸宁温泉旅游新城区。节会的倒逼机制,改变了市区旅游项目建设缓慢的状况,推动了市区基础设施的建设和完善。旅游节筹备期间,温泉旅游酒店建设有了质的飞跃,一些多年未建成的项目在旅游节前建成完工。一座总面积54.7平方公里,总投资为200亿元,以温泉休闲、观光、旅游为主题的旅游新城在市区崛起,成为咸宁新城"五城一区"的重要组成部分。特别是通过大力推进桂乡大道景观路建设、潜山国家森林公园改造、城区亮化绿化、沿街立面改造工程、城区路网基础设施及贺胜桥、汀泗桥、马桥等小城镇建设等一系列城建举措,改善了城市环境,增强了城市功能,提升了城市品位,扮靓了城市形象,城市软件和硬件建设全面升级,城市面貌焕然一新。

3. 可以提供大量的商贸合作机会

旅游公关专题活动是商务交流、招商引资的绝佳机会。在首届"中国·咸宁国际温泉文化旅游节"期间,共有40个招商项目达成签约,总投资达185.25亿元。

4. 有效地促进科技文化事业的发展

通过公关专题活动,可以交流文化、推广技术,使人类各项先进科学技术和文化知识融为一体,以展品本身的形式以及专题活动本身的美,给人以启迪、激励和鼓舞,促进科学技术和文化事业的发展。

5. 有效地促进商业和旅游业的发展

旅游公关专题活动为交通业、零售业和旅游业带来繁荣,大量交往活动又为交通业、餐饮业、娱乐业带来财气。如2009年首届"中国·咸宁国际温泉文化旅游节"期间,温泉城区主要的10家酒店共接待国内外游客32.52万人次,比2008年同期增长545%。其中餐饮业接待16.9万人次,同比增长389.8%;客房接待4.45万人次,同比增长202.7%;泡温泉接待10.8万人次,同比增长1881.8%。

三、旅游公共关系专题活动类型

在实际公共关系工作中,旅游公共关系专题活动有许多不同的类型,准确地区分不同类型的公共关系专题活动,有助于更好地掌握公共关系专题活动的策划和实施管理。根据不同的划分角度,公共关系专题活动大致有以下几种:

(一)按规模划分

按公共关系专题活动的规模可分为小型旅游公共关系专题活动、大型旅游公共关系专题活动和系列旅游公共关系专题活动。小型旅游公共关系专题活动,是在某个旅游机构场所和人员范围内举行的或人数在百人以下的活动。大型旅游公共关系专题活动是有目的、有组织、有计划地吸引众多人参与的协调行动。如中央电视台庆祝2008年北京申奥成功大型演唱会。系列旅游公共关系专题活动是以同一目标为出发点,形成不同内容、不同形式、不同场所的多项活动,或者由不同机构组织众多人参加的多项活动。如国家旅游局于2011年为庆祝5月19日"中国旅游日"而在全国各地举办的系列活动。

(二)按性质划分

按公共关系专题活动性质可分为旅游公益性活动、社会工作活动、专业性活动、商业性活动和综合性活动。旅游公益性活动主要有环保活动、慈善活动、敬老活动、救灾活动等。如湖北楚天交通广播电台每年举办的"旅游低碳骑行"活动。旅游社会工作活动主要有文明礼貌、道德教育、公民教育等属于社会工作范畴类的活动,如国家旅游局2011年举办的"全国公民文明旅游宣传教育"活动等。旅游专业性活动主要有科技、文学、艺术、体育等专业内容十分突出的活动,如2007年国家体育总局、国家旅游局创办的"中国体育旅游博览会"。旅游商业性活动主要有与消费者沟通的活动、商业促销活动、商业推广宣传活动,如国内众多旅行社面向年轻情侣推出的"新婚蜜月之旅"。综合性活动主要是集各种性质的活动为一体的活动,例如旅游节、服装节、文化节、美食周等,在这些活动中,既有商业活动,又有公益活动,既有社会工作活动,又有娱乐活动,其特点是融多种活动为一体。

(三) 按内容划分

按公共关系专题活动的内容可分为典礼型、喜庆型、会议型、展览型、新闻传播型、竞赛型的活动。旅游典礼型活动包括:奠基典礼、落成典礼、开业典礼、签字仪式、剪彩仪式等。旅游喜庆型活动包括:周年贺庆、庆功会、颁奖会、节日联欢会、庆祝宴会、节日舞会、大型文艺演出等。旅游会议型活动包括:研讨会、洽谈会、鉴定会、交流会、座谈会、演讲会。旅游展览型活动包括:展览、展销、促销、开放参观等。旅游新闻传播型活动包括公共关系新闻传播、谋划新闻事件、新闻采访接待、记者招待会等。旅游竞赛型活动包括:以企业名称命名的体育比赛、歌咏比赛、摄影比赛、征文比赛、演讲比赛、绘画比赛、智力竞赛等。

旅游公共关系专题活动的分类方法无固定模式,也不仅限于以上几种。但公共关系人员参考上述分类方法,可以掌握不同类型公共关系专题活动的策划侧重点,如庆典活动侧重喜庆的构思;会议型活动侧重会议环境和会议内容;展示型活动侧重视觉传播效果;新闻传播型活动侧重新闻的新、奇、特、真。

四、旅游公共关系专题活动策划的原则

旅游公关专题活动的开发,可以促进人流、物流、信息流、投资流的发展。当今世界,各国都在策划吸引游客的节庆、景区、餐饮等形式多样的旅游专题活动。国家旅游局策划提出了民俗风情游、中国乡村游、华夏城乡游等年度旅游宣传主题口号,各省、市、自治区依据自己旅游资源的特色,也策划出许许多多成功的旅游专题活动案例,如各式各样的"节"、"庆"专题活动,"灵秀湖北","好客山东",江西婺源的"梦里老家",山东潍坊的风筝节,内蒙古的那达慕,海南的椰子节,等等。

策划的原则是策划人员在策划过程中用于观察问题、分析问题、解决问题的准则。它可以说是策划的价值观念。

(一) 社会性原则

任何公众活动都是存在于社会、受社会因素制约,又反过来影响社会的。旅游公共关系专题活动的策划首先应遵循的原则就是社会性原则。这一原则,是指要符合社会综合因素的要求,包括:

(1) 政策要求。比如,城市规定不准放鞭炮,那么一般情况下这个城市活动的策划就不能使用放鞭炮的形式。

(2) 社会热点要求。当下社会的热点话题是讲环保,如果依势造势,顺应潮流,再创环保活动新方式,光是策划的起点就成功了一半。

(3) 传统习惯要求。策划大型活动,适应传统习惯的要求也是不容忽视的。

(4)伦理道德要求。假如大型活动与社会公共伦理道德标准大相径庭,很难有成功可言。

总之,社会性要求是很广泛的,包括社会制度、社会文化、人文关系,等等,适者生存也就是这一原则最好的注脚。

(二)科学性原则

科学性包含两重意义:一是策划要符合科学原则;二是策划时要充分应用现代科学技术的成就。

现代策划被视为一项知识密集、技术密集、人才密集的高新技术产业。旅游专题活动策划正是运用多学科的专业知识,去观察社会、研究社会,从而策划出适应社会发展潮流的多种多样、多姿多彩的社会活动。

科学性原则要求策划者充分运用现代的科技成就,包括自然科学和社会科学的研究成果,运用现代科学的思维方法、技术、设备,策划和实施社会大型活动。现代科学发展至今,已经是多学科相互渗透,而被称为边缘科学的学科就是这种相互渗透的产物。现在很多自然科学的成果,已被迅速地应用到社会科学领域里来。现代科技产品,如大屏幕电视广告、投影机、幻灯机、先进的摄录器材、印刷技术等,大量应用于社会科学领域。比如,电脑在旅游公共关系调查中的应用已相当普遍;三维电脑的诞生,给公关业、广告业带来极大的进步。许多科研新产品,更是现代策划和大型公众活动必不可少的工具,如现代通信工具和通信设备。现代策划,要反映出时代气息,要展现高格调,离不开自然科学成果的应用。

(三)实效性原则

随着社会商品化的日益发展,讲求实效,是在社会上已经逐步形成的一种新观念。对于大型旅游活动而言,讲求实效具有更重要的意义。我们已经注意到高额投资是大型活动的特点之一。投入了,当然希望产出,这是所有大型活动决策者都必然关注的问题。企业营销性的活动固然讲求投入与产出,投资者会计算投入了多少市场费用,增加了多少销售额,这是不言而喻的。即使是社会性的活动,也讲求其投入的实效,如电信局的电话升位的宣传活动,电信局必然有要求,在投入了定量的宣传资金后,希望在一定的时间内,让全市市民家喻户晓,让所有与该城市有联系的人和机构都知道本地电话升位的事,从而不影响正常的通信活动。即使是从事社会工作的宣传部门,宣传文明礼貌的活动,同样需要讲求传播效果,争取取得更大的传播力,这也是一种产出。

在策划过程中,策划者往往着意追求形式美和创新性,而容易忽略实效性。这并不奇怪,其实它们本来就是一组矛盾,当这一组矛盾得到解决之时,就是策划成功之时。在策划过程中,不同时期可以有不同的侧重点,前期应侧重于形式创新,后期则侧重于实效,这样既不泯灭创新的理念,又可以做到讲求实效。

总之,大型公众活动的策划,不但从宏观的角度看,要十分重视其实效性,而且从微观的角度,即每个具体的项目上,也应精打细算,讲求实效。

(四)创新性与可操作性相结合原则

同写文章一样,千篇一律是大型旅游公众活动策划的大忌。只有具备创新性,才能使公众活动策划具有生命力。创新性就是提出创造性的主意,就是说每次策划,必须是一次创造性的劳动,其结果,应该是产生与众不同的主意。

值得注意的是创新性固然重要,但是一个有新意的策划方案,可能会受到诸多因素的制约而难以实施,所以策划必须既要有创新性,又要有可操作性,这样才能功德圆满。试想有这么一个活动,地点在市中心,策划者要运用名人效应而邀请高官出任主礼嘉宾,嘉宾出场时要隆重,创造新意,与开幕式同时间用直升机将主礼嘉宾送至典礼现场。这个创意可谓新颖。但市中心有没有一个既可用于隆重典礼而又能使直升机安全着陆的场地?假如没有就缺乏可操作性。

在许多场合,原则性与灵活性是可以互相交融的,如果你能在原则性和灵活性之间寻找到一个平衡点,则一定会有出色的创造。

第二节 旅游新闻发布会

旅游新闻发布会,是旅游组织与新闻机构建立和保持联系,进行双向沟通,广泛传播信息的一种较正式的特殊会议形式。同时它也是旅游组织与公众沟通的例行方式,而且是新闻发布人代表旅游组织向新闻媒介传递组织宗旨、阐述组织意愿、发布某种消息、接受提问并回答问题的一种活动。其特征表现为两级传播:先将消息告知记者,再通过记者所属的大众媒介告知公众。新闻发布会可用于树立或维护组织形象、协调公共关系、引导舆论导向。由于这种活动方式直接面对并通过新闻媒介进行传播,宣传力度大、受众范围广,是常用的语言传播方式之一。任何社会组织如政府、企业、社会团体都可以举行新闻发布会。2010年,世界博览会在上海举办,就多次采用新闻发布会的形式强化宣传力度,从而使"让中国走向世界、让世界了解中国"的目的得以实现。

记者招待会是旅游新闻传播的另一种重要方式,也可以归属于新闻发布会。当旅游组织准备举办一项重要活动时,或者将有一定社会影响的突发事件处理情况向社会各界公众通报时,或者有其他新闻价值的消息需要发布时,就需要举办记者招待会。记者招待会的最大特点是:气氛轻松、富有人情味,信息传播迅速、反馈快。记者可根据自己感兴趣的问题和自己所关注的角度提问,还可以激发灵感,深层次挖掘消息。因此,这种新闻发布方式比其他形式的新闻传播方式在深度和广度上更胜一筹。

一、新闻发布会的特点

（1）正规隆重。形式正规，档次较高，地点精心安排，邀请记者、新闻界（媒体）负责人、行业部门主管、各协作单位代表及政府官员。

（2）沟通活跃。发布信息、相互问答，双方沟通时间长，接触较深。记者可以根据自己感兴趣的方面或所侧重的角度进行提问，更深入地发掘消息，增进旅游组织与新闻界的沟通交流，促进双方合作。

（3）方式优越，传播迅速。新闻传播面广（报刊、电视、广播、网站），集中发布（时间集中、人员集中、媒体集中），迅速扩散到公众。发布信息快，扩散面广，社会影响大。与其他传播方式比较，无论在深度，还是广度上，都更为优越，新闻媒体自主性的特点更适合旅游组织信息的传播。

二、旅游新闻发布会的时机和主题

（一）新闻发布会的时机

从旅游组织方面来看，最恰当的时机是指新闻发布会发布旅游组织信息的最合适的时间。新闻发布会的时间要与即将发生或已发生的事件在时间上接近。如滑雪节在 12 月份举办，新闻发布会就应在 10 月中旬召开。提前一个月或两个月左右比较合适。

作为旅游组织方还要考虑到记者及大众媒体的时间，其选择遵循两个原则：

1. 应尽量避开节假日和重大社会活动的时间

因为对媒体而言，节日或重大活动比旅游新闻发布会更重要，记者无分身术。避开重大的事件、会议，比如"两会期间"报纸版面较紧张，记者也大多有安排，时间上不能保证。同时重要的政治事件和社会事件的大篇幅报道任务也会冲淡旅游组织方新闻发布会的传播效果。有时旅游组织方则要趋近于某些时机，比如与旅游相关性大的时候，可以起到借势效果。另外，在时间上，一般选择人们容易记起的日子，如节日、一个月之月初、月末，也要避开一些禁忌日。如果是星期六、星期天或其他节假日，可以考虑在下午进行。如香港每周六的赛马日、澳门的周六赛狗日，一般不举行新闻发布会。

2. 新闻发布的时间通常也是决定新闻何时播出或刊出的时间

因为多数平面媒体刊出新闻的时间是在获得信息的第二天，因此要把发布会的时间尽可能安排在周一、二、三的下午为宜，会议时间保证在一小时左右，这样可以相对保证发布会的现场效果和会后见报效果。有些时候，旅游组织方也以晚宴酒会的形式举行重大事件新闻发布，但应把新闻发布的内容安排在最初阶段，至少保证记者的采访工作可以比较早地结束，确保媒体次日发稿。

(二) 新闻发布会的主题

新闻发布会的主题是指旅游组织方发布的信息是否具有新闻价值,是否值得广泛传播,是否有新闻传播的紧迫性。一般来说,有新产品问世、有新技术开发、有新项目合作,或开业或倒闭、合并或转产、重要展会活动、重大纪念活动、重大危机事故等,都具有一定的发布价值。

选择主题要适当,主要的注意事项有:

1. 主题应有较大的新闻价值

重大、新鲜的新闻才能吸引记者,否则会出现新闻发布会无记者到场的尴尬局面。

2. 新闻主题要单一,内容须简要,不能浪费时间

否则会给记者留下不好的印象,以后再召开这类会议时,记者就不愿参加了;在一个新闻发布会上,不能同时发布几个主题新闻。

三、新闻发布会的筹备

(一) 确定举行新闻发布会的必要性

应该对所要发布的消息是否重要、是否具有广泛传播的新闻价值及新闻发布的紧迫性与最佳时机进行研究。

(二) 确定应邀者的范围

邀请的记者应该既要有报纸、杂志方面的记者,也要有广播、电视、网络等方面的记者;既要有文字方面的记者,也要有摄影、摄像方面的记者。

(三) 资料准备

新闻发布会需用的资料:一是会上发言人的发言提纲和报道提纲;二是有关的辅助材料,包括发给与会者的文字资料,布置于会场内外的图片、实物、模型,也包括将在会议进行中播放的音像资料等。

(四) 选择新闻发布会的地点和时间

在地点选择上主要的考虑是要给记者创造各种便于采访的条件。新闻发布会的日期,应尽量避开节假日和有重大社会活动的日子,以免记者不能参加会议,影响新闻发布会的效果。

(五) 确定主持人和发言人

出于记者的职业要求和习惯,他们常常在会上提出一些尖锐、深刻,甚至很棘手的问题,这就要求主持人思维敏捷、反应机敏、口齿伶俐、有较高的文化修养和专业水平。会议主持人一般可由具有较高公关专业能力的人来担任。会议发言人应由高级领导来担任,因为高级领导清楚组织的整体情况,掌握组织的方针、政策和计划,回答问题具有权威性。

（六）组织记者参观的准备

在新闻发布会的前后，可以配合会议主题组织记者进行参观活动，给记者创造实地采访、拍摄、录像等机会，增加记者对会议主题的感性认识。应在将要参观的地方派专人接待，介绍情况。

（七）小型宴请的安排

为了使新闻发布会收到最显著的实效，在本组织财力允许的情况下，可以安排小型宴会或工作餐。

（八）其他

如应根据会议的规模和规格做出费用预算。费用项目一般有场租、会场布置、印刷品、茶点、礼品、文书用具、音响器材、邮费、电话费、交通费等。在发出邀请信后，开会前应再电话落实出席人数。此外，还应安排接待人员，布置会场，准备音响器材、签到名册等。

四、新闻发布会的程序

时间通常在上午10时或下午3时，时长在1~2小时之间。

（1）主持人讲话、宣布会议开始。主持人讲话在宣布开会前进行，一是介绍和欢迎与会人员，向来宾介绍与会的领导、重要嘉宾、各新闻机构及其记者，向到会者表示欢迎。二是介绍会议主题、目的和背景。三是介绍发言人情况，如姓名、职业和职位等。

（2）发言人发言。组织的发言人的发言要紧扣主题，实事求是，不夸夸其谈。一般安排一位主要发言人发言，若安排多人发言时，应排好顺序，发言内容不要重复。

（3）回答记者提问。会议发言人和主持人应相互配合。记者招待会在进行过程中，应始终围绕会议主题进行。这就需要会议的发言人和主持人配合一致，相互呼应。

（4）主持人简短评述会议，对与会者致谢，并表达日后继续合作的意图。

（5）宣布闭会。

五、旅游新闻发布会注意事项

（1）主持人要充分发挥主持和组织作用，以庄重和富有感染力的言谈活跃会议气氛，引导记者踊跃提问。当记者的提问偏离会议主题太远时，要善于巧妙地将话题引向主题。能及时调节、缓和会议出现的紧张气氛，掌握好预定的会议时间而不要随意延长。对各个媒体的记者都一视同仁，不能厚此薄彼。

（2）对所发布的信息必须做到准确无误，若发现错误应及时予以纠正。对于不愿发表或透露的信息,对涉及机密不可发表的有些资料和数据,应委婉地向记者作出解释,一般情况下记者会尊重组织者意见的。如果吞吞吐吐闪烁其词,反而更会使记者追根问底而造成尴尬局面,甚至记者会因此发表对组织不利的报道。

(3)不能随便打断记者的提问或用各种语言、表情、动作表示对记者不满,即使记者的提问带有很强的偏见或带有挑衅性,不能激动发怒,要表现出很有涵养,用冷静的态度和平和的话陈述事实,用确凿理由予以纠正和反驳。

(4)要按分工范围,做到责任分明,同时也要随机应变,遇到回答不了的问题,不能简单随意说"不知道"、"不清楚"、"我不能告诉你"等,应告诉记者获得圆满答案的途径,应采取灵活而合情理的办法给予回答,以免引起记者的不满和反感。

案例分享

2011中国神农架滑雪旅游挑战赛
暨冰清玉洁冬季旅游产品新闻发布会实施方案

为进一步做好神农架冬季滑雪旅游宣传推介工作,拉动神农架冬季旅游市场,根据2011中国神农架滑雪旅游挑战赛暨冰清玉洁冬季旅游产品说明会总体方案,现制订新闻发布会实施方案。

一、会标

2011神农架滑雪旅游挑战赛暨冰清玉洁冬季旅游产品新闻发布会

二、时间

2011年12月8日下午15:00,时长约50分钟

三、地点

湖北饭店

四、参会领导及嘉宾

1. 湖北省旅游局、湖北省体育局、鄂西生态文化旅游圈投资公司和神农架林区领导,约15人。

2. 中央在汉及武汉市新闻媒体记者,主要包括:人民日报、新华社、中新社、经济日报、中国旅游报、湖北日报、湖北卫视、湖北经视、楚天都市报、荆楚网、楚天金报、长江商报、长江日报、武汉电视台、武汉晚报、武汉晨报、湖北旅游杂志、湖北旅游网、湖北画报、腾讯微博、新浪微博等,约25人。

3. 武汉市重点旅行社负责人,约70人。

五、会议议程

(拟请鄂西生态文化旅游圈投资公司领导主持)

1. 神农架林区领导致欢迎辞。

2. 神农架天怡旅游发展公司负责人介绍 2011 中国神农架滑雪旅游挑战赛暨冰清玉洁冬季旅游产品情况,发布对旅行社的营销政策。

3. 中国首位全国滑雪冠军、国家体育总局原滑雪处处长、中国滑雪协会原秘书长,神农架滑雪场总设计师单兆鉴先生讲话。

4. 湖北省体育局领导就神农架滑雪场有关情况讲话。

5. 湖北省旅游局领导就神农架冬季旅游及滑雪旅游有关情况讲话。

6. 天怡公司与旅行社代表签订神农架滑雪场营销合作协议。

六、具体安排

(一)领导嘉宾邀请

1. 湖北省旅游局、神农架林区领导由神农架旅游委负责邀请。
2. 湖北省体育局领导由神农架文体局负责邀请。
3. 鄂西生态文化旅游圈投资公司领导由神农架天怡旅游发展公司负责邀请。
4. 中央在汉及武汉市新闻媒体记者拟请省旅游局相关人员负责邀请。
5. 武汉重点旅行社负责人由天怡旅游公司和神旅集团负责邀请。

(二)会务准备

1. 提前订好会场,做好氛围布置,包括会标、展板等。
2. 准备宣传资料、新闻通稿,每位记者发放 1 份,同时提供公共邮箱及密码下载新闻通稿。
3. 每位记者发放交通费,赠送纪念品。
4. 向旅行社负责人发放宣传资料、营销合作协议,并赠送纪念品。
5. 所有领导和嘉宾统一安排中餐,提前做好订餐工作。
6. 准备好领导讲话初稿,提前送到与会领导手中。

评析: 参会领导及嘉宾有湖北省旅游局、湖北省体育局、鄂西生态文化旅游圈投资公司和神农架林区,中央在汉及武汉市新闻媒体记者。此发布会体现了新闻发布会的特点:正规隆重,便于各界沟通,传播方式优越。此发布会在活动前一个月召开,选择了最恰当的时机;2011 中国神农架滑雪旅游挑战赛暨冰清玉洁冬季旅游产品说明,主题突出、鲜明、新颖。新闻发布会的筹备、程序很充分、缜密。

第三节　旅游赞助活动

开展旅游赞助活动是旅游组织对社会作出贡献的一种表现,越来越多的旅游组织或企业认识到自身的发展离不开社会的支持,作为社会的一员,旅游企业应当对社会的发展承担一定的责任和义务,为社会贡献一份力量。旅游赞助活动是旅游组织无偿提供资金或物质支持某一项社会事业或社会活动,以获得一定形象传播效益的公共关系专题活动。它可以使提供赞助的组织与赞助的项目同步成名,是一种信誉投资和感情投资的行为,也是一种有效的旅游公共关系手段。赞助活动的主要对象包括:体育事业、文化事业、教育事业、社会福利和慈善事业。

一、旅游赞助活动的作用和类型

(一)旅游赞助活动的目的及作用

组织赞助公益活动的目的体现在两方面:一是显示爱心,为本组织树立起关心社会公益事业、具有高度社会责任感的良好形象;二是比商业广告更具说服力的宣传机会,有利于提高组织的知名度和美誉度。因此,赞助公益活动得到了有经济实力组织的普遍重视。其作用主要表现在下列四个方面:

1. 赢得良好声誉

组织赞助公益活动,体现了组织助人为乐的高贵品质和关心公益事业、勇于承担社会责任、为社会无私奉献的精神风貌,能够给公众留下可以信任的美好印象,从而赢得公众的赞美和良好的声誉。

2. 融洽社会关系

组织赞助公益活动,多数是对社区公益事业、福利和慈善事业的赞助,能够密切与社区有关公众的联系,融洽社会关系。如在20世纪70年代,日本轿车在印度尼西亚不受欢迎,常常在雅加达街头遭到焚烧。日本人在印度尼西亚开展了一系列公益活动,如赞助慈善事业,从而改变了在印度尼西亚的贸易环境,到80年代初,印度尼西亚的轿车大多数都是日本货。

3. 扩大社会影响

组织开展公益活动,可以配合公共关系广告攻势,通过新闻媒介,扩大组织影响。

4. 增加经济效益

组织赞助公益活动,提高了组织的知名度和影响力,加深了与公众之间的感情,融洽了社会关系,会给公众留下深刻的印象,公众会从对组织的良好印象,联想到组织产品的良好形象,有利于组织经济效益的增加。

在市场经济高度发达的今天,几乎所有的社会组织,特别是旅游企业组织都与赞助活动有密不可分的联系,赞助活动成为社会组织提高社会知名度、美誉度的重要手段和途径。日本电气公司通过赞助戴维斯杯网球赛、广州花园酒店通过赞助中国第一个母亲节而为国内和国际公众所熟知和认可。

(二)旅游赞助活动的类型

从赞助对象层面可以分为:

1. 赞助教育事业

教育是立国之本,发展教育是一个国家基本战略方针。赞助教育事业,可为国家和社会带来效益,并直接促进受助单位的发展。常见的有出资投入希望学校、科学研究,设立奖学金制度,建设实验室、培训基地等。

2. 赞助体育运动

组织赞助体育运动,不但有利于增强人民体质,而且有利于提高自身的美誉度。赞助体育事业包括:体育器材的购置、体育场馆的建立,体育活动的开展、体育训练等。

3. 赞助慈善公益

包括赞助大规模庆典活动,投资城市建设,援助灾区,为弱势群体及相关部门一次性或定期不定期捐款等。这是组织与社区公众、政府部门搞好关系的重要途径。

4. 赞助文化艺术

包括赞助电影、电视、报刊专栏、图书出版、文学艺术创作研究等。不仅有利于文化事业的发展,丰富人民精神生活,还能培养组织与公众的良好感情。

5. 赞助纪念活动

赞助重大事件和重要人物的纪念活动,可以树立组织的独特形象,展示组织的文化内涵。如,建国周年庆典、大型社会经济成就展览、历史伟人的事迹展览和纪念活动等。

6. 赞助特殊领域

赞助某一特殊领域,可以使组织在某一方面获得一定的知名度或美誉度,增强在这方面的形象竞争力。如赞助生态资源保护和文物古迹的开放等。

7. 其他

除以上几种赞助类型外,还有赞助社会培训、赞助竞赛活动、赞助宣传品的制作等形式,宣传社会公益和社会道德。

从赞助的形式来看,赞助的类型可以分为两类:组织参加赞助,即对其他组织或企业的赞助邀请作出响应;组织发起赞助,即一个组织为实现某项公关目的而主动发起的赞助活动,是创意性的。例如,2008年春节前夕,湖北省旅游局组织相关旅游星级酒店开展了"邀您吃团年饭"活动,主要邀请不回家过年的贫困大学生、农民工、城市下岗职工三类人群代表参加,并派送年货,引起了新闻媒体和社会公众的极大关注。

二、旅游赞助活动的原则和步骤

(一) 旅游赞助活动的原则

1. 社会效益原则

旅游组织赞助的对象和赞助的项目应具有较强的社会意义和社会影响,具有良好可靠的社会背景和社会信誉。所赞助的活动一定要有利于社会良好风尚的形成，激发民族责任感、使命感，并能引起公众广泛关注和极大的社会反响。如社会救灾、希望工程、残疾人福利等。要有明确的行动目标原则。赞助活动的目的是让公众认识了解组织，吸引大众媒介，得到政府社区的支持。赞助活动直接提供了资金或物质，因此，必须讲究传播效果，所赞助的项目和对象应有利于扩大本组织的知名度和美誉度。同时要调查和分析社会公众与新闻界是否关注以及关注程度如何等。

2. 符合实力原则

社会组织无论开展什么形式的赞助活动，都应当量力而行，不要超过自己的承受能力。组织要根据自己的财政情况来确定是否赞助与赞助费的额度和范围。

3. 合理、合法原则

旅游赞助者和赞助对象都应符合法律道德，符合社会利益和公众利益，坚持原则，严格按条件办理，杜绝人情赞助、人情广告等不正之风。

(二) 开展赞助活动的步骤

1. 调查研究，确定对象

企业的赞助活动可以自选对象，也可以按受赞助者的请求来确定。但无论赞助谁、赞助形式如何，都应做好深入细致的调查研究，都要依据组织自身的发展战略和公共关系目标来选择与确定。

2. 制订计划、落到实处

企业的赞助活动应是有计划的公共关系的一部分。在调查研究的基础上，赞助计划应具体详尽。根据赞助的方向和政策，根据组织的经济实力等，提出年度赞助计划，写明赞助对象的范围、经费预算、赞助形式、组织管理办法等，以做到有计划、有控制地开展活动。计划制订好以后，要派专门的公共关系人员负责各项赞助方案的具体实施，运用公共关系技巧去扩大组织的社会影响。如果遇到不正当的赞助要求和摊派，应坚决拒绝，必要时可诉诸社会舆论和法律。

3. 完成计划、争取效益

在实施赞助活动的过程中，公关人员要充分利用有效的公关技巧，创造出企业内外的"人和"气氛，尽可能扩大赞助活动的社会影响，提高经济效益和社会效益。

4. 评价效果、以利再战

赞助活动结束后，组织应对赞助效果进行调查检测。可以对照计划检测指标的完成情况，可以收集社会公众、新闻媒体和受赞助者的看法，找出差距，评定效果，写出报告，存档备查。对每一次赞助活动作出客观的评价，可使今后的活动搞得更好。

三、开展赞助活动应注意的问题

（1）企业的赞助活动，应以企业和企业所面对的社会环境为出发点，制定出切实可行的公共关系政策、方针和策略，切忌盲目。

（2）企业应将公共关系政策公之于众，应保持与受赞助者和需要赞助的活动组织者之间的联系，用财政预算的应捐款项，及时帮助求助者。另外，企业应将赞助计划列入企业为其生存和发展创造环境的长期计划，分清所需赞助事业的轻重缓急，逐步实施。

（3）企业的公关部，应随时把握社会赞助的供求状况，做到灵活掌握赞助款项。

（4）企业对赞助活动的科学管理，必使其善举"广"行，由此创造出良好的社会效益，从而得到社会的广泛支持。

案例分享

珠海度假村酒店获准成为"2011 环球旅游小姐国际大赛中国网络赛"区总决赛指定场地

2011 年 9 月 30 日晚，在珠海度假村酒店千禧宫举行了"2011 环球旅游小姐国际大赛中国网络赛区总决赛"。较早前，珠海度假村酒店有限公司与大赛组委会签订了中国网络赛区总决赛指定场地赞助协议，成为大赛指定的赞助商。

"环球旅游小姐国际大赛"于 1971 年由美国好莱坞美丽盛会组（Festival Of Beauty）主席查利·西伊（Charlie see）先生创办，宗旨是评选本国或地区的旅游形象大使。该项大赛在 60 多个国家得到认可，具有国际权威性，是各国旅游小姐大赛优胜者的最终角逐，是世界上历史最悠久、最具权威性的旅游小姐赛事。

截至 2011 年，"环球旅游小姐国际大赛"已经有 40 年的美丽历史。2011 年，适逢后亚运年，"环球旅游小姐国际大赛中国总决赛"首次在中国岭南名城、有花城之称的广州市举办，并以"旅游、环保、美丽"为大赛主题。大赛得到了珠海度假村酒店有限公司的大力支持，通过一系列精彩纷呈的赛事，结合参赛佳丽的青春魅力，将岭南特色风情、珠海旅游文化充分展现在全国乃至世界面前。

珠海度假村酒店有限公司从广东众多高星级酒店中脱颖而出，成为"2011 环球旅游小姐国际大赛中国网络赛区总决赛的指定场地"，可谓实至名归。9 月 30 日在豪华气派的千禧宫举行"2011 环球旅游小姐中国网络赛区总决赛"，而 10 月 1 日恰逢酒店成立 27 周年庆典之际，更是中华人民共和国成立 62 周年举国欢庆的大喜日子，可谓欢天喜地、好戏连台。

晋级中国网络总决赛的18位佳丽选手和大赛组委会工作人员于9月25日入住酒店，随后，佳丽们进行了近四天的严格封闭式训练。9月30日晚8时在珠海度假村酒店千禧宫倾情演绎了2011环球旅游小姐国际大赛中国网络赛区总决赛，国内新闻媒体陆续报道了千禧宫总决赛晚会的精彩盛况！国庆假期，珠海度假村酒店内一派张灯结彩、喜庆欢腾的节庆氛围。

（资料来源：珠海度假村酒店公关部：吴少华．）

评析：珠海度假村酒店赞助"2011环球旅游小姐国际大赛中国网络赛区总决赛"，属于旅游企业赞助以旅游为主题的具有公益性的赛事活动。契合了旅游赞助活动的核心精神；宣传大赛"旅游、环保、美丽"的主题，体现了旅游企业的社会责任感；珠海度假村酒店恰逢27周年庆典和62周年国庆，企业自身也获得很好的形象传播效益。

第四节　旅游会展活动

旅游会展活动，是通过实物展示和示范表演来展示旅游组织的成果与风貌的公共关系宣传活动。由于它图文并茂，较为直观、形象，往往会给公众留下深刻的印象，因此，旅游会展活动是新组织、新产品、新技术等塑造形象的最优公共关系宣传媒介之一。同时，旅游会展活动还可以吸引众多新闻媒介的关注，由记者将会展活动的盛况传向社会，取得更大的宣传效果。旅游会展活动是集多种媒介于一身的宣传形式。

一、旅游会展活动的特点和作用

（一）旅游会展活动的特点

1. 直观性

旅游会展活动是一种非常直观、形象的传播方式。它把实物直接展现在公众面前，并有现场操作的表演，给人以"亲眼目睹"、"眼见为实"的感受。

2. 双向性

旅游会展活动不仅可以当面向公众展示旅游组织自身形象，同时还可以收集公众的反馈意见，有针对性地就个别公众或某种特殊情况进行交谈，做到良性的双向沟通。

3. 复合性

旅游会展活动是一种复合性的传播方式，它通常用多种媒介进行交叉混合传播，往往以实物展出为主，配以文字宣传资料、图片、幻灯、录像、电脑等媒介，再加上动人的解说、友好的交谈、优美的音乐、生动的造型艺术,综合了多种媒介的传播优势,营造出一种绝佳的宣传环境。在这种环境中,组织与公众最容易沟通和交流。

4. 高效性

旅游会展活动可以一次展示许多行业的不同产品,也可以集中同一行业的多种品牌来展示,是一种高度集中和高效率的沟通方式,为公众提供了选择、比较的机会,并节省了大量的时间和费用。同时,效率高,省时和省力,也可为组织的宣传促销节省大量时间和费用。

5. 新闻性

旅游会展活动是一种综合性的大型活动,除本身能进行自我宣传外,往往能够成为新闻媒介追踪的对象,成为新闻报道的题材。通过新闻媒介的报道传扬,展览活动的宣传效应将大大扩展。同时对提高展览组织的知名度和美誉度有很大帮助。

(二)旅游会展活动的作用

(1)会聚旅游商品信息,为参展商和采购商提供相互认识、相互洽谈,并实现交易的平台。

(2)参展商推介旅游产品线路,扩大影响,开辟潜在市场。

(3)参展企业展示公司的形象,开展综合公关,为企业发展创造良好的社会氛围。

(4)参展商之间,参展商与采购商之间,研究机构与参展商、采购商之间相互交流信息,推动市场与经济的发展。

二、旅游会展活动的种类划分

从展览的组织者和参展范围来看,有世界性、国际性、区域性或单个社会组织之分,如世界博览会、世界园艺博览会等,就属于世界性的综合会展活动;每年在英国伦敦、德国柏林举办的世界旅游展览会等,就属于国际性的专业展览活动;海峡两岸旅游交流协会与台湾海峡两岸交流协会每年11月在台北举办的海峡两岸旅游展览会,就属于区域性和专业性的展会活动。

从展出的商品种类看,可分为单一的商品展览会和综合性商品展览会。单一商品展览会也称"纵向展览会",是指展出的商品品种单一,具有连续性和发展性。例如,同一产品,不同牌号、不同年代的样品、功能、质量。也可以是来自各个不同厂家的同一产品,例如,汽车展览会,其型号和牌子琳琅满目,因此,竞争十分激烈。混合型商品展览会也叫"横向展览",展出的物品或商品种类繁多,满足不同领域不同层次需求。例如,广州商品交易会可展出各类商品。

从展览的性质来看,有贸易展销会和宣传展览会。贸易性展销会的目的是大做实物广告,促进商品的销售,这种展销会的展品主要是实物产品。而宣传性展销会的目的是为了宣传某一成果、思想或知识,或者让人们了解某一段史实。例如,交通安全展览会、中小学生思想品德教育展览会就是宣传展览会。这种展览会通常展出图片资料、图表和有关的实物来达到宣传效果。也有的展览会具有展览宣传和推广销售的双重性质。例如,目前在国内举办的中国国内旅游交易会、北京国际旅游展览会等。这样的展览会既创造了社会效益,也使参展单位获得经济效益,可谓"一箭双雕"。

从举办地点来看,有室内展览会、露天展览会、流动展览会。室内展览会是较常见的一种方式,较为正规、隆重,布置要经过精心设计,较为复杂,所需费用也较大,优点是不受天气影响,适合于长时间的物品、文字和图片的展出。露天展览会布置较为简单,所需费用较少,接待观众方便,参观人数多,适合于短时期的物品、文字和图片的展出。缺点是容易受天气影响,不适合展出较为精致、价值高的小物品。流动展览会是以船只或车厢为流动场地。

从展览规模看,可分为大型、小型展览会。大型展览会参展的项目多,参观者多,需要专门单位举办,需要较高的技术,要由有经验的人统一筹划,统一指挥,还需要各方面的具体工作人员做很多细致的工作。小型展览会参展项目少,规模小,组织内部的公共关系人员即可策划和组织。

按照展览会的展出时间,可分为长期展览或固定形式,如中国故宫博物院;定期更换部分内容的展览会,如武汉展览会;一次性展览会,结束后即行拆除,如"广东玻璃厂瓶罐展"。

按照展览会的内容可分为以下几种形式。(1)专业展览会。如汽车、服装、家具展览会等。(2)购买周展销。利用各大商店的橱窗、柜台陈列布置进行展销。时间为一周。(3)内部展览会。就是在组织本部或租借场地举办以其发展历史为内容的展览会。(4)国外展览会。参加政府在国外的商品展销或国际性商品展览。

三、旅游会展活动的组织

旅游会展活动为组织开展公关活动提供了一个良好的机会。组织者应充分利用这个机会展示自己的产品,传递必要的信息,加强与社会公众的直接沟通。为使展览会办得卓有成效,组织应认真做好以下各项工作:

(一)分析参展的必要性和可行性

在举办会展活动之前,首先要分析其必要性和可行性。展会活动需要投入较多的人力、物力和财力,如果不进行科学的分析论证,就有可能造成两个不良后果:

一是费用开支过大而得不偿失;二是因盲目举办而起不到应有的作用。

(二)明确主题

每次展览会都应有一个明确的主题,并将主题用各种形式反映出来,如主题性口号、主题歌曲、徽标、纪念品等。必须弄清楚是要宣传产品的质量、品种,还是要宣传组织形象;是要提高组织的知名度,还是要消除公众的误解。

(三)构思参展结构

一个组织经营生产的各类产品,其组合的深度、广度、密度可能各不相同,项目和品牌差别也很大。哪些产品参展,其参展产品的深度、广度、密度如何确定,参展产品项目和品牌怎样搭配,都需要认真构思。

(四)选择地点和时机

地点的选择要考虑三个因素:交通是否便利?周围环境是否有利?辅助系统,如灯光系统、音响系统、安全系统、卫生系统等是否健全?如果是自己组织的展览会,宜选在交通方便、环境适宜、设施齐全的地方。

(五)准备资料、制定预算

举办展览会要花费一定的资金,如场地和设备租金、运输费、设计布置费、材料费、传播媒介费、劳务费、宣传资料制作费、通信费等。在做这些经费预算时,一般应留出5%~10%作准备金,以作调剂之用。

(六)培训工作人员

展览会工作人员素质的高低,掌握展览的技能是否达到标准,对整个展览效果起着关键作用。因此,必须对展览会的工作人员,如讲解员、接待员、服务员、业务洽谈人员等进行培训,培训内容包括公关技能、展览专业知识和专门技能、营销技能、社交礼仪等。

四、旅游会展活动效果的评估

展览会效果评估,是指展览会结束后,充分了解公众对展览会的意见和建议,测定展览的实际效果,为以后的展览会提供参考。展览会效果评估具体方法主要有:

(一)进行有奖测验

根据展览内容,有重点制作填空题、选择题、判断题或问答题,当场测验,当场公布答案,当众发奖。这种方式既活跃展览气氛,也起到一定的宣传教育作用,同时可为展览效果的评估提供必要依据。

(二)设置公众留言簿

可在展览会出口处设置公众留言簿,主动征求公众的意见。

(三)举办公众座谈会

可以召开公众座谈会,请观众畅谈观后的感想,征求他们对本组织的意见或建议。

(四)借助记者采访

展览会期间,组织者可以邀请一些新闻记者对公众进行采访,听取公众的意见。

此外,还可以通过登门访问、问卷调查等形式,评估展览会的实际效果。

☞ 案例分享

第五届华中旅游博览会

一、活动的背景和目的

华中旅游博览会举办了四届,现已成为目前我国中部地区具有影响力的旅游盛会。在前几届成功举办的基础上,定于2010年6月举办第五届华中旅游博览会(以下简称"华博会")。举办本届"华博会"的目的,就是充分发挥旅游会展节庆活动对全省经济社会发展的巨大推动作用,壮大我省会展的经济实力,同时通过"华博会"的举办,使我省丰富多彩的旅游资源得到精彩展现,打造出全省旅游形象展示的重要平台和湖北旅游节会的重要品牌。同时展会活动将以贯彻实施国家中部崛起战略为出发点,围绕把武汉建成中国中部中心城市的目标,把握"友谊、热烈、开放、创新"的主题,积极摸索展览与展销有机结合的方式,构筑华中地区旅游产业合作交流平台,力争将展会办出特色、办出水平、办出影响,充分发挥旅游业在促进我省国民经济发展中的积极作用。

二、总体设计

展会名称　第五届华中旅游博览会
举办时间　2010年6月18~20日
举办场馆　武汉国际会展中心
主办单位　国家旅游局、湖北省人民政府
承办单位　湖北省旅游局
成员单位　省委宣传部、省公安厅、省交通厅、省外侨办、省委接待办、武汉市人民政府
协办单位　河南、山西、安徽、湖南、江西省旅游局,各市州、林区、直管市旅游局

三、展会布置

展会将武汉城市圈展位和鄂西生态文化旅游圈展位分别安排在一楼东厅和西厅,中厅设置序馆、境外展位及省外特装展位等。首次租用二层展厅,并将其设置成旅游超市展区。旅游超市展区,根据旅游热点分为旅游商品展区、日本旅游展

区、中国台湾旅游展区、世博旅游展区及高铁旅游展区等几大主题。在旅游超市中,我们还首次引入银联卡公司提供相应的配套服务,实行积分奖励和派送纪念品。市民可在参观中直接与旅行社或酒店签订服务协议并现场交纳费用,这也是为将"华博会"打造成专业、务实、亲民的旅游盛会而采取的举措。同时,湖北还和重庆市联合设置了长江三峡旅游形象展区,与台湾方面专门设置了台湾旅游形象展区。广泛邀请了海内外旅行商和投资商前来参会。届时将有超过30个国家和地区的旅行商受邀前来参会,国内部分著名投资商也将出席会议。展览期间安排了旅游项目签约仪式,多项重大旅游投资项目将在"华博会"期间签约落实。

四、主题活动

1. 第五届华中旅游博览会开幕式及领导巡馆

时间:2010年6月18日上午9:00

地点:武汉国际会展中心广场

主办单位:国家旅游局、湖北省人民政府

承办单位:湖北省旅游局

2. 旅游招商项目签约仪式

时间:2010年6月18上午10:30

地点:武汉国际会展中心会议室

会议内容:湖北乃至华中地区重大旅游招商项目签约仪式。

3. 旅游产品推介会

时间:2010年6月18~20日

地点:武汉国际会展中心会议室

会议内容:境内外参展商可根据自己的需要单独举办旅游项目推介会,介绍及宣传各自的旅游形象及产品,使到场的观众对展出的旅游产品有更深刻的认识及了解。

配套活动:主要有第五届华中旅游博览会招待晚宴、招待演出,海内外旅行社和媒体考察活动,湖北省第五届旅游商品大赛,等等。

在博览会期间同期召开"全省旅游发展大会"。

五、组织机构

成立第五届"华博会"组织委员会和工作小组。由国家旅游局、湖北省人民政府共同组成组织领导委员会,全面指导第五届"华博会"组织筹备工作。明确责任分工,省旅游、宣传、公安、交通、外事侨务、武汉市政府等地区和部门各负其责,具体组织实施。

同时,第五届华中旅游博览会组委会下设会务接待组、招商展览组、活动组织组、宣传推广组、安全保障组5个工作组。

五、效果评估

在中国旅游业新一轮全面增长、快速发展的"黄金期",华中旅博会已成为我国最重要的区域性旅游节会之一,湖北旅游,正成为我国中部地区新的亮点和增长点。

旅博会由国家旅游局、省政府共同主办,省旅游局承办,每两年举办一次,2010年的主题是"友谊、热烈、开放、创新"。本届旅博会规模创历史新高,展位面积达1.3万平方米,其中武汉共设展区1200平方米,居展区之最。参展商覆盖20个国家和地区,国内参展省份达20多个,澳门旅游局首次参展。在两天的展会期间,他们将与来自全球30多个国家和地区的1000多旅行商进行对接。与往届不同,本届旅博会首设中国台湾旅游形象展区和中国台湾旅游专卖区,展示宝岛风情并现场销售旅游产品。长江三峡旅游也首次终结过去鄂渝各自为政的促销局面,由两地联合设置展区,以长江三峡国际黄金旅游线路整体形象亮相。此外,旅博会还首辟旅游超市展区,集中销售台湾游、世博游、高铁游等热门旅游产品,供市民挑选。会展期间,我省还举办了第五届湖北省旅游商品设计大赛。

(资料来源:由湖北省旅游局马冲提供)

评析: 从类型上看,第五届华中旅游博览会属于区域性的专业性的大型博览会,具有展览宣传和推广销售的双重性质。成立第五届"华博会"组织委员会和工作小组,筹备组织工作缜密,期间活动丰富且有创意。突出博览会"友谊、热烈、开放、创新"的主题,也展现了湖北旅游正成为中部地区新的亮点。

第五节 旅游庆典活动

庆典活动,是组织利用自身或社会环境中的有关重大事件、纪念日、节日等所举办的各种仪式、庆祝会和纪念活动的总称,包括:节庆活动、纪念活动、典礼仪式和其他活动。通过庆典活动,可以渲染气氛,强化组织的影响力;也可以广交朋友,广结良缘;成功的庆典活动还可能具有较高的新闻价值,从而进一步提高组织的知名度和美誉度。庆典活动是旅游组织利用重要节日或自身重要事件,以庆祝的方式开展的一种公关活动。旅游组织的庆典活动往往和地方传统旅游项目相结合,如西班牙的柿子节、云南的泼水节等。

一、庆典活动的作用

庆典活动的作用:可引起三大效应(引力效应、实力效应和合力效应)。

(1)引力效应:指组织通过庆典活动吸引公众的注意力。

(2)实力效应:指通过举办大型庆典,显示组织强大的实力,以增强公众对组织的信任感。

(3)合力效应:开展大型庆典,能增强组织内部职工、股东的向心力和凝聚力,提高公众对组织的信任感。

二、庆典活动的类型

(一)节庆活动

节庆是利用盛大节日或人们共同的喜事而举行的表示快乐或纪念的庆祝活动。不同国家,甚至同一国家的不同地区,都有自己独特的节日。节日又有官方节日和民间传统节日之分。常见的官方节日有元旦、妇女节、消费者权益保护日、国际劳动节、儿童节、国庆节、圣诞节、感恩节、复活节等,民间传统节日有春节、元宵节、清明节、端午节、中秋节等。

还有些地方根据自身的文化传统、风俗习惯、土特产等,组织举办一些具有地方特色的节庆活动,如中国北京的地坛庙会、湖南的龙舟节、山东潍坊的风筝节,德国的啤酒节等。

节庆日是公共关系部门,特别是酒店、宾馆等接待服务单位开展公共关系活动的绝好时机。所以,每年6月1日前后,大小商店都会在小孩用的商品上绞尽脑汁;中秋节前,则会爆发一轮又一轮的月饼大战;"五一"和"十一"长假前夕,旅游胜地和饭店就会大张旗鼓地宣传和推介其优质的特色服务。

(二)纪念活动

纪念活动,是利用社会上或本行业、本组织具有纪念意义的日期而开展的公关活动。可供组织举办纪念活动的日期和时间有很多,如历史上的重要事件发生纪念日、本行业重大事件纪念日、社会名流和著名人士的诞辰或逝世纪念日;而本组织的周年纪念日、逢五逢十的纪念日及重大成就的纪念日,更是举办纪念活动的极好时机。通过举办这样的活动,可以传播组织的经营理念、经营哲学和价值观念,使社会公众了解、熟悉进而支持本组织。因此,举办纪念活动实际上是在做一次极好的公关广告。

(三)典礼仪式

典礼仪式包括各种典礼和仪式活动,如开幕典礼、开业典礼、项目竣工典礼、毕业典礼、颁奖典礼、就职仪式、授勋仪式、签字仪式、捐赠仪式等。在实际工作中,典礼仪式的形式多样,并无统一模式。

三、庆典活动的组织

庆典活动是一项系统工程。俗话说"台上几分钟,台下十年功"。因此,要把庆典活动搞好,准备到位、精心实施是关键。

(一) 举办时间的落实

在现实生活中,任何事件都有其一周年、五周年、十周年……都是可以庆贺的庆典活动。但是举办时间的选择,一定要结合组织的特点,如军队的立功、授勋仪式通常可以选择在"八一"建军节;经营妇女、儿童用品的商场,开业典礼时间可以选择在"三八"妇女节、"六一"儿童节;对模范教师的表彰可以选择在教师节;以名人姓名命名的基金会,庆典活动宜选择在名人的诞辰纪念日等。

(二) 形式规模落实

组织的性质、特点、经济实力和公共关系目标等因素,是确定举办庆典活动的形式和规模的重要依据。一般而言,与公众日常生活密切相关的服务性企业的庆典活动,最好选择能使社区公众最大范围地知晓该组织的庆典形式。如果业务性质是具有广泛影响的社会组织,最好采取具有轰动效应的庆典活动形式。规模的大小可以根据组织的经济实力、场所的条件和实际需要来决定。

(三) 举办地点的落实

根据庆典活动的形式、规模、出席人数和一些附加活动等因素选好庆典活动的场所。

(四) 邀请嘉宾参加

(1) 邀请嘉宾对象。地方政府官员、上级组织的领导、社区知名人士、协作单位的负责人、兄弟单位的代表及各类传媒机构的新闻记者。

(2) 邀请嘉宾的方式。对地方政府官员、上级组织的领导和社区知名人士,一般应上门邀请,其他可以通过电话和发请柬邀请等。

(五) 组织机构的落实

建立庆典活动的领导组,领导组可以下设:宣传组、秘书组、会务组等小组。

(六) 分工负责实施

(1) 领导组的任务。对整个庆典活动进行整体构思、策划、领导、协调、检查各部门和各环节的工作落实情况。

(2) 宣传组的任务。负责活动的对内和对外宣传,设计制作组织标志、宣传品、招贴画、广告词、主题词、条幅等,营造良好的氛围。落实摄影摄像、材料印制、美工制作、广告设计、乐队调音、国歌光盘、烘托喜庆气氛的唱片、录音带、新闻报道资料准备与记者联络等。

(3) 秘书组的任务。撰写、打印各种文稿,包括邀请信、演讲、致辞、报告和讲话稿;材料准备、装袋、分发;嘉宾邀请、迎宾礼仪、主持司仪等。

(4) 后勤组的任务。首先是嘉宾接待。这方面包括:食、住、行、参观、游览、考察、娱乐的安排。其次是布置会场。应以隆重、热烈、大方、得体为原则来布置会场。主席台及主宾位置应放在会场前方突出显眼的部位,并根据庆典活动的需要放置桌椅、台布,摆置鲜花和茶具,悬挂横竖条幅或张贴主题词、宣传画,以及安装调试好音响扩音器材、空调等设施、设备。也可在室外悬挂气球、宫灯、彩旗。再次,其他物品的准备。如剪彩用的彩带、剪刀;纪念活动和表彰用的奖品、奖金、荣誉证书;奠基、植树用的铁锹;收受礼品用的登记簿;赠送客人的纪念品;供公众提意见、建议用的留言台(簿)等。最后,负责清洁、勤杂、电工等后勤工作。

(七) 庆典程序的落实

庆典活动安排程序应当事先印制好,宾客人手一份,以便他们了解掌握活动安排。正式庆典活动程序一般是:

(1) 主持人宣布活动开始,奏国歌。

(2) 介绍重要来宾,或者宣布来宾名单。

(3) 宣读重要单位的贺信、贺电,或者贺信、贺电单位名单。

(4) 致辞,组织领导人或重要来宾分别致辞。

(5) 剪彩(或者揭牌、揭幕)。

(6) 颁奖(颁奖仪式)。

(7) 宣布庆典活动结束,安排其他活动,如参观、座谈会、观看表演和宴请招待等。

(八) 进行效果评估

在庆典活动之后,应进行效果评估,要总结经验,吸取教训。

(1) 收集传播媒体以及公众舆论的有关反应。

(2) 制作庆典活动的声像资料。

(3) 写好庆典活动的总结报告。

(4) 做好新闻报道剪报资料的存档工作。

四、庆典活动应注意的问题

庆典活动既是旅游组织面向社会和公众展现自身的机会,也是对自身的领导和组织能力、社交水平以及文化素养的检验。旅游组织可利用庆典的机会越来越多,组织的决策者们有必要适时地选择一些对组织和社会都有利的重要事件或重大节日,来开展庆典活动。庆典活动开展得成功与否往往会成为社会公众取舍、亲疏的标准。因此,庆祝也好,典礼也好,都应有充分的准备,因天时、地利、人和等条件而开展。组织在进行这类活动过程中,一定要注意下列一些问题:

1. 要有计划

庆典活动应纳入组织的整体规划,应使其符合组织整体效益提高之目的。组织者应当对活动进行通盘考虑,切忌想起一事办一事,遇到一节庆一节。

2. 要选择好时机

调查研究是组织开展公共关系活动的基础,庆典活动也应在调查的基础上,抓住组织(企业)时机和市场时机,应尽可能使活动与组织、市场相吻合。

3. 科学性与艺术性相结合

公共关系活动是科学地推销产品和形象的过程,但要赋予其艺术性的化身,使其更具有魅力,这样会有更好的宣传效果,使企业形象更佳。

4. 要制造新闻

公共关系活动应能够为公众的代表——新闻媒介所接受,新闻媒介的反应是衡量活动成功与否的标尺,也是组织形象能否树立的重要环节。所以,庆典活动应尽量邀请新闻记者参加,并努力使活动本身具有新闻价值。

5. 要注意总结

组织的公共关系活动应讲求整体性和连续性,作为整体公共关系一部分的庆典活动,应与其他公共关系活动协调一致。为保持组织形象的一体化,保证今后开展活动的连续性,应当对每次庆典活动进行认真总结。

案例分享

首届中国旅游日(湖北)庆祝活动

暨"百年辛亥首义之行·百万游客红色之旅"启动仪式

一、活动的背景及意义

2011年4月10日,国务院正式决定设立"中国旅游日",这是我国旅游业发展史上的重要里程碑,充分体现了党中央、国务院对旅游业的高度重视,有利于加快把旅游业培育成为国民经济的战略性支柱产业和人民群众更加满意的现代服务业;充分体现了公民旅游意识的日益增强,有利于推动大众化旅游发展,丰富人民群众的旅游生活,提高人们的幸福指数;充分体现了社会各界对旅游业的广泛关注,有利于营造旅游发展的氛围,优化旅游发展环境。同时,2011年是纪念建党90周年、辛亥革命100周年,随着全国二期红色旅游发展规划纲要的出炉,红色旅游迈入了新的发展阶段。湖北省将首个"中国旅游日"的活动主题确定为"百年辛亥首义之行·百万游客红色之旅",目的在于借助首个中国旅游日庆祝活动这个平台,进一步活跃红色旅游市场,打造红色旅游精品,充分彰显"双百"活动所蕴涵的政治工程、文化工程、富民工程、民心工程的综合带动作用,使红色旅游成为我省旅游业发展新的增长极。

二、时间、地点

时间:2011年5月19日

地点：武汉黄鹤楼公园

三、主要活动流程

由湖北电视台专业主持人高月兰介绍"中国旅游日"及启动仪式的有关情况，由黄鹤楼艺术团表演《黄鹤楼》歌舞、武当山艺术团表演武当功夫提前暖场。

由湖北省人民政府领导主持启动仪式，湖北省、武汉市旅游管理部门领导致辞。主席台领导分别为10名"灵秀湖北文明旅游宣传大使"、"灵秀湖北旅游品质监督大使"、"灵秀湖北旅游服务志愿者"颁发聘书；湖北省旅游局、湖北省邮政公司领导共同为"中国旅游日 灵秀湖北游"纪念邮资明信片揭幕；武汉市人民政府领导启动"武汉旅游营销网"，等等。

四、效果评估

在首个"中国旅游日"庆祝活动上，湖北省启动"百年辛亥首义之行·百万游客红色之旅"专项旅游活动，不仅向社会公众宣传"中国旅游日"设立的目的和意义，宣传了公民的文明旅游意识，而且对于开拓红色旅游市场，打造红色旅游精品，大力招徕专项旅游具有重要意义。此前，湖北省政府还特别召开座谈会，庆祝"中国旅游日"的到来。湖北省旅游局也向全省旅游景区发出号召，引导和鼓励旅游景区开展惠民、利民活动，以实际行动迎接首个"中国旅游日"。据统计，全省158家3A级以上旅游景区中，除漂流等季节性景区和正在改造的景区外，125家景区都有不同形式的惠民、利民活动。在这些旅游景区中，免费进入的景区达到了87家。

（资料来源：由湖北省旅游局马冲提供）

评析：从庆典类型看，属于节日类的庆典活动。2011年4月10日，国务院正式决定设立5月19日为"中国旅游日"。各地旅游行业面向社会开展多种形式的庆祝活动，有利于宣传国家的旅游产业政策，增强公民旅游意识，引导公民文明旅游行为，引起社会各界对旅游业的更大关注。节庆活动主题突出，形式新颖。在首个"中国旅游日"庆祝活动上，湖北省借力借势启动了"百年辛亥首义之行·百万游客红色之旅"专项旅游活动，开拓红色旅游市场，打造红色旅游精品。

 思考与练习

1. 公共关系专题活动应遵循的基本原则是什么？
2. 简述旅游新闻发布会的时机选择。
3. 展览会的作用和举办展览会的要求是什么？
4. 庆典活动的类型有哪些？

第九章 旅游公关危机

引言

旅游业是一个极其敏感的行业,任何一个负面信息都有可能演变成一场危机,因此,必须要把旅游公关危机预警与管理纳入到旅游行业的日常管理中。

通过对本章的学习,使学生了解旅游公关危机处理的特点、重要性,以及处理的原则和对策。

学习目标

1. 要求学生全面、系统地了解旅游危机的类型、特点及处理程序;
2. 掌握旅游危机的处理原则与方法;
3. 掌握旅游公关危机的处理程序;
4. 了解旅游危机的类型及发展阶段;
5. 了解常见的旅游公关危机事件处理要点。

第一节 公关危机的概念和种类

公关危机的概念源于西方发达国家,指由于环境和企业外部因素的变化,企业所面临的各种危机和灾难。国外研究资料显示,几乎所有企业在发展过程中都经历过公关危机。美国《危机管理》一书的作者曾就企业危机对《财富》杂志评选的世界500强企业的董事长和总经理进行调查采访。结果显示,80%的被调查者认为现代企业面对公关危机,是不可避免的;14%的公司领导人表示,曾受到严重公关危机的挑战。

在旅游企业的日常公关管理中,公关危机处理是一整套的公关工作体系。什么是危机? 危机是一种情境状态,在这种情境中,其决策主体的根本目标受到威胁、且在不确定性很强的情况下作出关键性决策的反应时间非常有限,其后果可能对组织未来的获利性、成长乃至生存发生重大的潜在威胁,对员工、产品、资产和声誉造成巨大的伤害。危机管理在当今社会已不再是一个处理突发事件的临时性管理项目,一个组织无论有过多么悠久、多么辉煌的历史,无论取得过多么巨大的成功,对危机的麻木不仁都会导致根本的、颠覆性的改变。对国家和社会如此,对政府和组织如此,对旅游企业和个人也同样如此。面对危机,最大的、最难战胜的敌人是自己,最可怕、最具灾难性的就是危机出现后没有恰当的处理方法,使危机漫延,事态扩大。

世界旅游组织认为,旅游业危机管理的主要途径有四,即:沟通、宣传、安全保障和市场研究。其中,基于诚实和透明基础上的良好沟通是成功的危机管理的关键。

一、旅游危机的概念

人们一直在试图全面而确切地对公关危机下定义,但实际上危机事件的发生却有千变万化的现实场景,很难一言以蔽。有人认为,中国的汉字能圆满地表达出危机的内涵,即"危险与机遇",是组织命运"转机与恶化的分水岭"。这里从"旅游公共关系本质上是旅游组织机构与相关公众之间双向传播与沟通"的角度,对旅游公关危机的理解作一个判断。

世界旅游组织对旅游危机的定义为:"影响旅行者对一个目的地的信心和扰乱继续正常经营的非预期性事件。"并可能以无限多样的形式,在许多年中不断发生。危机管理有助于保持旅行者和旅游业的信心,将危机对目的地的影响最小化。

(一)危机公关与公关危机

1. 危机公关

危机公关,指的是由于企业管理不善、同行竞争,甚至遭遇恶意破坏,或者是外界特殊事件的影响,而给企业或者品牌带来的危机,企业针对危机所采取的一系列自救行动,包括消除影响、恢复形象等。广义地讲,危机公关是指从公共关系角度对危机的预防、控制和处理。而另一层定义,是指旅游组织在自身运作中对发生的具有重大破坏性影响,造成旅游组织形象受到损伤的意外事件进行全面处理,并使其转危为安的一整套工作过程。

对旅游组织而言,危机公关实际上就是组织在处理危机时所采取的一切手段和策略,以恢复公众信任,重塑组织形象。危机公关是个系统工程,它需要调动组织各个方面的力量,以及组织日常公关工作逐步积累的社会关系网络,为危机的尽快消除奠定基础。

在旅游组织管理过程中,危机公关还有另一层含义,即危机管理。危机管理是企业为应对各种危机情境所进行的规划决策、动态调整、化解处理及员工培训等活动的过程,其目的在于消除或降低危机所带来的威胁和损失。危机管理是专门的管理科学,它是为了应对突发的危机事件,抗拒突发的灾难事变,尽量使损害降至最低点而事先建立的防范、处理体系和应对的措施。

2. 旅游公关危机

旅游公关危机,是指旅游组织与其公众之间因某种非常性因素引出的非常态联系状态,它是旅游组织公共关系状态严重失常的反映,使旅游组织的生存和发展受到威胁,旅游组织形象遭受破坏,处于高知名度、低美誉度的地位,并给相关公众和社会环境造成重大的破坏和损失。旅游公关危机往往是由某种突发事件引起的。旅游公关危机一般具有突发性、破坏性、影响大等特点。旅游公关危机可导致旅游组织与公众之间的关系迅速恶化,旅游组织的正常业务受到影响,生存和发展受到威胁,旅游组织的形象遭到严重损害。因此,从某种意义上讲,旅游公关危机的处理将会直接决定旅游组织的发展方向。

旅游组织的危机,其80%是因为沟通不畅而引起或恶化的。我们应以积极、健康、科学的心态去面对危机,只有认识到旅游公关危机的常态性,才能做到非常状态下科学有效的旅游公关危机管理。所谓科学的危机心态,即:危机就如同"纳税和死亡一样不可逃避"。

英国的公关危机管理专家麦克尔·里杰斯特认为:"现代企业处在一个透明度日益增加的时代里,如果企业不能就发生的危机与公众和社会进行积极地沟通,在采取补救措施时就不能取得公众期望的成效,无疑会给企业信誉带来致命的伤害。"所以当公关危机来临时,公关危机事件和由此引起的不良后果都需要旅游组织相关部门进行及时处理,不同的旅游企业处理公关危机的水平不一。

因此,我们要理解危机公关是指旅游组织在面对危机时应采取的公关措施;而公关危机指组织在公关过程中所遇到的危机。

旅游业危机按照所能波及的空间范围,可以划分为:企业旅游业危机、区域旅游业危机、国家旅游业危机、国际旅游业危机四大类型。其中区域旅游业危机则是针对那些对一座城市或一个较大区域内的旅游业产生明显影响的旅游业危机,如在某区域内发生的突发性事件所造成的旅游目的地出现的旅游危机。像2007年无锡因供水引发的旅游危机,即是如此。从管理的角度出发,按引发危机的主导风险因素的来源不同,旅游业危机划分为外因危机和内因危机两类。外因危机是由旅游行业以外的因素所引发的旅游业危机;内因危机则主要是由于旅游行业自身的因素所造成的旅游业危机。

国际上对旅游危机的研究始于20世纪70年代。1974年,世界旅游业由于遭受世界范围内能源危机的严重冲击,国际旅行研究协会开始关注危机,当年该协会年度会议的主题为"旅行研究在危机年代中的贡献",这是旅游业危机管理首次引起世人的关注。在以后的三十多年中,特别是随着近年来发生的美国"9·11"事件、印度尼西亚巴厘岛爆炸案、"非典"疫情等突发事件引发的旅游危机,旅游管理部门和研究机构对旅游业危机管理的各个方面展开了较为深入的研究,并取得了一定成果。

我国旅游业的发展时间不长,以前对旅游危机的认识和研究相对肤浅。但随着目前全球经济一体化趋势的日益加快,国际、国内发生的一些突发事件引发的旅游危机对我国旅游业带来一定冲击,旅游危机管理也引起了国内一些机构和人士的注意。尤其是2003年的"非典"疫情对我国旅游业造成巨大损失后,国内一些政府部门、旅游业工作者、专家、学者等开始对旅游危机进行研究。旅游危机作为突发的公共事件,是应急管理工作的重要内容,随着我国各级政府日益重视加强应急管理工作,旅游业危机管理将成为各级政府部门和旅游行业的一项重要工作。

(二) 旅游危机的特征

旅游危机产生的原因多种多样,影响范围和持续时间长短不同,但旅游危机也有一些共同特征,掌握旅游危机的特征,可以使我们更好地掌握规律和应对旅游危机。

1. 必然性和普遍性

旅游危机的必然性,是指危机是不可避免的,只要有公共关系就会有旅游公关危机。这是因为:首先,由于人们主观认识的局限性和客观规律的隐蔽性,使人们认识规律、驾驭规律的能力必然会存在偏差,所以任何错误都可能变为现实。其次,旅游公共关系是针对旅游业这个大系统,包括许多与大系统彼此联系的复杂的子系统,它是一个多输入、多输出、多干扰的主控系统,不确定因素的复杂性增加了旅游危机产生的必然性。再次,信息传播是旅游公共关系不可或缺的因素,旅游公共关系的过程,是一种信息传播过程,更是一种控制过程,从信息论的角度看,就是信源通过信道向信宿传递,并引发反馈的过程。信息传递的过程中由于噪声的干扰势必产生失真现象,失真即有误差,误差导致错误,错误导致危机。最后,任何策划和决策都以信息为基础,而且方案的执行过程也是一个信息传播的过程,信息经过多层系、多渠道、多阶段的传输之后,其失真现象必趋严重,导致系统的稳定性减弱,一旦震荡度加大,危机便接踵而至。

所以任何一个旅游组织在其发展过程中都会遇到性质不同、表现形式各异的危机。

2. 突发性和渐进性

旅游公共关系危机事件是一种突发性事件,但其形成往往是渐进式的。它常常是在意想不到、没有准备的情况下突然爆发的,它是不可预见的或不可完全预见的。由于旅游公共关系大系统是开放的,每时每刻都处在与外界的物质、能量、信息的交换和流动之中。其任何一个薄弱环节都可能因某种偶然因素而导致失衡、崩溃而形成危机。它具有突发性的特征,也具有不可预测性的特征。从本质上讲,公关危机的爆发是一个从量变到质变的过程。

3. 严重性与建设性

旅游业危机的严重性,主要是指危机发生会在短时间内对旅游业造成致命的打击。同时,由于旅游产业关联度很高,涉及食、住、行、游、购、娱等许多产业,因此,旅游危机往往会对经济社会带来很大的影响。也正因为如此,旅游业危机具有波及效应,常常会引发其他不同类型的危机,导致该危机的危害性被进一步放大和延续。旅游危机事件作为一种公共事件,旅游组织在危机中采取的行动和措施失当,将使旅游组织的品牌形象和旅游组织的信誉受到致命打击,甚至危及生存。由此,为了应对各种突发的危机事件,西方现代企业一般都将其纳入管理的内容,形成了独特的危机管理机制,定期提交危机预测分析报告。

旅游危机在本质上或事实上对旅游组织产生的破坏性是巨大的,必须尽力防范和阻止。但是既然危机爆发了,暴露了旅游组织存在的问题,更是给旅游组织提供了一个检视自我应对风险能力的机会,危机的恰当处理也会带给旅游组织新的收获。从辩证法的角度看:危机=危险+机遇。

旅游公共关系危机爆发后,旅游组织的公共关系总处在不稳定的状态中,有效的旅游公共关系工作必定会在原本无序的公关状态中建构更牢固的公共关系大厦,使无序走向有序。认识危机的建设性,才会采取主动姿态,沉着冷静,满怀信心地面对危机,从中寻找和抓住任何可能的机会;认识危机的建设性,才有可能认识到旅游公共关系危机在破坏公共关系良好状态的同时,也为旅游组织建立富有竞争力的声誉,树立旅游组织的形象和为旅游组织的重大问题的解决创造了机会。

4. 紧迫性和关注性

由于危机常具有"出其不意,攻其不备"的特点,旅游公关危机总是在短时间内突然爆发,使旅游组织立刻处于备战状态,这要求公关人员第一时间全面掌握事实真相。不论什么性质和规模的危机,都必然会不同程度地给旅游组织造成破坏,造成混乱和恐慌,它常常会成为社会和舆论关注的焦点与讨论的话题,成为新闻界争相报道的内容,成为竞争对手发现对方破绽的线索,成为主管部门检查批评的对象。而且由于决策的时间以及信息有限,往往会导致决策失误,从而带来无可估量的损失。另外危机还往往具有连带效应,引发一系列的冲击,从而扩大事态。对于旅游组织来说,危机一旦爆发,其破坏性的能量就会被迅速释放,不仅会破坏正常的经营秩序,而且呈快速蔓延之势,如果不能及时控制,危机会急剧恶化,使旅游组织遭受更大损失,更严重的是会破坏组织持续发展的基础,威胁组织的未来发展。

如果将旅游组织比做一个人,那么,旅游组织的危机就是围在脖子上的围巾:有的旅游组织被这个围巾勒伤,甚至勒死,但是也有的旅游组织将它作为服饰的点缀或者用来取暖。凡事福中有祸,祸中有福。只要能够正确地面对旅游危机,就可以将危机带来的负面影响降到最低点,或者将旅游企业的劣势变为优势。

(三)危机事件的生命周期

管理学者斯蒂文·芬克对危机生命周期的划分方式,提出企业危机生命周期理论。危机生命周期理论,是指危机因子从出现到处理结束的过程中,有不同的生命特征。旅游组织生命周期理论认为,旅游危机有如人的生命周期一样,从诞生、成长、成熟到死亡等不同的阶段,具有不同的生命特征。旅游组织危机生命周期理论的主要内涵是指危机在不同的阶段,有不同的生命特征,其一般有五个阶段:危机潜伏期、危机突发期、危机扩散期、危机处理期、危机处理结果和后遗症期。

1. 危机潜伏期

旅游组织的产品特点,是针对人的心理满足来提供的优质服务,由于个体对事物的认识和看法不同,因此,在服务活动过程中,较长时间地积累矛盾,危机处于量变阶段。这是最容易解决危机的时期,但是却因为没有明显的标志性事件发生而不易被人察觉。

当危机处在潜伏期时,虽然危机事件还没有产生或爆发,但造成危机事件的结构要件已基本形成,培养危机的"温床"已经准备就绪。例如,2010年的"香港强迫购物门"事件,就是一起旅行社违规,同时旅游监管不力共同造成的危机。如能对旅行社导游加强职业道德教育,以及旅游监管部门进行常态化的监督、检查,这种事件就不会发生。因此,处理潜伏期的危机,最为重要的是及时掌握潜伏期危机的信息,并采取果断措施,把潜伏期的危机消灭在萌芽状态中。

必须指出,当发现旅游危机征兆后,即使因某种原因无法阻止危机发生,赢得时间并做好应对危机的各种措施也是十分重要的。例如,当发现地震征兆后,虽然无法阻止地震的发生,但可以做好疏散人畜的准备,以及震后灾情的救济工作。有了心理和物质准备后,在危机发生时就能及时采取对应措施,而不至于措手不及,把危机造成的损失减少到最低限度。

2. 危机突发期

关键性的危机事件突然爆发,而且演变迅速。它在这些阶段中持续时间最短,但是社会冲击、危害最大,会马上引起社会普遍关注,它还会对人们的心理造成最严重的冲击。

旅游危机由潜伏期进入突发期,会威胁到旅游组织的生存和发展。如果不能立即处理,危机将进一步上升,其杀伤范围与强度会变得更为严重。这一阶段持续时间较短,而危机爆发猛。例如,在美国"9·11"恐怖袭击事件中,飞机撞击世贸大厦是在一瞬间完成的,而世贸大厦的倒塌也只持续了一小时左右;前段时间一个题为《解一次小便被敲诈2.2万元——贵州旅游虎口脱险记》的帖子在国内各大网站上传播,发帖者称:"自己作为一名旅游者,仅仅因为在贵州黔东南苗族侗族自治州某个苗族村寨的一户村民家门口小便,就遭到村民敲诈,要求赔偿2.2万元。"据有关媒体的粗略统计,转载这个帖子的网站达100多个,点击量超过百万人次。然而经调查,事件的经过并非完全如发帖人所述,但事实上对贵州黔东南州乃至贵州整个旅游业的形象产生了恶劣影响。这些危机的爆发,在较短时间内造成了巨大的生命财产损失。因此,爆发期是危机处理中最困难、最紧迫的时期。必须果断决策,采取有效的救援措施,以控制危机危害的扩散。有些危机爆发期较长,蔓延的区域范围较广,如2003年的"非典"事件,从广东蔓延到全国,以及东南亚各国,甚至波及许多西方国家,使我国旅游业处于瘫痪状态。因此,对于这种危机,最为重要的对策措施,就是尽量限制危机爆发的速度,控制其蔓延的区域范围。

3. 危机扩散期

此时,危机突发事件得到初步控制,但没有得到彻底解决。由于旅游组织的关联性,在危机发生后,会对其他领域产生连带影响,有时会冲击其他领域,而造成不同程度的危机。它持续时间较长,这一时期是危机管理的最重要阶段,也是对旅游组织公关人员专业素质的较大考验时期。如能管理得当,就会大大缩短持续的时间。

危机爆发后,危机所造成的损失已经发生,危机管理进入善后期。这一阶段,危机管理是多方面的:(1)危机管理者要认真分析危机爆发的原因,分析问题出现在什么方面,吸取经验教训,采取预防措施,防止类似危机再度发生;(2)要采取有效措施做好善后工作,如抚慰遇难者家属,做好赔偿工作,安定人心;(3)采取补救措施,防止危机留下的后遗症,或防止危机的延伸和反复,如2007年年末,肯尼亚国内因总统大选引发两党之争,国内发生骚乱,使旅游业严重受损。作为肯尼亚支柱产业的旅游业,不仅给肯尼亚带来巨大的外汇收入,还给当地居民带来就业机会。所以,这样的打击对于肯尼亚来说是非常致命的。为了挽救肯尼亚的旅游业,危机公关势在必行。2008年3月,两党达成和解,从而国内恢复稳定。

4. 危机处理期

此时,组织从危机影响中完全解脱出来,但是仍要保持高度警惕,因为危机仍会去而复来。克服了危机的后遗症,并不代表无重蹈覆辙之虞,危机极有可能再度肆虐。因此,危机管理者应注意新的危机征兆的出现,反思从前危机处理过程中的得失,做好再次应对危机的准备。例如,美国政府在"9·11"事件后成立国土案例部,出台了新的国家安全报告,明确了反恐的战略任务。又如,我国"非典"事件以后,国家卫生主管部门出台了"流行性疾病预防条例",把流行性传染病的预防纳入了法治轨道。

必须指出,对危机处理期的管理,最为重要的任务,就在于从根本上克服危机造成的心理影响,使人们从危机的阴影中走出来,恢复正常的社会、生活秩序,保持社会的安定。

5. 危机处理结果和后遗症期

企业危机经过紧急处理后,可能得到解决,但无效的处理,可能使企业危机的残余因素经过发酵,使危机进入新一轮酝酿期。

在这个时期,危机事件的硝烟会渐渐散去,不良影响也能够在组织的积极应对下有所改善。此时,组织应该抓住这个喘息的机会,充分利用网络媒介的传播特性来为自己服务,比如积极进行议程设置,主动出击发布组织的改进情况,让大家看到组织应对危机的诚意和努力,创造利于自身恢复的媒介环境;并且持之以恒,将议程设置贯穿于整个危机的公关管理周期。

更重要的是,旅游企业应从危机事件中总结经验教训,将事件发生的原因、自身出现的问题、获得的感悟和收获,以及相关数据整理成册,并且将其列入危机酝酿期间的危机案例对员工进行教育与培训,以本组织的亲身经历给员工以启示,从而形成良好循环,深化旅游组织成员的危机意识。

二、旅游公关危机的类型

进行有效的旅游危机管理,首先要对发生旅游危机的因素进行分析。近年来,随着可能引发旅游业危机的风险因素的不断增加,以及危机表现形式的多样化,旅游危机的分类方法也呈现出多样化趋势。从危及旅游业发展的危机事件的动因、成因及影响范围的综合方面来看,危机事件可划分为不同的类型。不同性质和类型的危机事件,对旅游业造成负面影响的范围、形式和程度不同。认清危机事件的性质、类型,对采取正确措施来预防和应对十分重要。

(一)一般性危机和重大危机

从存在的状态看,旅游公共关系危机可划分为一般性危机和重大危机。

1. 一般性危机

这是指常见的旅游组织公共关系纠纷。对旅游组织来说,常见的旅游公关纠纷主要有:内部关系纠纷(领导与群众、部门与部门之间不和谐)、消费者关系纠纷(消费者投诉)、同业关系纠纷(组团社导游与地陪导游争执、冲突)、政府关系纠纷(偷税漏税、环境污染)、社区关系纠纷等。在某种意义上,旅游组织公共关系纠纷算不上真正的危机,它只是旅游组织公共关系危机的一种信号、暗示和征兆。只要及时处理,做好工作,旅游组织公共关系纠纷就不会向公共关系危机发展,以致造成危机局面。

一般性危机的特点：

(1)旅游活动涉及面广，其产品的产销又是在同一环节完成，如果管理不善，或一旦疏于防范，处理不慎，必会酿成"危机"。

(2)目前是网络时代，网络危机爆发的具体时间、实际规模、具体态势和影响深度，是始料未及的。

(3)由于危机常具有"出其不意，攻其不备"的特点，不论什么性质和规模的危机，都必然不同程度地给旅游组织造成破坏、混乱和恐慌，而且由于决策的时间以及信息有限，往往会导致决策失误，从而带来无可估量的损失。

旅游组织公共关系纠纷对旅游组织的危害，轻则降低旅游组织的声誉，影响产品销售，造成形象损失；重则可能危及旅游组织的生存和发展。对于公众来说，旅游组织内部纠纷不利于团结，会挫伤旅游组织成员的积极性，降低管理人员的威信，很可能导致组织的效益下降，使内部公众蒙受物质和精神方面的损失。旅游组织与外部的纠纷，可能会损害相关公众的物质利益和身心健康。对于社会来说，一起公关纠纷往往会牵涉社会各界，有时会引起地方以至全国或世界的关注，造成广泛影响，不利于一个国家或地区良好形象的塑造。

2. 重大危机

这主要是指旅游企业的重大交通事故、重大生产失误、火灾造成的严重损失、突发性的商业经济危机、重大的劳资纠纷等。它是公共关系从业人员面临的必须及时处理的真正危机。如产品或组织的信誉危机，公关人员必须马上进行处理，最好在平时就有所准备。

重大危机的特点：

(1)危机事件一旦发生，会使企业面临十分困难的局面，对旅游组织的生存和发展产生极为不利的影响。

(2)危机一旦发生，就会有飞速扩张之态势，它就会像突然爆炸的"炸弹"，在社会中迅速扩散开来，对社会造成严重的冲击。重大危机不同于一般的矛盾或一般危机，它涉及面广，影响巨大，危害严重，造成旅游组织多方面的损失和伤害，甚至使旅游组织遭到灭顶之灾。如："旅游景点购物"，常常引发危机，影响十分严重，"旅游景点购物"对旅行社来说，失去了旅游公众对旅行社最起码的信任。

(3)任何危机事件不仅会对组织的经济利益和声誉造成不利的影响，破坏组织的正常运转，带来严重的形象危机和巨大的经济损失，还会给社会造成严重的危害，甚至带来直接的损失。如：空难、游轮失事等引发的危机，往往在危害旅游组织的同时，还危害当事人及其亲属的心理和精神健康。

虽然并非所有的旅游组织公共关系危机事件都会转变为重大危机，但它带来的危害是不容忽视的。

(二) 内部危机和外部危机

从危机同企业的关系程度以及归咎的对象看,公共关系危机可划分为内部公关危机和外部公关危机。

1. 内部公关危机

发生在旅游组织内部的公共关系危机称为内部公关危机。或者,这种危机的发生主要是由旅游组织成员直接造成的,危机的责任主要由企业内部的成员承担(如领导对下属批评不当,或在评先进、晋升、涨工资中出现了不公平而引起群众不满,或者由于本组织成员工作不尽职责出现失误等)。

内部公共关系危机具有以下特点:
(1) 波及的范围不太广,主要影响旅游组织的利益。
(2) 责任的归咎对象是旅游组织的部分人,因而相对来说容易处理。
(3) 内部公关危机的主体以旅游组织的领导和员工为重点。

2. 外部公关危机

这是与内部公关危机相对而言的。它是指发生在旅游组织外部,影响多数旅游公众利益的一种公关危机。旅游组织只是受害者之一。

外部公关危机具有以下特点:
(1) 危机波及的范围相对较广,受害者大多是具体的旅游公众。
(2) 责任不在发生危机的某一具体旅游组织及其成员身上。
(3) 不可控因素较多,较难处理,需要有关危机的各方面密切配合、共同行动。

从这一角度具体划分公关危机的类型时,内部和外部是相对的。因为有些公关危机的发生,内部和外部的原因都存在,所承担的责任大小也相差不多。故对具体公关危机的划分与处理必须作具体分析,恰当处理。如,谣言引起的危机;政府政策引起的危机;有关团体或机构公布某些信息而导致的危机;由于恐怖破坏活动引起的危机;涉及法律问题(如打官司)而引起的危机;涉及种族、宗教、文化差异、性别歧视等社会问题而引起的危机;涉及一些有争议的问题而引起的危机;敌意收购带来的企业重组危机;组织的计算机网络被"黑客"袭击而导致的危机;自然灾害或其他不可控因素导致的危机;环保问题引起的危机,等等。

(三) 有形危机和无形危机

根据危机给企业带来损失的表现形态看,公共关系危机有两种,即有形公关危机和无形公关危机。

1. 有形公关危机

这种危机给旅游组织带来直接而明显的损失,凭借肉眼即可观测到这些损失。如食物中毒、爆炸、旅游过程中的交通事故等造成的人员伤亡或财产损失。有形公关危机的主要特点有：

(1)危机的产生与造成的损失大多是同步的。

(2)危机造成的损失明显，易于评估。

(3)危机造成的损失难以挽回，只能采用其他措施补救。

(4)有形公关危机的发生常常伴随无形公关危机的出现。

2.无形公关危机

这种危机所引发的损失表现并不明显，通常不被重视，但将其忽略，损失将会逐渐增大，称为无形公关危机。给任何一个组织的形象带来损害的危机，皆属于无形公关危机。如果不采取紧急有效的措施阻止，已受损害的旅游组织的形象将会使旅游组织蒙受更大的损失。无形公关危机具有的特征是：

(1)危机始发阶段，损失不明显，很容易被忽视。

(2)危机发生后，若任其发展，损失将会越来越大。

(3)这种危机造成的损失是慢性的，可采取相应的措施补救。

(4)处理好这类危机，要与新闻媒介多打交道，因而必须注意方式和方法。

案例分享

东航"返航门"

2008年3月31日，东航云南分公司18架航班"集体返航"，千余名旅客滞留机场，官方表示是由天气原因所致。4月2日，有消息称，"返航"是由于飞行员停工造成，但东航仍坚持称返航是天气原因所致。4月3日，有消息称，东航与停飞飞行员协商尚未达成一致。4月4日，民航云南监管办封存返航航班资料、目的地机场天气实况及相关飞行数据。4月5日，东航称调查返航原因，如证实人为因素将依法严处。4月6日，东航就"返航"事件道歉，并仍坚持是因为天气原因。中国民航局派出工作组开始调查该事件。4月7日，东航承认"返航"事件存在人为因素，称已对涉嫌当事人实施停飞和调查处理。4月16日，民航局就东航"返航事件"作出处罚决定。民航西南地区管理局要把涉及停航的东航2条航线、部分航班上报民航局，当时尚未确定具体哪一航线停航，直到4月22日才对外公布，停止东航两条航线经营权，调减东航的昆明至丽江、中甸等6个目的地城市约20个航班。

(资料来源：豆丁网，http://www.docin.com/p-486746289.html)

专家点评

关键点传播集团董事长、著名公关顾问专家、品牌传播专家、危机管理专家，被业界和媒体誉为"中国危机管理第一人"的游昌乔，针对此次事件谈了他的看法：

1.违背承担责任原则。东航"返航"事件中，东航自始就将返航原因归咎于

"天气原因"。同时,为此事而被撤职的管理层也不涉及高层人员。

2. 违背真诚沟通原则。首先是自以为得意地划定出一个"补偿标准最高400元/人"的额度,同时又传出返航班机上QAR数据一起离奇丢失的消息,而且最终并没有管理层对此事负责。

3. 符合速度第一原则。虽然东航在第一时间发布了"天气原因说",但并没有第一时间说明真相。

4. 违背系统运行原则。东航除了否认外,没有采取其他任何有效措施。

5. 违背权威证实原则。作为民航的管理部门,民航局的调查,揭穿了东航的谎言。

三、旅游公关危机的成因

美国危机管理专家诺曼·奥古斯丁形容说:"危机就像普通的感冒病毒一样,种类繁多,难以一一列举。"的确,经营管理不善、市场信息不足、同行竞争、甚至遭到恶意破坏,或其他自然灾害、事故等,都可能使现代组织处于危机四伏之中。分析危机发生的原因,对于制定正确的预防和处理对策具有十分重要的意义。旅游业危机产生的原因很多,一般来说,大致可以划分为旅游组织内部环境原因和旅游组织外部环境原因。

(一)旅游组织内部环境原因

1. 旅游组织人员自身素质低

人的素质,是指包括人的认识、观念、思维以及由这些方面综合而形成的个人素质。旅游组织人员包括管理人员和员工两类,员工是对外宣传的窗口,尤其是某些旅游企业的一线员工,他们直接与公众接触,他们的素质会直接反映出旅游组织的形象,他们对公众的不良态度会引发旅游公共关系危机。如,1999年7月的一个晚上,在武汉汉阳家乐福超市二楼麦当劳餐厅,某顾客一家来此就餐,因三岁独生子特别爱吃番茄酱,便在购买了36元食品后,向服务员提出多给一包番茄酱的要求,服务员竟然在扔下一包番茄酱之后,轻蔑地说:"你们中国人就是爱占便宜",并掉头离开,闻听此言,举座皆惊,众顾客纷纷谴责该服务员的恶劣言行,要求其当众道歉。未曾想,该餐厅值班经理竟站在餐厅中央大声宣布:"麦当劳没有向顾客道歉的规定。"甚至有服务员大声嚷道:"你们爱国就别来麦当劳"。新闻媒体披露此事件后,"麦当劳"的形象受到了极其严重的打击。[①]

2. 旅游组织缺乏危机意识

旅游组织必须要有危机公关意识,目前很多旅游企业缺乏"忧患意识",同时

---

① 资料来源:张百章,何伟祥.公共关系原理与实务.东北财经大学出版社,2002.

缺乏应对危机的一整套管理体系和方法。在旅游组织平安无事时,很多旅游企业一般不会有"未雨绸缪"的防范意识和战略考虑,不会注重媒体公共关系;即使出现了影响旅游组织发展的突发负面事件,也往往是"病急乱投医",进行无序的媒体危机公关,远远谈不上"有序管理危机和果断采取行动",或者是想方设法要"置身事外",使问题演变成一场危机。如,湖南张家界武陵源风景区,自然风光独特秀丽,1992年被联合国列为世界自然遗产,成为国内外旅游热点。但该景区在开发过程中滥建食宿、娱购设施,至1997年充斥景区的建筑面积达36万平方米,著名的景点锣鼓塔成为一座"宾馆城"。有"世界最美丽的峡谷"之称的金鞭溪每天被迫接受1500吨生活污水,风光严重受损,受到世界遗产委员会的严厉批评。类似案例在全国各省区不乏其例。景区过度开发使自然景区某些珍稀动植物及其原始生活环境受到破坏,具有科学研究价值的地质地貌景观招致损害。这种景区城市化现象,如不制止,继续恶化,危机一旦爆发,将导致旅游企业破产,景区走向死亡。

3.旅游组织经营决策失误

经营决策失误也是造成旅游组织公关危机的重要原因之一,在现代社会中,经营决策都应自觉考虑到社会公众、社会环境的利益和要求,不能有损于公众、有损于环境;反之,即属于经营决策失误。经营决策失误情况繁多,主要体现为方向的失误、时机的失误、策略的失误等,各种失误的出现都可能导致出现危机。特别是方向的失误、策略的失误是导致危机的关键原因。

案例分享

恶意拼团改行程,孤村野店霸王餐

宋先生曾参加了"五彩之旅"九寨沟、黄龙、峨眉、乐山双飞七日游,八人独立成团。21:00左右到达成都双流机场,地陪社来接他们的车是9人座(包括司机座位)金杯面包车,因为增添了两个加座,几乎无法放下8位游客的行李,坐在座位上要自己抱着行李,而且还说此车负责他们全部行程,因此,他们必须忍受进九寨沟十个小时的长途颠簸。

途中,他们还临时接到通知,必须和刚从九寨沟返回的一批游客拼团,因此,需要改变行程先去乐山、峨眉山,出于更好地旅行,陈先生他们配合了。可是,游完乐山、峨眉山后,他们8人再次被拼团,与另外四批散客共37人,同组一团前往九寨沟。由此团队的名称也被改为"羌藏之旅",因此留下了隐患。另外,他们的行程合同上写的是"正餐自理",但导游在途中有三次将用餐点定在路边孤零零的一家饭店,前后均无其他饭店,迫使他们只能在导游订的地点用餐。

这属于"拼团"陷阱。一些小社由于人数不够,一般会通过拼团的方式来组团,但拼团往往会影响行程中的服务质量。作为正规旅行社,会选择两年左右车龄的地面交通工具,并保证一定的空座率,以保证游客乘坐舒适。

(资料来源:惠济旅游网:http://www.zzhjly.com/bencandy.php? fid=90&id=981)

4. 旅游组织法制观念淡薄

现代社会是法制社会,旅游组织是否具有法律意识,是否知法、守法,是否将旅游组织的经营活动置于法的监督、保护之下,这对于正确开展经营活动,规范旅游组织管理行为,树立良好的旅游组织形象有十分重要的意义。然而,事实上,有的旅游组织法律观念淡薄,置国家法律于脑后,霸气十足,随意践踏旅游公众作为人的起码权利,最终酿成危机。如旅行社、餐馆、商店等利用高额回扣诱使导游、司机送团,服务质次价高;旅游商品质量欺诈、专利侵权;旅游从业人员素质低、服务缩水、未持证上岗、不规范讲解、不遵守社会公德、乱索要小费、私收现金回扣等现象,使旅游企业的形象一落千丈,公关危机由此而发。

5. 策划不当,损害公众利益

2000年"五一",某旅行社组团至广州、深圳、珠海、澳门双飞五日豪华游,每人收费5 760元,双方于同年4月22日签订了旅游协议书。协议约定了房、餐、车及旅游中所含服务标准及团队行程。行程中安排乘CDA501航班赴佛山,其中一个项目是游妈祖庙。旅行社在出团前召开说明会时,发给游客手中的出团通知也同样有"赴佛山游妈祖庙"字样。

游客在行程完毕返京后投诉旅行社,他们诉称:"根据行程内容和出团通知均安排在佛山游妈祖庙,但实际游览的是祖庙",这是一种欺诈误导游客的骗钱行为。如果不是去妈祖庙,我们根本不去报名参团了,因此,要求旅行社赔偿每人所交团费的50% 及精神损失费每人1000元"。

旅行社辩称:"我们的旅游路线是乘飞机经停佛山后去广州住宿,路经佛山的景点只有祖庙而没有妈祖庙。我社在行程及出团通知中将祖庙写成妈祖庙应属笔误,并不存在欺诈游客的问题。"①

案例分享

对当事人双方各执一词之说,旅游质监部门经审理认为,旅行社在组织此次活动中,从招徕到接待的全过程除了妈祖庙外,其他行程均已按约履行。在经停佛山时组团社安排客人游览了祖庙,而该地并不存在妈祖庙,以此看旅行社并无诱使和

---

① 资料来源:惠济旅游网:http://www.zzhjly.com/bencandy.php? fid=90&id=1282

欺诈的故意,应属组团社工作失误。游客主张的旅行社有欺骗诱导的骗钱行为不能成立,故对游客的赔偿请求旅游质监部门不予支持。但对旅行社工作人员的工作马虎、不认真,出现差错又未能及时发现和更正,给旅游者造成误解和不便的问题,旅游质监部门责成该旅行社向游客赔礼道歉,并应给予适当补偿,求得游客谅解。更希望该社要吸取教训,改进工作。

(资料来源:现代快报.2011-10-22.)

6. 旅游公共关系活动缺乏必要的准备

旅游组织要想取得旅游公共关系活动的成功,就得做好旅游公共关系的前期准备工作,准备工作做得越充分、越扎实,公关活动的成功率就越高。反之,就会引发危机。

如2001年"五一"期间,泰山岱顶0.6平方公里地方在同一时段内达到6万人,踏得草都没法生长。北京故宫博物院最佳的日接待量3万人,最大的日接待量为6万人,极限的日接待量8万人,2000年5月2日曾创造日接待12万游客的纪录,给故宫的环境卫生和安全带来巨大的压力。由于一些景区没有做好大量游客利用长假到各地旅游的准备工作,使本该让人们开心的旅游活动变成了让人难过的活动,致使各种旅游投诉不断,使旅游组织的形象也大受影响。

7. 面对公众的摩擦纠纷,反应不当,酿成危机

旅游组织在与外部公众的交往过程中,在与消费者的交往过程中,由于各自利益的不同有可能引起摩擦和纠纷,旅游组织如果反应得当,就能使摩擦和纠纷消于无形。反之,就会引发危机。

8. 忽视公关调研,损害企业声誉

调研是公共关系运作四个程序中最重要的一步。前面已经有论述,它犹如中医看病中的"望闻问切"一样,没进行调研,必然贻误治病良机,使症状更为严重。企业通过调研可以明确自己所处的环境,验证对公共关系状况和旅游公共关系状态的假设,它能有效地减少旅游公共关系策划和计划中的不确定因素。同时,调研也为旅游组织的长远发展提供有价值的分析资料。但事实上,我国许多旅游组织却以"没有必要"、"缺乏资金"、"没有时间"作为借口,从而给旅游组织带来不必要的麻烦。

(二)旅游组织外部环境原因

旅游组织所处的外部环境是异常复杂的,某一方面发生变化,尤其是突如其来的变化,都会给旅游组织以重击,使旅游组织陡然陷入困境,面临危机。

1. 自然环境突变

这包括天然性的自然灾害和建设性破坏两个方面。天然性自然灾害是不以人

的意志为转移的,如山脉、河流、海洋、气温等所形成的灾害,它往往给旅游组织带来意想不到的打击。正所谓:"人在家中坐,祸从天上来。"2008年5月12日14时28分04秒,四川汶川、北川的8级强震猝然袭来,大地颤抖,山河移位,满目疮痍,生离死别。这是新中国成立以来破坏性最强、波及范围最大的一次地震。造成69 227人遇难,374 643人受伤,17 923人失踪,几十万人无家可归。大地震对身处震区的旅游组织无疑是沉重的一击。这类灾害还包括洪涝、旱灾、台风、森林大火、火山爆发、土壤侵蚀、泥石流、海啸等,这类灾害具有很大的突然性、无法回避性、损失重大的特点,常常使遭受打击的旅游组织面临灭顶之灾。

建设性破坏是一种人为的灾害,它指人类出于短视、无知、疏忽、决策失当等原因,没按客观规律办事所酿成的对环境的破坏。这种建设性破坏,建设的规模越大,灾害损失越严重。

2. 旅游企业恶性竞争

恶性竞争即不正当竞争,是指在旅游企业的经济活动中,违反国家政策与法令、采取弄虚作假,投机倒把,坑蒙诈骗手段,牟取利益,损害国家、生产经营者和消费者的利益,扰乱旅游市场经济秩序的不良竞争行为。

恶性竞争作为旅游组织公共关系危机的一个外部因素,是指旅游组织受到外部其他企业的不正当竞争,使本组织面临严重的经营危机和信用危机,从而发展为旅游组织公关危机。在现实生活中,一些不正当竞争者或者采取散布谣言,恣意损害竞争对手的形象;或盗用竞争对手的名义欺骗旅游者;或进行比较性广告宣传,有意贬低竞争对手的能力;或采取恶劣行径,严重扰乱竞争对手的经营秩序等,这些恶性竞争行为,都可能导致企业严重的公共关系危机。

☞ 案例分享

北京一日游虚假广告

2010年初来京游客根据谷歌搜索出的"北京一日游"网站信息,参加了旅游项目,遭到欺诈买卖、服务差等问题。经各方核实,此网站为冒名虚假网站。对此,谷歌表示核实确为虚假网站后将撤除广告。

市民高先生说,为让初次来京的姐姐玩得开心,他特意在谷歌搜索"北京一日游",从首页选择了谷歌的赞助商链接"中国国际旅行社北京一日游"网站,选择了"长城一日游A线"项目,每人100元。线路介绍中涵盖了长城、十三陵、定陵、鸟巢等景点,而高女士只去了长城,其他均为透过车窗远眺。途中被引至一家玉器店,经售货员推销,高女士买了近6000元的玉器,并为店主所谓的残疾双胞胎女儿捐款400元。后经专家验证,高女士购买的玉器均为赝品。原先承诺游玩结束后将游客送回家,最终却把所有乘客放在了鸟巢附近,不认路的高女士只得打车回到通州的弟弟家。

记者按高先生的搜索路径,找到了该网站。网页左上角的标志为"中国国旅",对方自称是北京中国国际旅行社散客部,专门接待北京一日游。当问及是否有旅游购物时,对方说"我们是纯玩团,没有购物景点"。对此,北京中国国际旅行社网络营销部的一名员工表示,设在北京国旅总社的散客部并不接待北京一日游。

面对允许虚假广告宣传的质疑,谷歌回应称,此前从未收到过对该网站广告的投诉,目前已将问题反映给相关部门。谷歌建议消费者,再次发现相关问题后,可填写在线意见反馈表,以提供更加具体的信息,一旦确认该广告违规,将立即采取措施撤除该广告。

(资料来源:新闻网:http://news.china.com.cn/rollnews/2010-03/16/content_1070178.htm)

3. 政策体制变化

国家的经济管理体制和经济政策是旅游组织难以控制的外部因素,它对旅游组织的经营和发展产生重大影响和制约作用。如,2007年12月14日国务院发布了《国务院关于修改全国年节及纪念日放假办法的决定》,在将"五一"国际劳动节调整为1天的基础上,增加了"清明"、"端午"和"中秋"3个分别为期1天的传统节日,最终形成了"两大(国庆、春节),五小(元旦、清明、劳动节、端午、中秋)"的法定假日格局。新休假制度对旅游业产生影响至今仍争论不休。

4. 社会公众误解

公众对旅游组织的了解并不是全面的,有的公众会因获得信息的缺乏或专听一面之词对旅游组织形成误解。尤其是当旅游组织在服务质量、营销方式、竞争策略等方面有了新的进步、新的发展、新的探索,但公众一时还不能适应,或一时认识跟不上,用老观念、老眼光,主观判断,草率下结论,更易导致一些危机事件的发生。这包括几个方面:一是服务对象,即公众对旅游组织的误解;二是旅游组织内部员工对旅游组织的误解;三是传播媒介对公众的误解;四是权威性机构对旅游组织的误解等。无论哪一类公众对旅游组织的误解,都有可能引发旅游组织的危机。特别是传播媒介和权威性机构的误解,更可能使误解范围扩大,程度加深,形成极为不利的舆论环境。

5. 公众自我保护

随着现代科技的发展和保护消费者的法律的不断完善,消费者正在学会用法律的手段保护自己,旅游组织原来认为合理的、正常的东西,现在在消费者的思想中已经变成不合理的,消费者对旅游组织的所作所为提出抗议,如反欺诈行动、反污染行动,这使旅游企业面临新的危机。2012年1月28日,北京风至飞扬房地产服务机构董事长罗迪在其个人实名认证微博上称:"朋友一家三口前天在三亚吃海鲜,三个普通的菜被宰近4000元。他说是被出租车司机推荐的。邻座一哥们指池里一条大鱼刚问价,店家手脚麻利地将鱼捞出摔晕,一称11斤,每斤580元,共6000多元。那哥们刚想说理,出来几个东北大汉,只好收声认栽。"

旅游者法律意识越来越强,从以前的"不敢告"、"不想告",到目前都积极拿起法律武器保护自己的权利。以前"不敢告"主要存在于这样一部分旅游者之中,他们总以为以自己微弱的力量难以抗衡旅游企业。尤其是损害来自政府部门时(如不合理的处罚),便多几分畏惧。"不想告"的主要原因是部分旅游者,看到旅游法制状况并不健全,一些投诉如石沉大海,花大量的时间、金钱往往得不到期望的结果,所以不愿意去自讨没趣,而宁愿自认倒霉。而目前旅游者遭遇旅游纠纷一般是民事纠纷,执法机关对民事纠纷适用不告不理原则,在旅游者本身不提出合法权益保护要求的情况下,无论是消费者协会,或是政府的旅游主管部门,还是法院都不会主动去受理。而今旅游者法律意识加强,当遇到合法权利受到侵害时,大多都会以积极态度,运用法律手段来维护自身的合法权利。

6. 全新传媒出现

因特网,是人类社会从未有过的全新传播媒介,更是21世纪信息高速公路的雏形。它具有许多诱人的诸如范围广泛、超越时空、双向互动、个性化、低成本等不同于其他媒体的传播特征。它的出现使人类进入网络时代。而进入了网络时代,不重视公众,尤其是为旅游服务的企业更需要注意,因为,任何一个不满的顾客都可能成为高破坏力的危险分子。2010年,有一件事引起了业内人士的关注,悠哉旅游网一名顾客由于旅游途中发生某些不愉快的事情,旅游回来后向相关媒体投诉,悠哉旅游网得知后展开调查,并向投诉人和媒体做出了解决方案和相关说明。由于当事人对悠哉旅游网的解决方案不满,拒绝进一步沟通,并继续在网络媒体及论坛上大肆宣传,称悠哉旅游网没有做出任何回应。面对肆意的虚假信息,为了避免继续误导网民对悠哉旅游网的认识,悠哉旅游网再一次让步,为当事人进行退一赔一的处理结果。悠哉旅游网一次次的让步,让投诉方看到了机会,进而不断升级赔偿要求,最终在投诉人几次升级变卦赔偿金后,悠哉旅游网决定不再接受投诉人无礼索赔的要求,双方将寻求法律途径解决此事。可见,新兴媒体增加了旅游公关危机出现的几率。

总之,除了上述列举的旅游危机发生的原因外,还有下列原因:劳资争议,以及罢工、股东丧失信心、具有敌意的兼并、股票市场上大股东的购买、谣言、大众传媒泄露组织秘密、恐怖破坏活动、旅游组织内部人员的贪污腐化等。旅游组织只有在广泛收集有关信息的基础上,对造成旅游组织公共关系危机的原因进行深入分析,才能拿出充分的依据,为旅游公共关系危机的管理奠定坚实的基础,"把握症结,对症下药"应成为旅游组织牢记的信条。

第二节 旅游公共关系危机管理的程序与技巧

一、危机管理的含义

1997年由联合响应公司(The Corporate Response Group)对《财富》杂志评选出的全球1000家公司所作的调查发现,在受访的经理人员中,有54%的人认为他们所在公司的最高管理层对如何处理潜在危机日益重视。本次调查确认的潜在危机依次是:工作中的暴力事件(55%)、绑架(53%)、恐怖活动(51%)、诈骗(35%)、产品损坏与索赔(34%)、道德规范问题(30%)、首席执行官的接任更替(28%)。受访者还指出,在企业中需要加以改善之处为:内部认知(50%)、交流沟通(45%)、实习培训(37%)、风险分析(35%)、信息技术(32%)和企业规划(31%)。从中不难发现"在商业活动中,衡量一位首席执行官的影响力的重要方面,就是危机管理。"

所谓危机管理(Crisis Management),是指通过科学预测与决策,修订合理的危机应急计划,并在危机发生过程中充分运用科学手段,减少危机给旅游组织与公众带来的影响,进而寻求公众对旅游组织的谅解,以重新树立和维护旅游组织形象的一种管理职能。

二、旅游危机管理的程序

旅游危机的管理和预防是日益被人们重视的新课题,是旅游组织主动战胜危机的有效手段。

(一)旅游危机发生前

1. 旅游危机预测分析

旅游危机管理是对危机的产生、发展、变化实施的有效控制,为此,事先要对可能发生的危机作出预测、分析。预测包括:可能发生哪些危机,危机可能具备的性质及规模,它对各方面可能带来的影响。

公关人员需要根据旅游组织的具体情况,按轻重缓急把危机分类,如,第一类是很可能发生的危机,如产品质量、媒介关系、环境变化等;第二类是有一定可能但又不是很可能发生的危机,如被盗窃、合作伙伴违约等;第三类是很少发生但又不是不可能发生的危机,如服务素质低下、自然灾害等。

2. 制订应急计划

在旅游危机发生之前做好准备——制订完善的计划,以便一旦出现危机即刻能做出反应,这是减少危害的有效措施。计划应包括应对各类不同危机的不同方法,安排好危机中、危机后在各个工作环节中负责处理各种问题的适当人选,同时让他们事先了解面对不同危机时各自的责任和应该采取的措施。这项工作也涉及其他部门,所以往往是公关部难以独立完成的。

3. 成立旅游危机管理委员会

大中型旅游组织应设旅游危机管理委员会,这是顺利处理旅游危机的组织保证。该委员会人员应包括:旅游组织领导、人事经理、工程管理人员、保安人员、公关经理、后勤部门领导等。如果旅游组织有连锁机构,每个连锁机构都应向旅游危机管理委员会派一名代表,以便发生问题时能迅速在各地协调行动;特别是当连锁机构也都是同样的服务或旅游产品,采用同样的质量标准、同样的购销渠道,具有同一组织形象时更有必要。

(1)旅游危机管理委员会的作用:全面、清晰地对危机发展趋势作出准确预测;确定有关的处理策略和步骤;安排调配旅游组织现有的人力、财力、物力,明确责任,落实任务;启动信息沟通网络,与传媒及目标公众保持顺畅联络;对危机处理过程中各项工作作指导和咨询。

(2)旅游危机管理委员会应配置的设备与材料有:足够的通信设备(包括内、外线电话和无线电通信工具)、各类图纸(消防平面图、建筑施工图、水电线路图、酒店或景区方位图等)、员工名册、重要人物的地址、联系电话及应急车辆,各类专用设备等,以保证危机处理能有条不紊地进行。

此外,还可以根据旅游危机的内容和可能的发展趋势,确定是否聘请外部专家介入对旅游危机的处理,有些旅游危机只有靠专业的、经验丰富的公关专家,才能帮助旅游组织控制灾难。

4. 印制旅游危机管理手册

将旅游危机预测、危机情况和相应的措施以通俗易懂的语言编印成小册子,可以配一些示意图,然后将这些小册子发给全体员工。还可以通过多种形式,如录像、卡通片、幻灯片等向员工全面介绍应对危机的方法,让全体员工对出现危机的可能性及应对办法有足够的了解。

目前,仍有很多旅游组织没注意这方面的工作,员工长时期不了解本组织可能出现的危机,也不了解一旦出现危机应该采取什么措施来进行自救和保护,这是非常危险的。

5. 建立处理危机关系网

根据预测的旅游组织可能发生的危机,与处理危机的有关单位联系,建立合作网络,以便危机到来时能很好合作。这些单位有医院、消防队、公安部门、邻近驻军、相关科研单位、同行业兄弟单位、保险公司、银行等。在平时就要通过互相沟通使这些单位了解旅游组织的基本情况,以及在危机中旅游组织会向他们寻求哪些帮助等。

6. 搞好内部培训

处理旅游危机是公关工作中的一项重要内容,但由于危机并非经常发生,所以大多数工作人员,对处理危机都缺乏经验。可组织短训班,专门对公关人员进行培训,内容包括:模拟危机,让受训学员作出迅速的反应,以锻炼他们面对危机,处理问题的能力;向他们提供各种处理危机的案例,让他们从各类事变中吸取经验和教训,帮助他们在心理上做好处理各种危机的准备。危机的发生是很难预测的,因而危机管理应常备不懈,各种方案、计划、培训都不能一劳永逸,应常备常新,万万不可心存侥幸。

(二)危机发生时

1. 迅速通告政府和社区领袖,寻求他们的理解与支持

这类特殊公众一般都处于权威地位,如政府部门权威人士、行业专家、专业机构、消费者协会等,旅游组织如能与他们保持良好的沟通与了解,他们就会采取理解、支持的立场(至少不会以反对者身份指责旅游组织)。而且,这类公众很可能会在危机中成为第二信息来源,他们发出的信息对组织与公众的影响力是不容忽视的,因此说,政府和社区领袖的意见往往会对旅游危机处理起到决定性的作用。

2. 尽快调查并公布真相,澄清事实

旅游危机发生后,旅游组织在迅速抢救受害公众,减轻危机影响程度,并尽快将最新情况告诉公众的同时,还须尽快查明危机的根源,如果是旅游组织自身的原因,就应勇于承担过失责任,向公众道歉;如果是其他因素所致,也应将事实告诉公众,减轻旅游组织自身承受的压力。

在这里,尽量邀请技术权威机构介入对危机事件真相的调查与论证,可提高信息的可信度,对于减少谣传、寻求传媒与公众的理解尤其具有好处。可惜的是,许多旅游组织往往没能正确对待社会活动家、行业专家及专业机构的批评和建议,一味强调所谓的合法性、科学性,试图尽快洗清自己,反而给人一种漠视社会利益,有逃脱责任之嫌,造成更大的被动。

3. 慎重处理危机中有关人员的伤亡事宜

人命关天,一旦出现人员伤亡事故,应立即全力进行抢救,旅游组织务必要引起足够重视,充分认识到受难者家属在危机事件中的微妙地位。

三、危机管理的技巧

(一)要迅速掌握旅游危机的全面情况

(1)旅游组织公关部要首先搞清是什么人,在什么时间、地点,发生了什么事,事故的原因是什么,按这些要点迅速查明危机的基本情况。有可能的话,可以在目击者的协助下进行调查。

(2)迅速拿出预定计划付诸实施。估计危机可能产生的后果和影响,如人身伤亡的数量、程度,应送什么样的医院治疗,设备损坏的情况,公用设施损坏的程度及其他财产损失,找到迅速控制事态的最佳方法。

(3)查看事故现场,看危机是在继续蔓延还是得到了有效控制,控制情况如何;若还在进一步发展,要迅速查明原因,并明确怎样控制事态发展,找到处理危机的方法。

(4)预测事故危机发展的前景,现有解决方案实施的效果及可能造成的影响,如不能制止还将如何发展,会引发什么样的新问题。

(5)同事故见证人保持联系,记下其姓名、单位、地址及证件号码,必要时可请公安机关加以协助。

(6)保护现场,收集物证。无论是旅游组织自身行为不当,还是其他原因造成的事故都应及时收集物证,组织专家检验、测定。在结果未出来之前,有引起事故嫌疑的物品应通知有关部门及时封存。这样做时先不要过于声张,以免造成不必要的旅游形象损害。这时要具体问题具体分析。

(二)事故发生后的基本公众对策

旅游危机在发生后,将会触及各类公众的利益,对此应分别处理。

1. 对旅游组织内部公众

首先,应将事故情况及旅游组织的对策告诉全体员工,使员工同心协力共渡难关。其次,如有人员伤亡,应立即通知其家属,并提供条件满足家属近视、吊唁的要求,组织周到的医疗和抚恤工作,由专人负责;如果是设备损失应及时清理。

2. 对事故受害者

首先,对受害者应明确表示歉意,慎重地同他们接触,冷静地倾听受害者的意见和他们提出的赔偿要求。这时即使他们的意见并不完全合理,也不要马上与之辩论、争执;即使受害者本身要对事故负有一定责任,也不应马上予以追究或推出门了事,或立刻诉诸法律。然后,应该同他们坦诚、冷静地交换意见,同时谈话中应避免给人造成推卸责任、为旅游组织辩护的印象。还要注意在处理事故的过程中,没有特殊情况,不要随便更换负责处理事故的人员和探望受害者的人员,以便保持处理意见的一致性和操作的连续性。

3. 对新闻传播媒介

新闻媒体是政府的"喉舌",它代表着大众利益,新闻传媒有权知晓其认为有必要知晓或传播的信息,在这里,公开、坦诚的态度和积极主动的配合是处理与媒体关系的关键,也唯有这样,才能取得新闻媒体的信任和支持,更何况旅游组织与公众的沟通也只有借助媒体的支持才有可能进行。因此,旅游组织应该非常乐意,且能够与媒体作更深层次的沟通,让媒体成为危机事件的新闻咨询顾问。

4. 对上级领导部门

危机发生后,应及时向旅游组织的直属上级领导汇报情况,不能文过饰非,不允许歪曲真相、混淆视听。

在危机处理过程中应定期将事态的发展、处理、控制的情况,以及善后的情况,向上级报告。事故处理结束后,应将详细情况、解决方法及今后的预防措施、组织应承担的责任形成综合报告,送交上级部门。

5. 对旅游组织所在社区

对待社区,如果是火灾、环境污染等给当地居民确实带来了损失的,旅游组织公关部门应向当地居民登门道歉,根据事故的性质也可以挨门挨户道歉。必要时可以在全国性或地方性报纸上刊出致歉广告,直到给以经济赔偿。这种致歉广告应该面向有关公众,告知他们急需了解的情况,明确表示出旅游组织敢于承担责任、知错必改的态度。

6. 如何应对谣言

在旅游危机中面对纷杂的头绪,旅游组织可能会应接不暇,这时就给谣言的传播制造了空间。在旅游公关危机中,谣言传播的主体及其动机具有相当的复杂性,无论旅游组织的消费者,还是竞争对手,抑或社会公众,都会成为谣言的策源地,主要有:竞争对手;消费者;大众传媒;有意或无意制造事端的其他社会公众,他们彼此充当着不同的角色。

面对谣言传播造成的旅游公关危机,旅游组织必须作出自己的正确选择。消除谣言的影响,最好的方案是从旅游组织自身做起,防患于未然,克服旅游组织自身的弱点而使自己无懈可击;如果身陷危机的话,旅游组织就要注意通过成功的危机公关传播对谣言予以回应,为自己挽回声誉。

(1)建立谣言的预警机制。"有备无患"、"凡事预则立",都说明预测、谋划的重要性,旅游组织要全面、清楚地对可能发生的各种危机情况进行全面预测,制定危机公关的具体步骤和防范策略,针对旅游组织自身的内、外部环境,预测可能出问题的环节,对症下药,制定相应的公关措施,应尽量具体、完善、富有操作性,使之制度化、标准化。

(2)组建旅游组织危机管理机构。俗话说,鸟无头不飞,应对谣言的措施最好是旅游组织要做好组织上的准备,有备而无患。英国公关专家迈克尔·里杰斯特在《危机公关》中提出了危机管理小组成员的常见特征,有:①点子型,积聚富有创造性的专门人才,不断提出新建议与新点子,使危机公关方案不断丰富完善;②沟通型,起承上启下的沟通协调作用,以及与新闻媒体的融洽合作,使各方交流顺畅;③"厄运经销商"型,从反面不断运用逆向思维,提出修正意见,尽量考虑完善;④记录型,善于总结完善,形成文字方案;⑤人道主义型,充分以人为导向,倾向于顾客利益至上,真正为社会大众的利益着想,这正是危机公关获得成功最应该具备的基本条件。现在旅游组织"顾客导向"管理思潮盛行,CS 理念大行其道,旅游组织公关活动重视迎合消费者的心理需求;危机公关也只有切实为消费者考虑,为社会大众创造价值,才会真正赢得顾客的信赖与支持,才是旅游组织在激烈市场竞争中的立身之本,这也正是我国企业家所急需加强的经营理念。

(3)控制信息、回击谣言。谣言传播的初期一般容易为旅游组织所疏忽,或者自认为身正不怕影子歪而置之不理。其实,企业应该在"风乍起,吹皱一池春水"时就引起警惕,并寻找谣言的来源、影响范围、造谣者的意图背景,以便对不同类型的谣言进行有针对性的控制。在危机管理的经典著作中,都把危机发生的最初24小时作为旅游组织工作的重点,尽可能向公众提供其关心问题的相关信息,并通过扩大信息量的方法来防止歧义产生,以消除他们对旅游组织相关问题的神秘感,这是减少谣言进一步扩散的重要方法之一。谣言出现后,旅游组织要很快地作出自己的判断,确定旅游组织公关的原则立场、方案与程序;在最快时间内把旅游组织已经掌握的危机概况和旅游组织危机管理举措向新闻媒体做简短说明,阐明旅游组织的立场与态度,争取媒体的信任与支持,避免事态恶化。新闻媒体,信息社会里的一个必然现象就是新闻媒体在社会中的地位和作用日趋重要,他们对于企业的评判往往会左右社会舆论,他们的导向将关系到企业的声誉和品牌形象。千万不要忘记,危机公关的一个重要原则:开诚布公。这时也要注意出现不等事件搞清楚就盲目下结论,做出某种承诺的情况,这样往往会使旅游组织难以自圆其说,陷入两难境地。

旅游组织要注意争取社会公众的理解、支持与信任,防止社会信任的丧失是头等大事,这就意味着旅游组织要积极主动地作出自己的某种表示或说明来挽救旅游组织声誉。其中应特别引起重视的是政府机构的作用,尤其是某些行业管理部门,它们对于旅游组织的评价往往具有起死回生的力量。事实上,挽救危机的一个关键也是争取权威机构的鉴定支持,他们的结论往往是公正评判的最终依据。

(4)总结经验与教训,提升旅游组织的公关水平。谣言危机过后,旅游组织需要运用公共关系手段处理谣言所引起的负面影响,修复谣言给旅游组织形象造成的破坏。同时,可以利用谣言危机创造的机会宣传旅游组织的正面形象,以求与公众重建互信关系。危机管理要注意"无风不起浪",审视危机发生深层原因,找出旅游组织经营管理中的漏洞,真正做到"吃一堑,长一智","前事不忘,后事之师",从教训中提高自身的经营管理水平,使公关意识渗透到每个员工的心里,真正把预防工作落实到位,使谣言没有可以产生的土壤。

案例分享

企业形象危机显现,谁把万科逼到了墙角

万科,一个风光的房地产企业,在2008年,却忽然成了一个尴尬的话题,一个让人一提起来老是觉得滑向负面地带的名词。

先是在汶川大地震后,万科在捐款时候有些"手涩",面对网友质询又"出言不慎",结果卷入了关于"企业良心"的话题风暴。再就是近几天发生在南京的"物价门"事件。万科违反"一房一价"的政策高价卖房,终于遭到业主抵制要求返还溢价部分,物价部门更罕见严厉地开出罚单。正如专家所言,万科作为这两个负面事件的主角,面临的都是"碰壁"的结局。

回首万科的历史,堪称是一部市场经济下浓缩了的房地产企业发展史。它风云际会,在1988年涉足房地产领域,1992年正式确定以大众住宅开发为核心业务,踩着中国改革开放和城市化进程的鼓点,拿地,上市,做项目,再跨地域发展,在满足了人们住房需求的同时,终于成长为国内最具知名度的房地产企业之一。放眼30年来的发展历程,万科的确算得上值得人们好好解剖的企业标本。

万科是时势造就的企业英雄,但它身上也折射出时代的局限性。进入市场经济时代以来,无数企业孜孜以求唯以索取金钱利润为目标,而很少思考企业与社会、金钱与责任的关系。在他们眼里,芸芸众生的社会不过是汲取源源利润的海水和随时压榨出油的粮仓。虽然万科一度致力于建设"阳光照亮的体制",在有的开发商提出少于40%的利润不做时,它却明确提出高于25%的利润不赚,但近年来,人们看到的却是,万科走到哪里,房价就涨到哪里。关于万科,充塞于耳的,都是"高价拿地"和"涨价领头羊"的新闻。当不少人的年收入仅能买到万科一两个平方米的混凝土地面的时候,"房地产"这个民生关注度最高的行业之一,已经悄然蜕变成了百姓心目中极度灰色的行业,万科的"阳光"也顿时暗淡下来了。

万科企业形象危机的发生,看似偶然,其实有其必然性。它的背后,是近年来人们对企业回馈社会越来越强烈的期待,和对众多企业悯然无视这个正当诉求的失望情绪的累积。当王石在聚光灯下风光地抛出房价"拐点论"的时候,他没有意识到,社会对企业的要求和评价也已经到了一个拐点。人们需要的是一个能够自觉担当起社会责任的企业公民,而不再是仅以攫取金钱为急务为能事的缺少人情

味的企业。仅以利润为驱动却以行业领袖自命的万科,在面对社会责任和诚信使命的拷问时,"碰壁"已是无可避免的结局。

万科是一个犯了错误的孩子。它的错误,源于过去一段时期某种社会氛围的空白和诚信、慈善以及金钱对社会责任的缺失,等等。万科,以及无数个这样的"孩子"需要补课,需要在市场化的狂飙突进之后好好反思,好好"充电"。或许,万科们从此会重新走上一条康庄大道,真正成为让人尊敬的企业公民。

(资料来源:http://blog.sohu.com/people/!ZjIxNzc1NTk2QGZvY3VzLmNu/123010921.html)

第三节　旅游公共关系危机预警与演习

旅游组织的决策者必须充分认识到,"凡事预则立,不预则废"。虽然危机的发生有偶然性和突发性,但这绝不意味着可以不做计划,听天由命。恰恰相反,与每个旅游组织相关的公众是有明确范围的,旅游组织与社会,以及公众的联系内容也是基本明确的,因此,危机应急计划的制订也完全是可行的,而且"积极的计划在管理危机情境时能更省时、有效"。

一、具备长远的管理观念,居安思危

美国波音公司在20世纪80年代曾摄制了一段模拟企业倒闭的电视新闻:一个天气阴沉的日子,员工们一个个低着头,脚步沉重地离开自己岗位,离开工厂,高高的厂房上悬挂着"厂房出售"牌,一个画外音在回荡:"今天是波音公司时代的终结,波音公司关闭了最后一个车间。"这使员工的危机感进一步增强,对工作更加珍惜,对产品质量也更加重视。

旅游组织的决策者不仅要有敏锐的危机感,在顺境中感觉未来日子可能会到来的危机,更应随时了解危机可能发生的范围、时间以及如何在危机来临时加以妥善处理,正如萨姆·布莱克所讲的,危机管理"最基本的要求是能够预见到将要发生的事,而不至于在问题突然出现时,措手不及"。

二、建立危机预警系统

建立危机预警系统是另一项重要工作,即通过对有关公众对象和旅游组织环境的监察,及时发现危机隐患,帮助决策层迅速采取针对性措施,减少危机可能对旅游组织造成的损害。预警至少能使旅游组织危机发生时能更快反应(不良变化被注意到并传递到决策层);保护人和财产并激活积极反应系统(防御体系)。预

警,首先是寻找危机环境,其中一种是找出了旅游组织在历史上曾发生过的危机;另一种是找出国内外同行或类似旅游组织已发生过的危机。其次是分析上述两类危机发生时的条件、成因,并结合近期社会环境因素的变化进行相关分析,从中判断危机发生前的环境"预兆"(如同地震前动物骚动、水质变化一样),进而通过监测,确保随时能作出第一反应。

三、事先做好应急计划

应该认识到,事先周密的应急计划制订是控制潜在危机花费最少、操作最为简捷的方法,而不应在旅游组织已遭受危机的打击后,再亡羊补牢。

1. 制订应急计划应回答下列问题

(1)潜在的危机有哪几类?
(2)危机一旦突发,将会影响的公众有哪些?他们会受到什么影响?
(3)以什么方式,何种程序与有关公众进行沟通?沟通的渠道畅通了吗?
(4)危机发生后负责各环节的合适人选是谁?他们都该做些什么呢?
(5)各环节人选知道怎么做吗?

2. 针对上述问题,应急计划的主要内容

(1)对旅游组织潜在的危机形态进行分类,并制定各类危机预防的方针和政策。
(2)为其中一类危机制定预防的具体战略和战术。
(3)确定与旅游危机相关公众的范围及沟通方法。
(4)建立有效的传播沟通网络,并明确具体的联系对象。
(5)确认危机处理过程中各环节的具体人选,明确分工与各自的职责。
(6)明确各类危机处理的"总指挥"人选。

此外,应急计划的制订还应注意:①计划应以旅游组织现有的人力、财力、物力可能为基础;②计划要点不应放在琐碎的目标和任务上,而要为需要管理之处和风险严重波及之处提供指导原则;③掌握"80-20法则",即80%的设备和人员在任何时候都是可以使用的,但20%的人员和设备由于公出、休假或者无法操作有可能不能投入使用,其中,80%中的80%将会依据来自指挥中心的指示进行正常的危机反应,而余下的20%可能不能反应或拒绝反应。此外,计划应随着环境的变化而随时修正,不能一劳永逸。

四、将危机应急方案在旅游组织内部广泛宣传,并进行实战性演习

可以以小册子、宣传品等形式,将应急计划的内容发给全体员工,并通过培训或学习,使员工对危机发生的可能性以及应对办法有足够的重视与了解。

在这里,组织全体员工进行危机应急计划的培训和学习尤为重要。通过落实此项措施,可以使每位员工熟悉他们在危机中的任务和位置;并通过各环节人员之间的相互作用,使任务的互助性和操作性更务实;另外,通过演习、调动、组合、部署相关人员,当危机来临时,旅游组织管理人员能轻车熟路,提高时间效率。

培训与演习可使用不同的学习和演习方法,包括:

1. 背影阅读与研讨

即通过对应急计划中危机发生环境的理解与体会,加深对危机的认识,并能在危机一旦来临时形成一种"条件反射"。

2. 计算机模拟、录像观摩与案例学习

用录像(包括对同类危机的记录和场景模拟),形象地展示危机的内容与处置措施,通过典型案例的分析和评议,使员工进一步明确位置感与责任区。

3. 实战性小组演习与整体性学习

考虑到整体性演习的时间、费用与精力耗费较大,不可能经常进行,可以以责任区为单位进行小组演习,如新闻小组、专家技术小组等在各自对危机的处置心中有底后,再组合实践性的整体演习。

对旅游组织而言,实战性演习还应包括信息传播沟通渠道与旅游组织的反应性行动两个方面,另外,对应急方案的宣传也可运用图表、卡通等形式,这些形式简便、易懂,实用性更强。

案例分享

从希尔顿的"双树旅馆事件"看危机公关

两位在西雅图工作的网络顾问——汤姆·法默(Tom Farmer)和沙恩·艾奇逊(Shane Atchison)在美国休斯敦酒店的双树旅馆(Double Tree Club)预订了一间客房,并被告知预订成功。

尽管他们到旅馆登记的时间是在凌晨两点,实在是比较尴尬的时间段,但他们仍然很安心,因为他们的房间已经预订好了。但在登记时,他们立刻被泼了一桶凉水,一位晚间值班的职员草率地告诉他们,旅馆客房已满,他们必须另外找住处。这两位住客不仅没有得到预订的房间,而且值班人员对待他们的态度还有些轻蔑,让人讨厌。甚至在他们的对话过程中,这个职员还斥责了客人。

这两位网络顾问当时就离开了,然后制作了一个严厉的但又不失诙谐幽默的幻灯文件,标题是"你们是个糟糕的旅馆"。在这个文件里记述了整个事件,包括与那位员工之间不可思议的沟通。他们把这个幻灯文件电邮给了旅馆的管理层,并复制给自己的几位朋友和同事看。

这一幻灯文件立刻成为有史以来最受欢迎的电子邮件。几乎世界各地的电子邮箱都收到了这份文件,从美国休斯敦到越南河内,还有两地之间的所有地区。这份幻灯文件还被打印和复印出来,分发到美国各地的旅游区。双树旅馆很快成为服务行业内最大的笑话,成为商务旅行者和度假者避之不及的住宿地。传统媒体的评论员们也将这一消息载入新闻报道和社论中,借此讨论公司对消费者的冷漠和网络对于公众的影响力。

继而,法默和艾奇逊收到了3 000多封邮件,大部分都是支持他们的。对此,旅馆的管理层也迅速有礼而大度地作出反应。双树旅馆毫不迟疑地向他们俩道歉,并用两个人的名义向慈善机构捐献了1000美元作为双树旅馆的悔过之举。双树旅馆的管理层还承诺要重新修订旅馆的员工培训计划,以确保将此类事件再次发生的可能性降到最低。另外,双树旅馆的一位高级副总裁在直播网络上与法默和艾奇逊就此事展开讨论,以证明旅馆认真对待此事。

评析: 首先,互联网无孔不入的威力向传统的口口相传的传播方式发起了挑战,挑战的程度在这起"双树旅馆事件"中表现得再清楚不过了。互联网强大的传播能力已成不争的事实。对此,我们要给予充分关注,对互联网所向披靡之势要有足够的心理准备。

其次,两位客人和负责预订房间的服务生的互动,证明了旅馆雇员的个人行为会严重影响到企业的声誉。这显然是个别雇员恶劣服务的丑闻成了公众群体的关注点,而引起的公关危机事件。

结合公关中著名的唐松定律(100-1=0),个别雇员的"1"破坏了企业的整体形象。此事件中关键性的教训在于,品牌形象决定了消费者与这一品牌每时每刻的互动经历,可见平时强化全员危机意识是何等重要!因此,需要强化居安思危的意识,加大培训力度,注重服务细节,才能防患于未然。

对双树旅馆来说,两位客人在旅馆中所遭遇的经历为双树旅馆的服务引发了广泛的信誉危机。但同样重要的是,希尔顿酒店管理层的态度和反应也很重要,他们与客人保持对话,采取这样的态度和方式,又可以保证受到损害的品牌声誉得到补救。

按照危机公关原则——"一个中心,两个重点、四项原则"分析如下:

所谓"一个中心",即以维护、展现当事人良好的社会形象为中心。发生危机事件后,一切处理都应围绕此中心展开,千万不可"无理狡三分"。希尔顿对待自己员工的不当言行及时表态,即以一位负责的家长姿态出现,不偏不袒,坦诚认错,很好地展示了自身良好的社会形象。

"两个重点",即"关心、保护利益相关群体"和"真正解决问题"。获知此事后,双树旅馆毫不迟疑地向当事人道歉,并以当事人的名义向慈善机构捐献1000美元作为双树旅馆的悔过之举,同时双树的管理层还承诺要重新修订旅馆的员工培训计划,以确保将此类事件再次发生的可能性降到最低,以及该旅馆的一位高级副总裁在直播网络上与法默和艾奇逊就此事展开讨论,以证明旅馆认真对待此事,这些举措充分体现了"两个重点"的公关原则。

"四项原则",即诚意原则;诚实、信息原则;全责或彻底原则;及时或飞行腿原则(快速处理)。遇到危机事件,万万不可拖拖拉拉指望事件会自然平息或采取"鸵鸟政策",这样只会使事态越来越糟,企业越来越被动,处理起来难度越来越大。

双树旅馆可能无法阻止他们的员工所造成的这一公关灾难,但该旅馆事后的道歉,真诚悔过的表现,愿意做出惩罚和修订员工培训计划的补救性措施,正在修复消费者的信心,这些都是在出丑后迅速反应的。希尔顿在该事件的处理上能够按照危机处理原则办事,值得称道。

(资料来源:http://highfood. blog. 163. com/blog/static/47307228200951482911206/?latestBlog)

 思考与练习

1. 什么是旅游公关危机?
2. 旅游公关危机的成因有哪些?
3. 旅游公关危机中如何与媒体合作?
4. 在旅游公关发生危机时,应如何应对谣言?

参考文献

[1] 谢苏. 旅游公共关系. 武汉:华中师范大学出版社,2006.
[2] 张国洪. 旅游公共关系. 天津:南开大学出版社,2008.
[3] 刘代泉. 旅游公共关系. 重庆:重庆大学出版社,2002.
[4] 贺晖,等. 现代旅游传播学. 长沙:湖南科学技术出版社,2008.
[5] 甘朝有,等. 旅游业公共关系. 天津:南开大学出版社,1999.
[6] 蒋春堂. 公共关系学教程. 武汉:武汉大学出版社,2003.
[7] 何燕子,等. 公共关系学. 合肥:合肥工业大学出版社,2006.
[8] 张岩松. 公共关系案例精选精析. 北京:经济管理出版社,2003.
[9] 吕维霞. 案说公共关系. 北京:对外经贸大学出版社,2002.
[10] 李元授. 公关训练. 武汉:武汉大学出版社,2003.
[11] 甘朝有. 旅游公共关系. 天津:南开大学出版社,2005.
[12] 银淑华. 旅游公共关系. 北京:中国人民大学出版社,2002.
[13] 曾仕强. 人际关系与沟通. 北京:清华大学出版社,2004.
[14] 边一民. 公共关系案例评析. 杭州:浙江大学出版社,2004.
[15] 黄建雄. 酒店公共关系. 北京:中国商业出版社,1994.
[16] 熊越强. 公共关系实务. 北京:清华大学出版社,2006.
[17] 熊超群. 公关策划实务. 广州:广东经济出版社,2003.
[18] 王盘根. 商务公关. 北京:高等教育出版社,2003.
[19] 张玲莉. 公共关系原理与实务. 北京:高等教育出版社,2004.
[20] 杜炜. 旅游业公共关系理论与实务. 北京:旅游教育出版社,2005.
[21] 李泓欣,等. 公共关系理论与实务. 北京:北京大学出版社,2011.
[22] 谭昆智. 公关原理与案例剖析. 北京:清华大学出版社,2008.
[23] 李祝舜. 旅游公共关系学. 北京:高等教育出版社,2001.
[24] 陶应虎. 公共关系原理与实务. 北京:清华大学出版社,2006.

责任编辑:郭珍宏

图书在版编目(CIP)数据

旅游公共关系 / 彭萍,张素芳主编. —— 北京:旅游教育出版社,2013.5
新编高职高专旅游管理类专业规划教材
ISBN 978-7-5637-2522-9

Ⅰ. ①旅… Ⅱ. ①彭… ②张… Ⅲ. ①旅游业—公共关系学—高等职业教育—教材 Ⅳ. ①F590.65

中国版本图书馆 CIP 数据核字(2012)第 281605 号

新编高职高专旅游管理类专业规划教材

谢彦君　总主编

旅游公共关系

彭　萍　张素芳　主编

出版单位	旅游教育出版社
地　　址	北京市朝阳区定福庄南里1号
邮　　编	100024
发行电话	(010)65778403 65728372 65767462(传真)
本社网址	www.tepcb.com
E-mail	tepfx@163.com
印刷单位	北京甜水彩色印刷有限公司
经销单位	新华书店
开　　本	787mm×960mm　1/16
印　　张	14.25
字　　数	221 千字
版　　次	2013年5月第1版
印　　次	2013年5月第1次印刷
定　　价	28.00 元

(图书如有装订差错请与发行部联系)